Truman Capote · Die Reise-Erzählungen

TRUMAN CAPOTE

# Die Reise-Erzählungen

LIMES VERLAG

ORIGINALTITEL UND ÜBERSETZER:

New Orleans (Hansi Bochow-Blüthgen) · New York (Hansi Bochow-Blüthgen) · Brooklyn (Marguerite Schlüter) · Hollywood (Hansi Bochow-Blüthgen) · Haiti (Hansi Bochow-Blüthgen) · Nach Europa / To Europe (Marguerite Schlüter) · Ischia (Hansi Bochow-Blüthgen) · Tanger (Marguerite Schlüter) · Fahrt durch Spanien / A Ride Through Spain (Marguerite Schlüter) · Fontana Vecchia (Marguerite Schlüter) · Griechische Skizzen / Greek Paragraphs (Marguerite Schlüter) · Die Musen sprechen. Mit Porgy and Bess in Rußland / The Muses are Heard (Hansi Bochow-Blüthgen)


Druck und Bindung: Ebner, Ulm
Umschlaggestaltung: Klaus Neumann
Printed in Germany
ISBN 3-8090-2136-9

INHALT

# New Orleans

Da war im Hof ein Engel aus schwarzem Stein, und sein Engelskopf stand über den riesigen Elefantenohrblättern, die gläsernen Engelsaugen, licht wie das verwaschene Blau von Seemannsaugen, starrten nach oben. Man gewahrte den Engel von einem grünumwucherten Balkon – dem meinen, denn ich wohnte dahinter in drei altmodischen weißverputzten Zimmern, Zimmern mit kunstvoll gearbeiteten Tortengußdecken, breiten Schiebetüren und hohen Flügelfenstern. An warmen Abenden, bei geöffneten Fenstern, war hier ein angenehmes Plaudern, voll Melodie, weil der Wind leicht durch den Raum rauschte wie die Fächelbrise alter Damen. Und an solch warmen Abenden ist es ruhig in der Stadt. Nur Stimmen: wie ein Weberschiffchen hin und herschießende Familiengespräche auf einer efeuverhangenen Veranda; eine bloßfüßige Frau, die, vor sich hinsummend, ihren Stuhl auf dem Bürgersteig schaukelt und damit ihr Baby, das sie ungeniert stillt, in den Schlaf wiegt; fremdzüngige Klagereien einer erzürnten Hausfrau, die, auf ihrem Balkon sitzend, ein Hühnchen rupft, dessen lose Federn ihren Händen entgleiten, durch die Luft treiben, träge niederschweben.

Eines Morgens – ich glaube, es war im Dezember, an einem kalten Sonntag mit trüber grauer Sonne – ging ich durch das Viertel zum Alten Markt hinauf, wo es um diese Jahreszeit ausgezeichnetes Winterobst gibt, süße Satsumas, das Dutzend zu zwanzig Cents, und Winterblumen: Weihnachtssterne und schneeige Kamelien. New Orleans' Straßen dehnen sich weit und öde; in verkehrsarmen Stunden ist ihre Atmosphäre wie bei Chirico, und gemeinhin harmlose Dinge (ein Gesicht hinter dem streifigen Licht der Fensterläden, in der Ferne dahinschreitende Nonnen, ein dikker schwarzer Arm, der schief aus irgendeinem Fenster baumelt, einsam in einer Seitengasse hockend ein Negerjunge, der Seifenblasen macht und melancholisch zuschaut, wie sie auffliegen und zerplatzen) erhalten verzerrte Aspekte. An jenem Morgen nun stockte ich mitten in einem Straßenblock, weil ich mit dem Augenwinkel einen Durchgang aufgefangen hatte, einen überwachsenen Hof. Starr stand dort ein irraussehender weißer Hund im farrengrünen Licht, das am Ende des Durchgangs schimmerte, und wie unter einem Zwang ging ich auf ihn zu. Drinnen war ein Springbrunnen; in zartem Strahl spie Wasser aus dem Maul eines Bronze-Affen und tröpfelte einsam klingend auf den Kieselgrund des Beckens. Er hing an einer Weide, ein Ganovengesicht mit platinblondem gelocktem Haar; er hing so lasch wie die Zweige der Weide. Grauen lag über diesem in Schweigen erstickten Garten. Mit blinden Augen schauten geschlossene Fenster darauf nieder; Schneckenspuren glitzerten Silber auf den Elefantenohren; nichts rührte sich außer seinem Schatten. Er schwang ganz wenig, vor und zurück, gleichwohl ging kein Wind. Der Simili im Ring, den er trug, blinkte in der Sonne, und auf seinem Arm war ein Name tätowiert: *Francy*. Der Hund senkte den Kopf, um aus dem Brunnen zu trinken, und ich lief davon. Francy – hatte er sich um ihretwillen umgebracht? Ich weiß es nicht. N. O. ist eine verschwiegene Stadt.

Meines Steinengels Glasaugen waren wie eine Sonnenuhr, weil sie durch den Grad der Helligkeit die Zeit anzeigten: weiß am Mittag, wurden sie allmählich matter, trübe im Dämmerlicht, dunkel – Zwielichtaugen in einem Zwielichtkopf.

Zerrissene Lippen goldhaariger Mädchen grinsen trübselig von verwitterten schiefen Häuserfronten: Trinkt Dr. Nutt, Dr. Pepper, NEHI, Grappada, 7 Up, Coca-Cola. Wie jeder Ort im Süden ist N. O. eine Stadt der Reklame für alkoholfreie Getränke; die Straßen in den einsamen Vierteln sind mit Coca-Cola-Kapseln gepflastert, und nach einem Regen glitzern sie wie verlorene Groschen im Kehricht. Plakate blättern ab, liegen zerfetzt, bis sie der Sturmwind die Straße entlangtreibt gleich Steppengras – und es gibt solche, die sie schön finden; es gibt solche, die ihre Wände tapezieren mit Dr. Nutt und Dr. Pepper, mit Coca-Cola-Schönen, die, über Mietkasernenbetten lächelnd, Schutzengel bei Nacht und Heilige am Morgen sind.

Schilder überall, mit Kreide geschrieben, gedruckt, gepinselt: „Madame Ortega – Handlesen, Liebestränke, Zauberbücher, Bitte einzutreten; Wer nur herumlungert – lungere nicht hier; Bist du bereit, vor Gott zu treten? Achtung! Bissiger Hund! – Habt Mitleid mit den armen Waisen; Ich bin eine taubstumme Witwe mit zwei hungernden Kindern; Vorsicht; Blue-Wing-Chor singt heute abend in unserer Kirche (gezeichnet) Der Pfarrer."

Im Irish-Channel-Viertel sah ich einmal eine Aufforderung an einer Tür: „Komm und sieh, wo Jesus stand."

„Na und?" sagte eine Frau, die auf mein Klingeln die Tür öffnete. „Ich möchte sehen, wo Jesus stand", erklärte ich, und einen Augenblick war sie verblüfft; ihr Gesicht, von rasiermesserscharfen Linien gezeichnet, war teigig weiß wie Eibischpaste; sie hatte weder Wimpern noch Brauen und trug einen Kimono aus Baumwollkattun. „Du zu klein, Süßer", sagte sie, wobei ein stoßweises Lachen ihre Brüste hüpfen ließ, „du viel zu klein, zu sehen, wo Jesus stand."

Da war ein Café in meiner Nähe, unglaublich langweilig, denn es war wohl das am wenigsten besuchte Café in ganz N. O., das reine Begräbnisinstitut. Der Besitzerin, Mrs. Morris Otto Kunze, schien das indes nichts auszumachen; sie saß den ganzen lieben Tag lang hinter ihrer Theke, wedelte sich Kühlung mit einem Palmblattfächer und bewegte sich eigentlich nur, um Fliegen totzuschlagen. Und quer über dem gesprungenen alten Spiegel hinter der Theke hatte sie sieben Zettel kleben, auf denen überall dasselbe stand: „Wozu sich Sorgen im Leben machen ... keiner von uns überlebt's."

3. Juli. Vorige Woche eine „Bin-zu-Hause"-Karte von Miss Y. erhalten, machte daher heute nachmittag Besuch. Sie ist köstlich in ihrer altmodischen Art, zudem amüsant, wenngleich unabsichtlich. Beim ersten Sehen dachte ich: Edna May Oliver, und eine Ähnlichkeit besteht da sicherlich. Wenn Miss Y. spricht, klingt das wohlbedacht, dabei redet sie blind drauflos, und ihre sherrybraunen Augen mustern ständig ihre Umgebung. Ihre Haltung ist militärisch, und sie trägt einen Spazierstock aus Malakkaholz, da eines ihrer Beine kürzer als das andere ist, ein Umstand, der ihren Gang zu einem pinguinähnlichen Watscheln macht. „Als ich in Ihrem Alter war, hat es mich unglücklich gemacht; ja, das kann ich wohl behaupten, denn Papa mußte mich zu allen Bällen begleiten, und da saßen wir dann auf solch goldenen Stühlchen, und da saßen wir dann. Keiner der jungen Herren forderte Miss Y. jemals zum Tanzen auf, mitnichten, wenngleich ein junger Mann aus Baltimore, ein Mr. Jones, in dem einen Winter herkam und du lieber Gott! – der arme Mr. Jones – ist nämlich von der Leiter gefallen – brach sich's Genick – war gleich tot."

Mein Interesse an Miss Y. ist mehr klinisch, und ich bin – wie ich verlegen gestehe – nicht ganz der Freund, den sie in mir sieht, weil man Miss Y. nicht eigentlich nahekommen kann: allzu sehr ist sie wie eine erdachte Geschichte, real – und unwahrscheinlich. Sie ist wie das Piano in ihrem Salon – elegant, aber ein wenig verstimmt. Ihr Haus, selbst für N. O. alt, wird durch ein schwarzes, verfallenes Eisengitter eingehegt; es ist eine schäbige Gegend, in der sie lebt, mit Zimmervermietschildern, Tankstellen und Musikautomatencafés gesprenkelt. Und doch gab es in jenen Tagen, da ihre Familie hergezogen war – was freilich lange her ist –, in ganz N. O. nichts Prächtigeres. Das Haus, von schiefgewachsenen Bäumen fast erdrückt, ist von außen altersgrau, aber im Innern ist die schmückende Kraft von Miss Y.s Ahnenerbe überall erkennbar: das Tappen ihres Stockes beim Niedersteigen über die Vogelschwingentreppen läßt Kristall erzittern; ihr Gesicht – Herz aus zerknitterter Seide – ist ein dunstiger Reflex in deckenhohen Spiegeln; sinken läßt sie sich (beachte, während dies geschieht, wie sorgsam sie auf die Bequemlichkeit ihrer Knochen Rücksicht nimmt) in ihres Vaters Vaters Vaters Stuhl, ein bösartig strenges Behältnis mit Löwenkopf-Armstützen. Sie ist schön hier im kühlen Dunkel ihres Hauses, und wohlbehütet. Dies sind die Mauern, der Zaun, die Möbel ihrer Kindheit. „Manche Menschen werden zum Altsein geboren; so war ich zum Beispiel gräßlich als Kind, ohne die geringsten Vorzüge. Aber alt bin ich gern. Ich habe irgendwie mehr das Gefühl –“, sie stockte, deutete mit leichter Geste auf den dämmrigen Salon, „hierherzupassen.“

Miss Y. glaubt an keine Welt jenseits von N. O.; zuweilen manifestiert sich ihre geistige Enge in ziemlich niederschmetternden Bemerkungen, wie etwa heute. Ich hatte einen kürzlichen Aufenthalt in New York erwähnt, worauf sie mit hochgezogenen Brauen sanft erwiderte: „Oh! Und wie sieht es denn da aus in der Provinz?“

1. Warum, frage ich mich, hören sich alle N.-O.-Taxi-Chauffeure an, als ob sie aus Brooklyn importiert seien?

2. Es wird so viel über das hiesige Essen geredet, und wahrscheinlich stimmt es auch, daß Restaurants wie die von Arnaud und Kolb die besten in Amerika sind. Es liegt eine so anziehend träge Atmosphäre über diesen Restaurants: die langsam rotierenden Ventilatoren, die riesigen

Tische und das Fehlen des Gedrängels, die Stille, die lässigen, aber ausgezeichneten Kellner, die alle aussehen, als ob sie Söhne des Hauses wären. Einer meiner Freunde wies einmal im Gespräch über N. O. und New York darauf hin, daß entsprechende Menüs – abgesehen davon, daß sie erheblich teurer wären – im Osten auf die Manier irgendeines Küchenchefs kunstvoll mit allerlei Tamtam und unrichtigen Zutaten serviert werden würden. Wie die meisten guten Dinge danke, seiner Meinung nach, die Küche von New Orleans ihre Qualität ihrer natürlichen Einfachheit.
3. Ich bin der abgestandenen Phrase vom „altertümlichen Reiz" mehr oder weniger überdrüssig. Zwar findet man den hier sehr wohl in der Architektur und in den Antiquitätenläden (wo er hingehört) oder im Gemisch des Dialektes, den man um den Französischen Markt herum hört. Aber sonst ist N. O. nicht reizvoller als irgendeine andere Stadt im Süden – im Grunde sogar weniger, weil es die größte ist. Der wichtigste Teil dieser Stadt besteht aus ihrem geistigen Schwemmland, Straßen und Bezirken jenseits der Touristenwege.

(Aus einem Brief an R. R.) In der Wohnung unter mir sind neue Leute, die dritten Mieter im vergangenen Jahr; ein Durchgangsort, dies Viertel, Guten Tag und Guten Weg. Als ich zuerst herkam, lebte hier ein richtiger echter Schurke. Er war gewissenlos, dreckig und unredlich – ein lasterhafter Satyr, sozusagen. Mr. Buddy, die Ein-Mann-Kapelle. Mehr als wahrscheinlich, daß Du ihn schon gesehen hast – nicht hier natürlich, sondern in irgendeiner anderen Stadt, denn er ist ständig auf der Walze, er und sein altes Banjo, Trommel und Harmonika. Ich traf ihn öfter unversehens, an verschiedenen Straßenecken drauflosdonnernd, inmitten einer Schar lungernder Zuhörer. Im Bewußtsein, daß er mein Nachbar war, versetzten mir solche Begegnungen jedesmal einen heftigen Schock. Doch um die

Wahrheit zu sagen, war er gar kein schlechter Musiker – ein wirklich ausgezeichneter sogar, wenn er am Spätnachmittag und zu seinem eigenen Vergnügen zur Gitarre sang, schaurige Balladen mit einer gramgetränkten Whiskystimme sang: wie schrecklich es Verliebten geht.
„He du, Junge! Du da oben ..." Ich war dieser Du, denn er hat nie meinen Namen gekannt und zeigte sich nie sonderlich interessiert, ihn herauszufinden. „Mach, daß du 'runterkommst und hilf mir ein paar kippen."
Sein Balkon, kleiner als der meine, war von süßduftender Glyzinie abgeschirmt; da es kaum nennenswerte Möbel gab, saßen wir gewöhnlich auf dem Fußboden im grünen Schatten, kippten eine Sorte Gin, Einreibespiritus nah verwandt, und dabei zupfte er dann seine Gitarre, deren unaufhörliches Gewinsel das tiefe Grollen seiner Stimme noch unterstrich. „Bin überall gewesen, mal da, mal dort, dauernd herum; bin fünfundsechzig un keine Frau, die mich mal hatte, kann noch mit'm andern Mann was anfangen; so is das – habe selber auch 'ne Masse Frauen un 'ne Masse Kinder gehabt, was aus den'n geworden is, weiß der Himmel – kümmert mich auch 'n Dreck, bei keiner – wär höchstens die Rhonda Kay. Mensch, das war'n Weib, süß wie Sumpfhonig, un war die scharf auf mich! Hitzig in einer Tour un noch dazu verheirat't mit'm Baptistenpfarrer, und vier Kinder hatte se – fünfe, mit meinem. Hab' mir schon manchesmal überlegt, was es wohl war – Junge oder Mädchen. Junge, denke ich. Von mir kriegen se immer Jungen ... Nu is das ja alles lange her un das war damals in Memphis, Tennessee. Jaja, bin überall gewesen, im Zuchthaus – un in so großen feinen Häusern wie dem Rockefeller seins – mal hier, mal da, dauernd herum."
Und in dieser Weise konnte er es weitertreiben, bis der Mond aufging, seine Stimme quarrig wurde und die Worte psalmodierend ineinanderflossen.
Sein fleckiges und verrunzeltes Gesicht trug eine Art trüge-

rische Freundlichkeit zur Schau, ein unschuldiges Zwinkern, aber seine Augen waren orientalisch schief, und seine Fingernägel hielt er lang, messerspitz und glänzend poliert wie ein Chinese. „Gut zum Kratzen und auch praktisch bei 'ner Keilerei."

Immer trug er eine Art Kostüm: schwarze Hosen, feuerwehrrote Socken, Tennisschuhe, bequemlichkeitshalber an den Zehen aufgeschlitzt, einen Einreiher, eine graue Samtweste, die, wie er sagte, seinem Ahnherrn Benjamin Franklin gehört habe, und eine Baskenmütze, besteckt mit „Wählt-Roosevelt!"-Knöpfen. Und es läßt sich nicht verheimlichen – er *hatte* eine ganze Menge Freundinnen – jede Woche eine andere, versteht sich, aber es ist kaum vorgekommen, daß ihm nicht irgendeine die Mahlzeiten kochte; und wenn ich bei solchen Gelegenheiten dazukam, pflegte er unweigerlich und auf die artigste Weise vorzustellen: „Bitte sehr: Mrs. Buddy!"

Einmal wachte ich spät in der Nacht mit dem Gefühl auf, nicht allein zu sein; ganz zweifellos war jemand in meinem Zimmer, und ich konnte ihn mondbeschienen im Spiegel erkennen. Er war es, Mr. Buddy, der heimlich Schreibtischladen öffnete, zuschob, und plötzlich spritzte meine Schachtel mit den Pennies auf den Fußboden, rollten sie klirrend nach allen Seiten. Da hatte es keinen Sinn, sich zu verstellen, also knipste ich die Lampe an, und Mr. Buddy schaute mich geradheraus an, kaum verwirrt, und grinste. „Paß auf du", sagte er und war so nüchtern, wie ich ihn nie erlebt hatte. „paß auf, ich muß hier schleunigst verschwinden."

Ich wußte nicht, was ich sagen sollte, und er schaute, leicht rot werdend, vor sich auf den Fußboden. „Sei schon 'n guter Kerl, los, hast du irgendwelches Geld?"

Ich konnte nur auf die verstreuten Pennies deuten; ohne jedes weitere Wort kniete er sich hin, sammelte sie ein und ging, in sehr aufrechter Haltung, zur Türe hinaus.

Am nächsten Morgen war er fort. Drei Frauen sind hergekommen, um nach ihm zu fragen, aber ich weiß nicht, wo er steckt. Vielleicht ist er in Mobile. Wenn Du ihn irgendwo dort herum siehst, R., willst Du mir dann eben bitte eine Karte schreiben?

*I want a big fat mama, yes yes!* Shotgun's Finger, lang wie Bananen und dick wie saure Gurken, hämmern auf den Tasten herum, und seine Füße, den Boden stampfend, erschüttern das Café. Shotgun! Größte Schau der Stadt! Kann nicht für'n Penny singen, aber Mann, was der auf dem Klavier losrasseln kann – hört euch das an: *She's cool in the summer and warm in the fall, she's a four-season mama and that ain't all* ... Da legt er los, sein dickes Maul aufgerissen wie ein Krokodil, seine freche rote Zunge schmeckt die Melodie, liebt sie, vereinigt sich mit ihr im Liebesspiel; aah, Shotgun, aah-aah-aah. Seht, wie er lacht, dies schwarze, aus allen Fugen geratene Gesicht, von Schüssen zernarbt, glitzernd von Schweiß über und über. Gibt es irgendein menschliches Laster, von dem er nicht wüßte? Eine Schande dabei ... kaum jemals sieht irgendein Weißer Shotgun, denn dies ist ein Negercafé. Vorjährige verstaubte Weihnachtsdekorationen verschönen die salpetrig abblätternden Wände; orange-grün-rote Streifen Kreppapier, die von nackten Birnen herunterhängen, flattern im Luftzug eines müden Ventilators; der Inhaber, ein gutaussehender Mischling mit verhängten Lidern über milchigblauen Augen, brüllt über die Theke gelehnt: „Heda, was denkt ihr, was das hier is? 'n Wohltätigkeitsinstertut? 'raus mit'm Zweier, Nigger aber 'n bißchen plötzlich."

Und heute ist Samstag. Der Raum schwimmt in Zigarettenrauch und Samstagnachtparfüm. All die schmierigen Holztischchen haben eine doppelte Reihe Stühle um sich, und jeder kennt jeden, und einen Moment ist die Welt dieser Raum, dieser dunkle verjazzte, gräßliche Raum; ist Shotguns stampfender Fuß unser Herzschlag, alles Erfreuliche unseres Lebens glüht im Glanz seiner listigen Augen. *I want a big fat mama, yes yes!* Vornüber schaukelt er auf seinem Stuhl, und da er den Kopf hebt, um uns anzuschauen, schwingt sich ein aufjauchzendes Gebrüll in die Nacht: *I want a big fat mama with the meat shakin on her, yes!*

*Deutsch von Hansi Bochow-Blüthgen*

# New York

Ein Mythos ist sie, die große Stadt, die Räume und Fenster, die dunstspeienden Straßen, für jeden, alle, ein anderer Mythos, der Kopf eines Götzen mit Verkehrsampelaugen, in freundlichem Grün oder spöttischem Rot blinzelnd. Diese Insel, wie ein demantener Eisberg auf den Wassern des Flusses schwimmend, heißt sie New York, nennt sie wie immer ihr wollt; auf den Namen kommt es kaum an, weil man, aus der vertrauteren Wirklichkeit des Anderswo kommend, nur auf der Suche nach der großen Stadt ist, einem Ort zum Verbergen, sich darin zu verlieren oder sich selbst zu entdecken, einen Traum wahrzumachen, mit dem man beweist, vielleicht letzten Endes doch kein häßliches Entlein zu sein, sondern wunderbar und der Liebe wert, wie man es glaubte auf den Stufen der Haustür, an der die Fords vorüberfuhren – wie man es glaubte beim Planen dieser Suche nach einer großen Stadt.

Habe zweimal in der letzten Woche die Garbo gesehen, einmal im Theater, wo sie neben mir saß, und nochmals in einem Antiquitätenladen der Third Avenue. Als ich zwölf war, hatte ich eine Serie lästiger Unfälle und lag daher viel zu Bett, wobei ich meine Zeit zumeist damit verbrachte, ein Stück zu schreiben für die schönste Frau der Welt, als die ich Miss Garbo in dem Brief bezeichnete, der meinem Manuskript beilag. Doch weder Stück noch Brief wurden je bestätigt, und lange Zeit trug ich einen fürchterlichen Groll in mir, der denn auch tatsächlich erst neulich abend verflog, als sich mir buchstäblich das Herz umdrehte, da ich die Frau im Nebensitz erkannte. Es überraschte, sie so klein zu finden und mit so lebendigen Farben: wie Loren

MacIver hervorhob, erwartet man bei diesen Zügen kaum obendrein noch Farben.

Jemand fragte: „Meinen Sie, daß sie überhaupt intelligent ist?“, was mir eine unverschämte Frage scheint; wen kümmert es schließlich, ob sie intelligent ist oder nicht? Sicherlich genügt es, daß solch ein Gesicht überhaupt nur da sein kann, wenngleich die Garbo selber dahin gekommen sein muß, die fast tragische Verantwortung, es zu besitzen, zu beklagen. Auch sollte man keine Witze über ihren Wunsch nach Alleinsein machen, selbstverständlich wünscht sie das. Ich denke mir, daß dies die einzige Zeit ist, da sie sich nicht allein fühlt – wer ungewöhnliche Pfade wandelt, trägt stets einen gewissen Kummer in sich, und man trauert nicht in der Öffentlichkeit.

Gestern im Antiquitätenladen stöberte sie herum, alles ziemlich eingehend betrachtend, an nichts wirklich interessiert, und einen unsinnigen Augenblick lang glaubte ich, sie ansprechen zu sollen, weil ich nämlich nur ihre Stimme hören wollte; der Augenblick verging, Gott sei Dank, und gleich darauf war sie zur Tür hinaus. Ich trat zum Fenster und beobachtete, wie sie mit jenem langen, schwingenden Schritt die dämmerblaue Straße entlangeilte. An der Ecke stockte sie, als sei sie unsicher, welche Richtung sie nehmen wolle. Die Straßenlampen flammten auf, und eine merkwürdige Spiegelung des Lichts schuf plötzlich auf der Avenue eine glattweiße Wand – mit windgepeitschtem Mantel und allein ging die Garbo, noch immer die schönste Frau der Welt, die Garbo, ein Symbol, direkt darauf zu. –

Mittagessen heute mit M. Was in aller Welt soll man mit ihr machen? Sie sagt, das Geld sei endgültig zu Ende, und wenn sie nicht heimkomme, verweigere ihre Familie jegliche Hilfe. Es scheint wohl hart, aber ich sagte ihr, daß ich keine andere Möglichkeit sähe. Genau betrachtet, freilich, halte ich eine Heimkehr bei ihr nicht für denkbar. Sie gehört zu jener Sekte, die am raschesten, unwiderruflich, von New York eingefangen wird, den begabten Unbegabten – zu intelligent, um sich in einer provinzielleren Atmosphäre zufriedenzugeben, doch nicht intelligent genug, um frei in der so erwünschten atmen zu können, existieren sie, neurotisch an den ausgefransten Rändern des New Yorker Lebens knabbernd.

Einzig der Erfolg, und zwar auf gewagter Höhe, kann Erleichterung geben; allein für Künstler ohne eine Kunst ist es ständige Spannung ohne Entspannung, Reizung ohne daraus entstehende Perle. Vielleicht daß es eine gäbe, wenn der Zwang, Erfolg haben zu müssen, nicht so enorm wäre. Sie fühlen die Notwendigkeit, sich erweisen zu müssen, weil der amerikanische Mittelstand, aus dem sie zumeist stammen, vernichtende Worte für seine Menschen mit Gefühlsleben hat, für die Jungen voll experimentierfreudiger Intelligenz, die nicht unmittelbar zeigen, daß diese Bemühungen sich in barer Münze auszahlen. Doch wenn eine Kultur zerfällt, ist es dann bare Münze, was die Erben zwischen den Ruinen finden? Oder ist es eine Statue, ein Gedicht, ein Drama?

Was nicht heißen soll, daß die Welt M. oder sonst jemandem ein Auskommen schuldet; leider würde sie – wie die Dinge bei ihr einmal liegen, höchstwahrscheinlich gar kein Gedicht machen können, kein gutes jedenfalls; dennoch ist sie wichtig, ihr Wert durch eine über das übliche Maß hinausgehende Ehrlichkeit ausgeglichen, und sie verdient ein besseres Schicksal, als von verspäteter Jugendlichkeit in ein vorzeitiges Mittelalter überzugehen, ohne eine Zwischenzeit und ohne etwas herzeigen zu können. – In der Straße zur Stadt hin liegt eine Radiowerkstatt, die ein ältlicher Italiener führte, Joe Vitale. Im Frühsommer tauchte quer über der Ladenfront ein seltsamer Anschlag auf: *Der schwarze Witwr.* Und in kleineren Buchstaben: „Achtet in diesem Fenster auf Neuigkeiten über den schwarzen Witwr.“ Also war man neugierig in der Nachbarschaft und wartete. Einige Tage darauf wurden zwei vergilbte Fotografien diesem Aushang zugefügt: sie zeigten – vor etwa zwanzig Jahren aufgenommen – Mr. Vitale als kräftigen Mann in knielangem, schwarzem Badeanzug mit schwarzer Schwimmkappe und einer Maske. Schreibmaschinenbildunterschriften darunter erklärten, daß Joe Vitale, den wir alle nur als vornübergebeugten, melancholisch blickenden Radiotechniker kannten, einstmals, in einer erhabeneren Körperlichkeit, Meisterschwimmer und Rettungswache am Strand von Rockaway gewesen war.

Wir wurden ermahnt, weiterhin auf die Fenster acht zu haben; unser Lohn kam in der folgenden Woche: in einem ins Auge springenden langen Zettel gab Mr. Vitale bekannt, daß der *schwarze Witwr* beabsichtige, seine Karriere wiederaufzunehmen. Es hing ein Gedicht im Fenster, und dies Gedicht hieß „Der Traum des Joe Vitale“; es berichtete, wie er davon geträumt, noch einmal die Brust den Wogen zu bieten, das Meer zu besiegen.

Am nächsten Tage erschien eine letzte Notiz – es war tatsächlich eine Einladung, in der wir alle aufgefordert wurden, am 20. August nach Rockaway zu kommen, denn an diesem Tage wolle er von da zum Jones-Strand hinüberschwimmen, eine weite Strecke. An den noch dazwischen liegenden Sommertagen saß Mr. Vitale vor seinem Laden auf einem Klappstuhl, die Wirkung seiner verschiedenen Ankündigungen auf die Vorübergehenden beobachtend, saß da, träumerisch und reserviert, lächelnd und höflich nickend, wenn Nachbarn kurz stehenblieben, um ihm Glück zu wünschen. Ein vorlautes Bürschchen erkundigte sich, warum er das e bei Witwr ausgelassen habe, und er gab sehr milde zur Antwort, daß dies e bei Witwer nur für Frauen sei.

Eine Zeitlang geschah nichts weiter. Eines Morgens dann wachte die Welt auf und verlachte den Traum des Joe Vitale. In jeder Zeitung war seine Geschichte, die Boulevardblätter brachten sein Bild auf den Titelseiten. Und klägliche Bilder waren es noch dazu, denn da war er nicht im Augenblick des Triumphes, sondern des tiefsten Jammers, da stand er am Strand von Rockaway, Polizisten rechts und links. Und in ihren Berichten nahmen die Zeitungen zumeist diese Haltung ein: es war einmal ein verrückter alter Idiot, der sich mit Fett einschmierte und hinunter ans Meer trottete, doch als die Rettungswache ihn so weit hinausschwimmen sah, stiegen die Männer in ihre Boote und holten ihn ans Ufer; so ein Heimlicher, dieser komische alte Kerl, denn im Augenblick, da sie den Rücken gewandt hatten, war er schon wieder auf und davon, und so ruderte die Rettungswache nochmals hinaus, und *der schwarze Witwr*, an den Strand geschleift wie ein halbtoter Haifisch, kam nicht unter den Gesängen der Meermädchen zurück, sondern unter Flüchen, Verwünschungen und Polizeitrillerpfeifen.

Gehört hätte es sich, daß man hingegangen wäre und Joe Vitale versichert hätte, wie leid es einem tut, wie tapfer man ihn findet, und was man eben so sagen kann; der Tod eines Traumes ist nicht weniger traurig als wirklicher Tod und verlangt von den Betroffenen gleich tiefe Trauer. Doch sein Radioladen ist geschlossen; er ist es nun schon lange Zeit; nirgendwo ist irgendein Zeichen von ihm, und sein Gedicht hat sich von der Stelle abgelöst, ist außer Sicht gefallen.

Hilary sagte, ich solle kommen und Tee trinken, ehe noch die anderen Gäste erschienen. Obgleich er eine entsetzliche Erkältung hat, bestand er darauf, die Party durchzuführen; natürlich, warum auch nicht? Gastgeber spielen ist sein Allheilmittel. In wessen Haus man auch sein mag, sobald Hilary dort ist, ist es sein Haus, ist man sein Gast. Manche finden diese Haltung zu anmaßend, aber die eigentlichen

Gastgeber sind stets entzückt, weil Hilary mit seiner großen, eindrucksvollen Erscheinung und den tönenden, von Gelächter begleiteten Monologen noch den trübseligsten Anlässen einen überschäumenden Glanz verleiht. Hilary wünscht sich so, daß jedermann glänzt, die Gestalt aus einem Märchenbuch ist; irgendwie bringt er sich selbst zu der Überzeugung, daß die grauesten Geschöpfe von sagenhaftem Schimmer umgeben sind; mehr noch: er überzeugt auch sie davon, und das erklärt zum Teil die liebevolle Art, in der die gemeinhin nicht weichherzige Allgemeinheit von ihm spricht.
Ein weiterer Grund für seine Anziehungskraft ist, daß Hilary sich stets gleich bleibt, immer bringt er einen zum Lachen, wenn man verdammt nahe am Heulen ist, und dann ist da dies merkwürdige Gefühl, daß er, wenn man weggegangen ist, nun für einen noch heult. Hilary mit einer Velvetschlafdecke über den Knien, ein Telefon in der einen Hand, ein Buch in der andern; ein Radio, eine Musikbox, ein weiteres Telefon und ein Plattenspieler, die alle aus den Nebenräumen herübertönen.

Als ich zum Tee kam, saß Hilary wohlverpackt im Bett, von dem aus er seine Party zu dirigieren gedachte. Die Wände dieses Zimmers sind mit Fotografien tapeziert, von beinahe jedem, den er irgendwann einmal gekannt hat: unverheiratete Damen, Debütantinnen, irgend jemandes Sekretärin, Filmstars, College-Professoren, Ballettmädchen, Zirkusclowns, Ehepaare der reichen Gesellschaft, Geschäftsleute – sie mögen mit ihm auseinandergekommen sein, aber er erträgt es nicht, jemanden zu verlieren, oder irgend etwas. Bücher sind in Winkeln gestapelt, lasten auf Borden, darunter seine alten Schulhefte und uralte Theaterprogramme, Haufen aus Muscheln, zerbrochenen Schallplatten, vertrockneten Blumen, Vergnügungspark-Souvenirs verwandeln die Wohnung in ein Dachboden-Wunderland.

Es mag eine Zeit kommen, da es keinen Hilary mehr gibt; es wäre nicht schwer, ihn zu zerstören – möglich, daß jemand es tut. Könnte es sein, daß die Wandlung von der Ahnungslosigkeit zur Erkenntnis in jenem Augenblick geschieht, da wir entdecken, nicht von aller Welt geliebt zu werden? Die meisten von uns begreifen dies allzu früh. Aber Hilary weiß es bis heute noch nicht. Ich hoffe, er lernt es nie, denn ich fände es schrecklich, wenn er plötzlich sähe, daß er ganz allein auf dem Spielplatz spielt und seine Liebe an Zuschauer verschwendet, die niemals dawaren.

August. Obgleich die Morgenblätter einfach schön und warm schrieben, war es um die Mittagsstunde offenkundig, daß etwas Außergewöhnliches vor sich ging, und Büroangestellte, die mit dem benommenen, mißlaunigen Ausdruck eingeschüchterter Kinder vom Mittagessen zurücktrudelten, begannen Wetterbericht zu wählen. Um die Mitte des Nachmittags, als die Hitze sich wie eine Mörderhand über dem Mund des Opfers schloß, schlug die Stadt um sich und wand sich, doch mit ihrem erstickten Aufschrei, ihrer gedrosselten Eile, ihren behinderten Regungen war sie wie ein ausgedörrter Brunnen, irgendein sinnloses Monument, und versank in starre Reglosigkeit. Die dampfigen weidenschlaffen Strecken im Zentralpark waren wie ein Schlachtfeld mit vielen Gefallenen – reihenweise lagen erschöpfte Opfer zusammengekrümmt im totenstillen Schatten, während Bildreporter, die das Desaster dokumentarisch festhalten wollten, gespenstisch zwischen ihnen herumschlichen. Bei Nacht öffnet die Hitze einer Stadt den Schädel, ihr bleiches Hirn bloßlegend und ihr Zentralnervensystem, das sirrt wie das Innere einer elektrischen Birne.

Ich würde wahrscheinlich ein gut Teil mehr Arbeit fertigbringen, wenn ich New York verließe. Indessen stimmt das höchstwahrscheinlich wiederum nicht. Wenn man nicht ein gewisses Alter erreicht hat, erscheint einem das Land als eine langweilige Sache, und ich jedenfalls liebe die Natur nicht allgemein, sondern nur im besonderen. Ungeachtet dessen ist die Stadt – man sei denn verliebt oder gesättigt, ehrgeizbesessen, auch ohne Neugier oder schicksalergeben (was neuerdings gleichbedeutend mit glücklich zu sein scheint) – wie eine Riesenmaschine, rastlos darauf gerichtet, Zeit zu vergeuden, Illusionen zu verschlingen. Binnen kurzem kann die Suche, das Entdeckenwollen, unheilvoll gehetzt, angstschweißtreibend werden, ein Rennen über Hürden aus Benzedrin und Nembutal. Wo ist, wonach du Ausschau hältst? Und was übrigens ist es überhaupt, wonach du Ausschau hältst? Es ist ein Elend, eine Einladung abzulehnen; immerzu weigert man sich, um dann nur überraschend aufzutauchen; schließlich ist es schwer, fortzubleiben, wenn etwas geisterhaft flüsternd hartnäckig behauptet, daß du durch dein Abseitsbleiben die Liebe aus dem Fenster fliegen ließest, dir die Antwort versagt, auf immer verloren hast, wonach du Ausschau hieltest – o bedenke, dies alles erwartet dich bloße zehn Querstraßen weiter – eil dich, setz den Hut auf, bemüh dich nicht erst um den Bus, schnapp dir ein Taxi, na also, eil dich, drück auf die Türklingel, hallo, du wieder einmal 'reingefallener Narr.

Heute ist mein Geburtstag, und wie immer hat Selma daran gedacht: ihre traditionelle Gabe, ein sorgfältig in einen Bogen Seidenpapier gewickeltes Zehncentstück, kam mit der Morgenpost. Dem Alter wie der Zeit nach ist Selma meine älteste Freundin; seit dreiundachtzig Jahren lebt sie in derselben Kleinstadt von Alabama; ein verkrümmtes Weiblein mit pergamentdürrer aschgrauer Haut und lebhaften Augen unter schweren Lidern, war sie siebenundvierzig Jahre lang Köchin im Hause meiner drei Tanten;

doch nun, da diese tot sind, ist sie auf den Bauernhof ihrer Tochter gezogen, um – wie sie sagt – stillzusitzen und es gemütlich zu haben. Doch ihrem Geschenk beigelegt war so etwas wie ein Brief, und darin schrieb sie, ich solle bereit sein, da sie nun also an einem der nächsten Tage den Überlandbus nach dieser „grandosen Stadt" nehmen würde. Das hat gar nichts zu bedeuten; sie wird nie kommen, aber sie droht damit seit Menschengedenken. Den Sommer, ehe ich zum erstenmal New York sah – und das ist vierzehn Jahre her – saßen wir immer schwatzend miteinander in der Küche, unsere Stimmen surrten den lieben langen Tag dahin, und worüber wir zumeist sprachen, das war die Großstadt, in die ich bald gehen würde. Sie bildete sich fest ein, daß es dort weder Bäume noch Blumen gebe, und sie hatte erzählen hören, daß die meisten Menschen unter der Erde lebten oder wenn nicht unter der Erde, dann im Himmel. Außerdem gab es „nichts Nahrhaftes zu essen", keine guten Butterbohnen, Wildartischocken, Okraschoten, Yamwurzeln, Wurst – so wie wir sie daheim hatten. Und kalt ist es, sagte sie, jajadumeinje, geh nur dahin in diese kalte Gegend, bald wir dich wiedersehen, wird deine Nase erfroren und abgefallen sein.

Aber dann brachte Mrs. Bobby Lee Kettle ein paar Dias von New York mit, und danach begann Selma ihren Freundinnen zu erzählen, daß sie mit mir gehen würde, wenn ich nach dem Norden reiste. Das Städtchen schien ihr mit einemmal zusammengeschrumpft und armselig. Und so kauften ihr meine Tanten denn eine Rückfahrtkarte in der Annahme, daß sie mit mir hinfahren, umkehren und zurückkommen sollte. Alles ging prächtig, bis wir zum Busbahnhof kamen; da begann Selma zu weinen und sagte, daß sie nicht fahren könne, daß sie sterben würde so weit weg von zu Haus.

Für einen ganz jungen Menschen ist die Großstadt eine freudlose Stätte; es war ein trauriger Winter, drinnen und draußen, rundherum. Später dann, wenn man älter ist und verliebt, gibt der gedoppelte Eindruck, den man mit der Geliebten teilt, den Erfahrungen Struktur, Gestalt, Bedeutung. Alleine reisen ist Fahrt durch ödes Land. Aber wenn man nur genug liebt, vermag man zuweilen für sich selbst und gleichzeitig für den andern zu sehen. So ging es mir mit Selma. Ich sah alles zwiefach: den ersten Schnee und Schlittschuhläufer, im Park dahinfliegend, die feinen Pelzmäntel der drolligen Kalte-Gegend-Kinder, die Rutschbahn in Coney-Island, Kaugummi-Automaten in der Untergrund, die magischen Automatenbuffets, die Inseln im Strom und das Glitzern auf der dämmernden Brücke, das Aufschluchzen einer Kinomusik, die Männer, die Tag für Tag in den Hof kamen und die gleichen abgeleierten heiseren Lieder sangen, das prächtige Märchen eines Zehn-Cent-Ladens, wo man nach der Schule hinging, um zu stibitzen; ich beobachtete, hörte, sammelte es auf in mir für die geruhsamen Küchenstunden, da Selma, wie immer, sagen würde: „Erzähle mir von da, aber wahre Geschichten jetzt, keine von deinen Schwindeleien.“ Meist aber waren es Schwindeleien, was ich erzählte; es war nicht meine Schuld, ich konnte mich nicht recht erinnern, weil es war, als sei ich auf einem jener unwirklichen Schlösser gewesen, die von Gestalten aus Märchen aufgesucht werden; hat man sie verlassen, erinnert man sich an nichts, geblieben allein ist das geisterhafte Echo des Wunderspuks.

*Deutsch von Hansi Bochow-Blüthgen*

# Brooklyn

Auf dem einsamen Platz ragt schwarz und verfallen eine verlassene Kirche empor; ein Schild mit der Aufschrift *zu vermieten* verunstaltet ihre barocke Fassade; Spatzen nisten zwischen den steinernen Blumen über dem Portal, das mit Kreideinschriften beschmiert ist (Kilroy war hier, Seymour liebt Betty, Du Stinktier!); im Innern, wo das Sonnenlicht auf zerbrochene Kirchstühle fällt, haben alle möglichen streunenden Geschöpfe eine Heimstatt gefunden: man gewahrt dunkle Katzen, die aus den Fenstern sehen, hört die Schreie seltsamer Tiere, und Kinder aus der Umgegend, die sich gegenseitig zum Betreten der Kirche herausfordern, schleppen beim Herauskommen Knochen mit, von denen sie behaupten, es seien menschliche. (Yeah, es ist so! Wenn ich dir's sage; den Kerl habn'se umgebracht.) Diese grundhäßliche Kirche verkörpert für mich etwas von Brooklyns wesentlichen Elementen: Ich habe das unbehagliche Gefühl, daß man, würde ein ihr ähnliches Gebäude zerstört, unverzüglich daranginge, ein andres, gleichermaßen altes und abscheuliches zu errichten; denn ungleich Manhattan hat Brooklyn, oder genauer die Kette der unter diesem Namen verbundenen Städte, keinerlei Interesse an architektonischer Wandlung. Es bezeigt auch keine Nachsicht gegenüber dem Individuum: verzweifelt betrachtet man die endlosen Straßenzüge einander gänzlich gleicher geschmackloser Bungalows aus Braunsandstein, die unweigerlich verlassenen, aschgrauen Viertel, wo die traurigen, süßen, heftigen Kinder Blätter und Bauholz für ihre Oktoberfeuer sammeln, die traurigen, süßen Kinder, die die glastenden Auguststraßen entlangjagen; Tötet den Juden! Tötet den Italiener! Tötet den Nigger! – ein Brauch

dieses Landes, wo die geistige Architektur unwandelbar ist wie die der Häuser.
Freunde aus Manhattan, die nicht gewillt sind, die umständliche, niederdrückende U-Bahn-Fahrt auf sich zu nehmen (O komm doch, B., ich schwöre dir, man braucht nicht mehr als vierzig Minuten, und du mußt ganz bestimmt nur dreimal umsteigen), sagen jede Einladung ab. Deshalb hänge ich oftmals dem Wunschtraum nach, die Kirche zu mieten und zu renovieren: wer könnte dem widerstehen, eine so eigenartige Behausung zu besuchen? So wie die Dinge liegen, habe ich zwei Zimmer in einem Braunsandsteinhaus, das sich zwanzigmal auf dem Platz wiederholt; das Innere ist ein viktorianischer Dschungel: In modernde griechische Schleier gehüllt, tänzeln schmutzige lilienbleiche Damen mit plumpen Gesichtern scharenweise über die Tapeten; in der Halle sind eine leere, angelaufene Schale für Besuchskarten und ein Hutständer, knorrig wie eine flüchtigen Blicks an der britannischen Küste erspähte Fichte, elegante Erinnerungsstücke aus Brooklyns besseren Tagen; der Salon quillt über von staubigen befransten Möbelstücken, über dem verstimmten alten Klavier paradiert in Daguerreotypie die ganze Familiengeschichte, überall tun Schondecken wie gehäkelte Fähnchen den Zustand der Ehrbarkeit kund, und wenn ein Zugwind durchs Zimmer geht, lassen perlgezierte Lampen orientalische Weisen erklingen.
Es gibt jedoch Telefone: zwei im oberen Stock, drei unten und hundertfünfundzwanzig im Erdgeschoß; meine Wirtinnen sind nämlich in eben diesem Erdgeschoß mehr oder weniger an ein Schaltbrett gekettet: Mrs. Q., eine watschelnde verkümmerte Frau mit rotem Bulldoggengesicht, lavendelblauen Knopfaugen und leuchtend orangefarbenem, unglaublichem Haar, das sie, wie Miss Q., ihre Tochter, wild bis auf die Hüften herabfallend trägt, ist eine mißtrauische Person, und ihr Mißtrauen ist das derjenigen,

die, alles verachtend, nach einem Grund suchen. Die arme Miss Q. ist einfach nur müde; sanft und honigsüß, arbeitet sie in einer gewissermaßen lebenslangen Müdigkeit, und manchmal frage ich mich, ob sie wirklich Miss Q. ist oder Zasu Pitts. Nichtsdestoweniger besteht zwischen uns eine liebenswürdige Beziehung, die hauptsächlich darauf beruht, daß wir beide von haarsträubendem Kopfweh geplagt sind. Fast täglich schleicht sie sich zu mir herauf und bittet, über ihre ungehörige Keckheit kichernd, um ein Aspirin. Ihre Mutter, eine Anhängerin Bernarr MacFaddens, verbietet Aspirin wie alle übrigen Medikamente als „Teufelsgebräu". Ihre Geschichte ist eine altbekannte: Mr. Q., „ein unbestreitbar führender Leichenbestatter", ging „ganz einfach und ohne Ankündigung" dahin, „während er die *New York Sun* las", und ließ seine Frau und eine unverheiratete Tochter „ohne alle Existenzmittel" zurück, weil „ein Schwindler Papa dazu gebracht hatte, all sein Geld in einer Fabrik zur Fertigung künstlicher Trauerkränze zu investieren". Deshalb richteten sie und ihre Mutter im Erdgeschoß einen Telefondienst ein. Seit zehn Jahren wechseln sie einander Tag und Nacht darin ab, Anrufe für Leute entgegenzunehmen, die verreist oder ausgegangen sind. „Ach, es ist ein Elend", sagt Miss Q. mit gespielter Verzweiflung, ist doch diese Rolle einer erfolgreichen Frau die konkreteste Illusion ihres Scheinlebens, „ich spreche die lautere Wahrheit, wenn ich Ihnen sage, daß ich seit wer weiß wie vielen Jahren nicht eine ungestörte Stunde gehabt habe; Mama ist zwar auch vollauf beschäftigt, Gott segne sie, doch Mama hat ja, wie Sie wissen, eine Menge Beschwerden, und so muß ich sie fast buchstäblich im Bett festbinden. Spät in der Nacht manchmal, wenn mein Kopfweh einsetzt, dann – nun ja, dann blicke ich auf das Schaltbrett, und plötzlich ist mir, als wären all die langen Drähte Arme und Finger, die mich zu Tode quetschten." Von Mrs. Q. weiß man, daß sie gelegentlich das Türkische

Bad in der Nähe der Borough Hall aufsucht, die Abgeschlossenheit ihrer müden Tochter jedoch ist vollständig; wenn man ihr Glauben schenken darf, so hat sie das Erdgeschoß in acht Jahren nur ein einzigesmal verlassen – und an diesem freien Tag ging sie mit ihrer Mutter in die Carnegie Hall, um einer Gymnastikvorführung Mr. McFaddens beizuwohnen.

Voller Furcht höre ich manchmal nachts, wie Mrs. Q. die Treppe heraufkeucht, um bald darauf in meiner Tür zu erscheinen; in einen fadenscheinigen seidnen Kimono gehüllt, das in der Farbe des Sonnenuntergangs leuchtende Haar wikingergleich herabwallend, bleibt sie dort stehen und sieht mich mit einem unheilvollen Glitzern an: „Schon wieder zwei“, sagt sie, und ihr rauher Bariton suggeriert Feuer und Schwefel. „Wir haben sie vom Fenster aus gesehen, zwei ganze Familien fuhren mit Möbelwagen vorbei.“

Wenn sie die Zitrone ihrer Bitterkeit ganz ausgequetscht hat, frage ich:

„Was für Familien, Mrs. Q.?“

„Afrikaner“, verkündet sie dann mit rechtschaffenem eulenhaftem Blinzeln, „die ganze Nachbarschaft wird zu einem schwarzen Albtraum; erst Juden, und nun das; Räuber und Diebe, allesamt – mir gruselt 's.“

Obwohl ich glaube, daß Mrs. Q. es sich nicht klarmacht, ist das keineswegs Theater, sie fürchtet sich wirklich: Das, was da draußen vor sich geht, deckt sich mit keiner ihrer Erfahrungen; der Gatte, von dessen Denken sie zehrte, ist dahingegangen, und sie selbst, die nur über entlehnte Ansichten verfügte, besaß niemals eine eigene Meinung. An allen Türen hat sie eine unwahrscheinliche Zahl von Riegeln und Schlössern anbringen lassen, ein Teil der Fenster ist vergittert, und ein verraßter Köter läßt sein ohrenbetäubendes Gebell ertönen: jemand draußen, ein gestaltloser Jemand, begehrt Einlaß. Jeder Schritt macht ihr Gewicht deutlich, während sie nun die Treppen hinabsteigt; unten tastet ein Schatten, ihr eigener, über den Spiegel: Mrs. Q., die sich nicht erkennt, hält inne, ihr Atem geht schwer, während sie überlegt, wer dort wohl wartet: ein Schauer überläuft sie: heute zwei neue, morgen weitere, die Flut steigt, ihr Brooklyn ist ein verlorenes Atlantis, selbst ihr Spiegelbild (ein Hochzeitsgeschenk, der Spiegel, weißt du noch? vierzig Jahre: o mein Gott, wo ist die Zeit geblieben?), selbst es ist ein Jemand, ein Etwas. „Gute Nacht", ruft sie. Die Schlösser klirren, die Haustür wird abgeschlossen; hundertfünfundzwanzig Telefone summen im Dunkel, die griechischen Damen tanzen im Schatten, das Haus seufzt, kommt zur Ruhe. Der Wind, der von draußen hereinweht, trägt aus einer blöckeweit entfernten Bäckerei den süßen Duft von Cookies herüber; Seeleute, die zur Sands Street wollen, überqueren den erleuchteten Platz, ihr Blick gleitet am Gerippe der Kirche empor und begegnet dem gelben Wissen kalter Katzenaugen. „Gute Nacht, Mrs. Q."

Ich hörte einen Hahn krähen. Seltsam zuerst, schien es doch weniger seltsam, als ich an die geheime unsichtbare Stadt dachte, den Kontinent von Hinterhofgärtchen, die nirgendwo zahlreicher sind als hier: Hausierer und Schuhverkäufer als Ackerbauern: „Unsre eignen Rettiche, müssen Sie wissen." Unlängst hat man eine Frau aus Flatbush eingesperrt, weil sie in ihrem Hinterhof Schweine hielt. Zweifellos trieb der Neid ihre Nachbarn zur Beschwerde. Wenn man des Abends von Manhattan kommt, ist es fast etwas entmutigend, in einen echten Sternenhimmel zu sehen und laubbedeckte Straßen entlangzuschlendern, durch die unverfälscht der neblige Ruch des Herbstes zieht, und wo die Stimmen im Dämmerlicht rollschuhlaufender Kinder durch die Stille eindrucksvolle Botschaften herantragen: „Sieh mal, Myrtle, was für'n Mond – wie'n Allerheiligenkürbis!" Drunten brodelt die Untergrundbahn, droben zersticht das Neonlicht die Nacht, ja und doch hörte ich einen Hahn krähen.

Als Gruppe gesehen, stellen die Brooklyner eine verfolgte Minderheit dar: die einfallslose Hartnäckigkeit wenig gebildeter Hanswurste hat es dahin gebracht, daß die bloße Erwähnung ihrer Heimat zwangsläufig schallendes Gelächter auslöst; mittels derart zwerchfellerschütternder Propaganda sind ihr Dialekt, ihr Äußeres und ihre Manieren zum Inbegriff der rohsten, der vulgärsten Aspekte unseres heutigen Lebens geworden. All dies, das vielleicht durchaus gutartig begonnen haben mag, bewegt sich inzwischen auf dem messerscharfen Grat an der Grenze der Bosheit: es ist heutzutage nicht ganz respektabel, eine Brooklyner Adresse zu haben. Zweifellos eine besondere Ironie, denn in dieser unglücklichen Gegend wacht der Durchschnittsmensch, da er sich unmittelbar am Rande des Ausgestoßenseins befindet, mit morbider Intensität über die Durchschnittlichkeit; er macht in der Tat aus der Ehrbarkeit eine Religion; Unsicherheit ruft jedoch Heuchelei hervor; und so nimmt er den Großen Spaß mit dem lautesten Gelächter von allen auf: „Jaaa, is Brooklyn nich 'ne Wucht – so was Komisches!" Irrsinnig komisch, ja, aber Brooklyn ist ebensosehr auch traurig brutal provinziell einsam menschlich ruhig lümmelhaft rauh verloren leidenschaftlich subtil bitter unreif unschuldig pervers zart geheimnisvoll, die Stadt, die Crane und Whitman Gedichte schenkte, ein mythisches Reich, an dessen Küste die Wasser von Coney Island in schwacher Wehklage plätschern. Kaum jemand vermag hier über den Weg Auskunft zu geben; niemand weiß, wo irgend etwas ist, selbst der älteste Taxifahrer wirkt unsicher; glücklicherweise habe ich mein Diplom im Untergrundbahnfahren erworben, obwohl es, dessen bin ich sicher, glühenderen Fleißes bedarf, das Fahren auf diesen Geleisen zu erlernen, die, in den Fels eingegraben, den Adern versteinerten Farns gleichen, als man

für die Arbeit auf einen Doktorgrad hin aufwenden muß. Während man durch die sonnenlosen, sternlosen Tunnel schaukelt, hat man das Gefühl, aufs offene Meer hinauszufahren: der Zug, der unter unwahrscheinlichem Land dahinsaust, scheint für Nebel und Sprühregen bestimmt, und einzig das Aufblinken bekannter Stationen enthüllt unsere Identität. Einmal sah ich, unter dem Fluß hindonnernd, ein Mädchen, sie war ungefähr sechzehn und, wie ich vermute, gerade erst in eine Studentinnenvereinigung aufgenommen. Sie trug einen Korb, der mit kleinen, scharlachroten Papierherzen gefüllt war: „Kaufen Sie ein einsames Herz“, jammerte sie, durch den Wagen gehend, „Kaufen Sie ein einsames Herz“; doch die bleichen, ausdruckslosen Fahrgäste, von denen keiner eins brauchte, schnippten nur gegen die Seiten ihrer *Daily News*.
Jede Woche esse ich ein paarmal im Cherokee-Hotel zu Abend. Es ist ein Apartment-Hotel und äußerst ehrwürdig, sowohl im Hinblick auf Dekor wie Klientel: der jüngste Irokese, so nennen sie sich selbst, ist sechsundsechzig und der älteste achtundneunzig; natürlich sind die Frauen in der Überzahl, doch gibt es auch eine Haut-und-Knochen-Ansammlung von Witwern. Ab und an bricht ein Krieg zwischen den Geschlechtern aus, und man kann das Eintreten eines solchen Ereignisses stets unschwer daran erkennen, daß der gemeinsame Aufenthaltsraum verwaist ist; sowohl die Herren wie die Damen haben ihren eignen Salon, und die kampfbereiten Truppen pflegen sich in diese speziellen Heiligtümer zurückzuziehen, die Damen schmollend und beleidigt, die Herren wie immer schweigend und grimmig. Beide Salons weisen außer zahlreichen niederdrückenden Erzeugnissen der Bildhauerkunst Radios auf, und wenn ein Krieg ausgebrochen ist, drehen die Damen, die sonst nicht das mindeste Interesse bezeigen, ihren Apparat so laut wie möglich auf in dem Versuch, die Abendnachrichten der Herren gewissermaßen zu ersticken.

Das Dröhnen ist drei Blöcke weit zu hören, und Mr. Littlelow, der Besitzer, ein nervöser junger Mann, um das vorweg zu sagen, saust hin und her und droht die Radioapparate gänzlich zu entfernen, oder aber, was noch schlimmer ist, die Verwandten seiner Pensionäre zu benachrichtigen. Von Zeit zu Zeit muß er zu dieser letztgenannten Maßnahme seine Zuflucht nehmen, so zum Beispiel im Falle Mr. Gilbert Crockers, der so hartnäckig sündigt, daß dem armen Littlelow schließlich nichts anderes übrigblieb, als seinen Enkel herbeizuholen. Zusammen und öffentlich machten sie dem alten Mann Vorhaltungen: „Ständig gibt er Anlaß zum Streit", klagte ihn Littlelow an, mit dem Finger auf den Übeltäter zeigend. „Er verbreitet bösartige Gerüchte über die Hotelverwaltung, behauptet, wir läsen seine Post, behauptet, wir hätten ein Beteiligungsabkommen mit dem Beerdigungsinstitut Cascades, er sagte Miss Brockton, der siebte Stock sei gesperrt, weil wir ihn an eine flüchtige Verbrecherin (eine Beilmörderin, sagte er) vermietet hätten, wo doch alle wissen, daß ein Wasserrohr geplatzt ist. Miss Brockton verlor vor Angst fast den Verstand, und ihr Flatterherz ist seitdem wesentlich schlimmer geworden. Wir waren bereit, über all dies hinwegzusehen, doch als er auch noch anfing, Glühbirnen aus den Fenstern zu werfen, dachten wir: nun ist es wirklich an der Zeit!"

„Warum hast du Glühbirnen aus dem Fenster geworfen, Großvater?" fragte ihn der Enkel; er sah dabei nervös auf seine Uhr und wünschte ganz offensichtlich, daß der alte Mann das Zeitliche bereits gesegnet hätte.

„Es waren keine Glühbirnen, mein Junge", berichtigte Mr. Crocker geduldig. „Es waren Bomben."

„Ja, gewiß, Großvater. Und warum hast du die Bomben geworfen?"

Mr. Crockers Blick wanderte über die Versammlung seiner Mit-Irokesen, und dann nickte der alte Mann mit finsterem Lächeln in Miss Brocktons Richtung. „Sie –", sagte er, „sie wollt' ich in die Luft sprengen: sie ist ein widerwärtiges Scheusal: sie und die Köchin haben untereinander ausgemacht, mir niemals was von der Schokoladensauce zu geben, damit dieses dicke, fette Weib sie ganz allein auffressen kann."

Augenblicklich versammelten sich die Damen um sein auserkorenes Opfer, dessen Flatterherz sie unvermittelt bis an die Decke flattern zu lassen drohte; über dem empörten Glucken schwangen klar und deutlich Mrs. Allen T. Bonapartes Gedankensprünge: „Die arme Miss Brockton ermorden, man denke nur, haben Sie jemals das Londoner Wachsfigurenkabinett besucht? Sie wissen, was ich meine: sehen alle gleich aus, nicht wahr?" Und es verstand sich von selbst, daß die Radios an diesem Abend sämtliche Fensterscheiben würden erzittern lassen.

Eine der Bewohnerinnen aber ist so furchterregend, daß sie selbst Littlelow außer Gefecht zu setzen vermag. Mrs. T. T. Huett-Smith ist sehr groß, und wenn sie mit ihren funkelnden, gelblich gewordenen verstaubten Diamanten im Speisesaal erscheint, entbehrt ihr Auftritt lediglich eines Fanfarentuschs: Mit unsicheren Schritten geht sie auf ihren Tisch zu (es ist der, auf dem eine Rose steht, der einzige, auf dem eine Rose steht: und noch dazu aus Papier) und nimmt im Vorübergehen die Huldigungen der gesellschaftlich Ambitionierten entgegen: sie verkörpert ihre letzte Erinnerung an jene weit zurückliegenden Tage, als auch Brooklyn noch eine gehobene Gesellschaftsschicht besaß. Doch wie fast alle Dinge, die ihre gesunde Jugendfrische überlebt haben, ist auch Mrs. T. T. ein wenig dekadent und zu einer tragikomischen Übertreibung geworden: Lippenstift und Rouge, die sie in hemmungslosem Ausmaß benutzt, wirken ranzig auf ihrem mageren, zerknitterten Gesicht, und ihre Vergnügungen sind perverser Natur: nichts liebt sie mehr, als bestimmte sadistische Enthüllungen zu machen. Als Mrs. Bonaparte in das Hotel einzog und zum erstenmal den Speisesaal betrat, verkündete Mrs. T. T. bei ihrem Anblick lauthals: „Ich erinnere mich noch der Zeit, als die Mutter dieser Person Putzfrau im *schäbigsten* Bad von Coney Island war." Eine andre Zielscheibe für sie sind die scheuen und stillen Schwestern Webster: „Verwünschte alte Jungfern nannte mein Mann sie immer."

Ich weiß um ein Geheimnis, das Mrs. T. T. betrifft. Sie stiehlt. Jahrelang hat sie das billige Warenhaussilber des Cherokee-Hotels in ihre gestickte Handtasche gleiten lassen, um dann eines Tages, zweifellos in einem Augenblick geistiger Umnachtung, im Büro mit der Bitte zu erscheinen, man möge ihre Sammlung sicher im Safe des Hotels einschließen. „Aber meine liebe Mrs. Huett-Smith", sagte Littlelow, sich von seiner Überraschung erholend, „dies hier kann doch wohl kaum Ihr Eigentum sein, jedenfalls ist das Monogramm nicht das Ihre." Mrs. T. T. betrachtete die Messer und Gabeln mit erstauntem Stirnrunzeln: „Natürlich nicht", sagte sie, „nein, natürlich nicht: wir hatten stets nur das Beste."

Es ist ein paar Wochen her, daß ich zuletzt im Cherokee-Hotel war. Ich hatte einen Traum. Ich träumte, daß eine von Mr. Crockers Bomben sie allesamt in die Luft gesprengt hätte: Und um die Wahrheit zu gestehen – ich fürchte mich ein wenig davor, hinzugehn und nachzusehen.

28. Dezember. Ein kristallblauer Tag, zu köstlich für Mrs. Q.s muffigen Bereich, darum ging ich mit einem Freund auf den Brooklyn Heights spazieren; von allen Städten, die ich kenne, vermögen nur Bostons Beacon Hill und Charleston einen ähnlichen Eindruck von der Vergangenheit hervorzurufen (das *vieux carré* von New Orleans nehme ich aus, weil es in seiner Art zu offensichtlich fremdländisch ist); von den dreien aber erscheint mir Brooklyn

Heights am wenigsten konstruiert und ganz sicher am wenigsten ausgebeutet. Natürlich ist es zum Untergang verdammt, heute schon wird es untertunnelt, ein Highway ist geplant; mit stählernen Gebissen fressen sich Maschinen durch seine Palisaden, viele alte Herrschaftshäuser harren in herrenlosem Dunkel des Einreißtrupps; im ehrbaren Schatten kleiner Dickensscher Straßen – Cranberry, Pineapple, Willow, Middagh – glitzern nagelneue rote Schilder mit der Aufschrift: *Vorsicht! Bauarbeiten*, und der Staub gesprengten Steines steht wie ein Urteilsspruch in der Luft. Als es dunkelte, kauften wir einen kleinen Pekannußkuchen; wir setzten uns auf eine Bank und sahen zu, wie in den Türmen über dem Fluß die Lichterkette aufstrahlte. Der Wind peitschte weiße Schaumkrönchen über das kalte Wasser, sang durch die harfenähnliche Brücke, fegte schreiende Möven im Wirbel dahin. Mein Teil des Kuchens verzehrend, saß ich da und blickte auf Manhattan, und ich überlegte, wie seine Ruinen wohl einmal aussehen mochten: was Brooklyn anlangt, so werden die Archäologen einer kommenden Zivilisation ebensowenig wie die Taxifahrer der unseren jemals das Geheimnis seiner Straßen enträtseln, ihre Bestimmung, ihren Sinn.

*Deutsch von Marguerite Schlüter*

# Hollywood

Sich Los Angeles nähern, auf dem Luftwege jedenfalls, das ist – so stelle ich's mir vor – wie ein Überqueren der Mondoberfläche: prähistorische Formen, in steinernen Rippen hochgetürmt und verwittert, schielen herauf, und paläontologische Fische schwimmen in schattendunklen Teichen zwischen Wüstenbergen: ausgebrannt und vereist, gibt es da nichts Lebendiges mehr, einzig Fels, der einst ein Vogel war, Knochen, die Sand sind, Farne zu Feuerstein gewandelt. Schließlich eine willkommenbietende Wolkenflottille – wir haben den Tunnel eines Zauberers durchkrochen, Schnee liegt auf den Bergen, doch bunt von Blumen ist das Land, eine Sommersonne steht neben der winterlichen See des Dezembers, tiefer, tiefer stößt das Flugzeug durch fedrige goldene unglaubliche Luft. Oh, stöhnte Thelma, ich vertrag das nicht, sagte sie und goß sich einen Wasserfall Kaugummibonbons in ihren Mund. Thelma war in Chikago an Bord gekommen – sie war eine junge Negerin, recht nett aussehend, bildhübsch angezogen, und es war das Herrlichste, was ihr überhaupt je passieren konnte, diese Reise nach Kalifornien: „Ich weiß bestimmt, es wird einfach großartig werden. Drei Jahre lang war ich Platzanweiserin am Lola-Theater in der State Street, nur um mir das Reisegeld zusammenzusparen. Meine Tante kann kartenlegen, und die hat gesagt: Thelma, Schätzchen, auf nach Hollywood mit dir, weil da 'ne Stelle als Privatsekretärin bei 'ner Filmschauspielerin nur auf dich wartet. Bei welcher hat sie mir allerdings nicht gesagt. Hoffentlich ist's nicht Esther Williams. Schwimmen tu ich nicht sehr gern."

Später fragte sie, ob ich's auch beim Film versuchen wolle,

und weil ihr dieser Gedanke zu gefallen schien, sagte ich ja. Alles in allem war sie sehr ermutigend und versicherte, daß sie mich – sobald sie als Privatsekretärin etabliert sei und damit Zugang zum Gehör der Großen habe – nicht vergessen, ja mir ganz gewiß jeglichen Beistand gewähren würde.
Am Flughafen war ich ihr beim Gepäck behilflich, und schließlich nahmen wir gemeinsam ein Taxi. Dabei kam heraus, daß sie keinen eigentlichen Bestimmungsort hatte, sie wünschte einfach, der Fahrer möge sie nur „mitten in Hollywood" absetzen. Es war eine lange Fahrt, und sie saß die ganze Zeit über auf der äußersten Kante, unerträglich gespannt Ausschau haltend. Aber es gab da gar nicht so viel zu sehen, wie sie sich vorgestellt hatte. „Es stimmt irgendwie nicht", sagte sie schließlich, gerade so, als habe man uns einen üblen Streich gespielt, denn auch hier wieder, wenngleich verhüllt, war die Mondoberfläche, nirgendwo eine Stätte, doch wie sehr stimmte es letztlich, daß wir hier am Ende des Kontinents nichts als einen Abladeplatz alles dessen finden sollten, was am ausgesprochensten amerikanisch ist: Ölpumpen, die wie Herzschläge von Dämonen klopfen, straßenweise unbebaute Plätze mit Gebrauchtwagen, Selbstbedienungsläden, Motels, das hach Paps ich war noch nie im Chevrolet hach Paps hach Mam hach quitsch quatsch der allgemeinen Rederei, das Allergrößte, Allerbreiteste, Allerbeste, ausgespreizt und wehrlos narkotisiert von der Makellosigkeit des Sonnenscheins, vom Meeresrauschen und der überirdischen Anmut im Dezember blühender Blumen.
Während der Fahrt war der Himmel aschgrau geworden, und als wir in den frischgewaschenen Glanz des Wilshire Boulevards einbogen, murrte Thelma, mit einem schützenden Griff nach ihrem empfindlichen Federhütchen, bei der Vorstellung eines möglichen Regens. Kommt nicht in Frage, sagte der Fahrer, bloß Wind, der Staub aus der Wüste herüberbläst. Diese Worte waren noch nicht aus sei-

nem Munde, als schon die Palmen unter einem heftigen Guß erzitterten. Aber Thelma wußte nicht wohin mit sich, außer auf die Straße, so ließen wir sie denn dort stehen, wo der Regen ihr Kostüm auseinanderzerrte. Als uns die Verkehrsampel an der Ecke stoppte, kam sie angerannt und steckte ihren Kopf durchs Fenster: „Paß auf, Schätzchen, denk dran, was ich gesagt habe: wenn du Hunger hast oder sonstwas, sieh nur zu, wo ich bin." Dann, mit einem reizenden Lächeln: „Und hörst du, Schätzchen: doll viel Glück!"

3. Dezember. Heute war ich, dank der Bemühung einer gemeinsamen Freundin, Nora Parker, zum Lunch bei der sagenumwobenen Miss C. geladen. Eine Festungsmauer umschließt ihren Besitz, und am Eingangstor wurden wir von einem Wachtposten mehr oder weniger durchsucht, der dann unser Kommen telefonisch ankündigte. All dies war höchst befriedigend: es ist hübsch, zu wissen, daß doch wenigstens jemand so lebt, wie berühmte Filmstars leben sollen. An der Haustür wurden wir von einem rotbackigen überfütterten Kind in Empfang genommen, dem ein bonbonrosa Band im Haar baumelte. „Mammi meinte, ich soll Sie so lange unterhalten, bis sie 'runterkommt", sagte sie lustlos, dann führte sie uns in ein großes und – wenn ich jetzt darüber nachdenke – monströses Zimmer: es sah aus, als habe sich irgendein reicher alter Schurke persönlich ein üppiges Liebesnest eingerichtet: verworfene, tiefeinsinkende Ruhelager, ganze Haufen wollüstiger Velvetkissen und Lampen mit sinnlich geschwungenen Rundungen. „Möchten Sie Mammis Sachen sehen?" fragte die Kleine.
Ihr erstes Ausstellungsstück war eine beleuchtete Vitrine. „Das", sagte sie, auf ein Stück aus chinesischem Porzellan deutend, „ist Mammis antike Vase, für die sie bei Gump dreitausend Dollar bezahlt hat. Und das ist ihr goldener Cocktailshaker und die goldenen Becher dazu. Ich hab'

vergessen, was die gekostet haben, 'ne Unmenge jedenfalls, an die fünftausend Dollar etwa. Und sehen Sie die alte Teekanne hier? Sie glauben gar nicht, was die wert ist ..."
Es war eine widerliche Aufzählung, und gegen das Ende zu sagte Nora, die sich benommen im Zimmer auf der Suche nach einem anderen Gesprächsthema umgeblickt hatte: „Solch wunderschöne Blumen! Sind die aus euerm eigenen Garten?"
„Du lieber Himmel, nein", erwiderte die Kleine verächtlich, „die bestellt Mammi jeden Tag beim teuersten Blumengeschäft von Beverly Hills."
„Oh?" sagte Nora, zusammenzuckend. „Und was sind Deine Lieblingsblumen?"
„Orchideen."
„Na hör mal. Daß Orchideen deine Lieblingsblumen sein können, glaube ich einfach nicht. So ein junges Ding wie du!"
Sie dachte einen Augenblick nach. „Also ehrlich gesagt, sind sie's auch nicht. Mammi sagt bloß, das seien die teuersten."
Genau in dem Moment raschelte es an der Tür, Miss C. kam wie ein Schulmädel quer durchs Zimmer gesprungen – ihr berühmtes Gesicht war ohne Make-up, Haarnadeln baumelten lose. „Nora-Darling", rief sie, ihr die Arme entgegenstreckend, „entschuldige bitte, daß es so lange gedauert hat, ich war oben beim Bettenmachen."

Gestern, plötzlich ausgehungert, erinnerte ich mich an hinreißend schöne Obstaufbauten vor einem großen Laden, an dem ich verschiedentlich bewundernd vorübergefahren war. Riesenorangen, Trauben groß wie Pingpongbälle, hochgetürmte rötliche Apfelpyramiden. Entfernungen sind hierzulande verblüffend, nichts ist so nah, wie man glaubte, und es ist nicht ungewöhnlich, fünfzehn Kilometer um eine Schachtel Zigaretten zu fahren. Es waren drei Kilometer

Fußmarsch, ehe ich den Obstladen überhaupt sichtete. Die langen Ladentische waren schräggestellt, damit man schon von möglichst weither die prächtige Ware überblickte, Äpfel, Birnen. Ich griff nach einem dieser außergewöhnlich schönen Äpfel, aber er schien in der Kiste zu kleben. Eine Verkäuferin gickerte: „Gips“, sagte sie, und ich lachte ebenfalls, vielleicht ein bißchen hektisch. Dann folgte ich ihr bedrückt in die tieferen Regionen des Ladens, wo ich sechs kleine, ziemlich mehlige Äpfel kaufte und sechs kleine, ziemlich mehlige Birnen.

Es ist die Weihnachtswoche. Und Abend ist es jetzt lange. Unterm Fenster wird das Tal von einem Lampensee elektrisch erleuchtet. Von der bedrückend spürbaren Ungesichertheit ihrer Häuser auf den Gipfeln blicken Augen ungesichert darauf nieder, fast so als könnten sie urplötzlich verlöschen, wie Kerzen, die endlich aufgezehrt sind.
Früher am Tage heute fuhr ich im Bus den ganzen Weg von Beverly Hills bis hinein nach Los Angeles. Die Straßen sind girlandengeschmückt, wir kamen an einem Motorschlitten vorüber, der im Dahinrollen eine Fahrspur weißer Cornflakes ausspuckte, an Straßenecken klingeln Wollemänner im Schatten serienmäßig hergestellter Bäume mit Glöckchen; Weihnachtslieder, aus Lautsprecherkandelabern heulend, ergießen ihren Sirup in die Lüfte, und überall hängt, im vierundzwanzigkarätigen Sonnenschein glitzernd, Lametta wie schimmelndes Moos. Mehr Weihnachten könnte es gar nicht sein – oder weniger. Ich habe mal eine Frau gekannt, die eine rosige Villa Stein um Stein aus Italien herüberbringen und auf einer feinsäuberlichen Grasfläche in Connecticut wiederaufbauen ließ – Weihnachten ist in Hollywood genau so fehl am Platze, wie es diese Villa in Connecticut war. Und was ist Weihnachten ohne Kinder, von denen so viel Wesentliches abhängt? Vergangene Woche traf ich einen Mann, der eine

Reihe Beobachtungen mit dem Ausspruch abschloß: „Und dann wissen Sie natürlich, daß dies eine Stadt ohne Kinder ist."

Fünf Tage lang habe ich diese Bemerkung nachgeprüft, erst nur so nebenher, nun mit tödlicher Bestürzung: ungeheuerlich, ich weiß, aber seit ich dies rätselhafte Unternehmen begann, habe ich noch nicht einmal ein halbes Dutzend Kinder gesichtet. Doch zunächst eine hierhergehörige Feststellung: eine Hauptklage hier ist die Übervölkerung; die alte Garde der Einwohner erklärt mir, die Gegend quelle über von „unerwünschten" Elementen, von Scharen ehemaliger Soldaten, von Arbeitern, die während des Krieges zuzogen, und von jenen heimatlosen Intellektuellen, den jungen, nirgends seßhaften; doch beim Umherwandern habe ich manchmal das Gefühl eines Menschen, der an einem gespenstischen Morgen in einer zum Schweigen gebrachten, verödeten Welt erwacht, aus der über Nacht, wie die Mannschaft an Bord der *Maria Celeste*, jede lebende Seele verschwunden ist. Es herrscht eine Atmosphäre feiertäglicher Leere; hier, wo keiner zu Fuß geht, gleiten Wagen in einem nichtabreißenden schimmernden ruhigen Strom dahin – mein Schatten, der sich auf der blendend weißen Straße bewegt, wirkt wie das einzig lebende Element in einem Chirico. Es ist nicht die behagliche Stille, die man in amerikanischen Kleinstädten spürt, obwohl die äußerliche Atmosphäre der Vorderveranden, Hausgärten und Hecken sehr oft die gleiche ist. Der Unterschied liegt darin, daß man in wirklichen Städten ziemlich sicher sein kann, was für eine Sorte von Menschen sich hinter diesen numerierten Türen birgt, hier jedoch, wo alles vorübergehend, kurzlebig scheint, gibt es kein allgemeingültiges Bevölkerungsschema, und nichts ist geplant – diese Straße, jenes Haus: Zufallspilze, und ein Riß in der Mauer, der anderswo reizvoll sein könnte, schlägt nur einen Mißton an, Untergang kündend.

Kürzlich prüfte hier eine Lehrerin den Wortschatz, indem sie ihren Schülern aufgab, den Gegenbegriff zu *Jugend* zu nennen. Mehr als die Hälfte der Klasse schrieb *Tod.*

Kein schickes Hollywoodheim wird für völlig installiert gehalten ohne einen ganzen Schwung moderner Meister zur Aufhellung der Wände. Ein Regisseur hat schon so etwas wie eine kleine Galerie; er spricht von Bildern nur als gute Kapitalsanlage. Seine Frau ist weniger bescheiden: „Natürlich verstehen wir was von Kunst. Schließlich sind wir in Griechenland gewesen, nicht? Kalifornien ist auch so wie Griechenland. Genauso. Sie würden sich wundern. Gehen Sie doch mal 'rüber zu ihm und unterhalten Sie sich mit meinem Mann über Picasso, da kann der Ihnen richtig Bescheid sagen."

An dem Tag, als ich mir ihre berühmte Sammlung ansah, hatte ich ein Bild bei mir, das ich zum Einrahmen bringen wollte, eine kleine farbige Klee-Lithografie: „Nett", meinte die Regisseursgattin vorsichtig, „selbergemalt?"

Auf einen Bus wartend, lief ich P. in die Arme, für die ich ziemliche Bewunderung empfinde. Sie hat jene Art von Witz, der jede Bosheit ausschließt, und – was noch ungewöhnlicher ist – hat dreißig Jahre in Hollywood mit Humor und Würde zu leben verstanden. Natürlich ist sie nicht besonders reich. Zur Zeit wohnt sie über einer Garage. Es ist interessant, weil sie nach hiesigen Begriffen erfolglos war, was – obendrein mit zunehmendem Alter – unverzeihlich ist, dennoch wird ihr vom Erfolg gehuldigt, und ihre sonntäglichen Kaffee-Sitzungen sind recht glanzvoll besucht, weil sie da über der Garage versteht, ein flüchtiges Gefühl der Sicherheit zu geben und allen die Empfindung, Wurzeln zu haben. Zudem ist sie ein unerschöpfliches Album, die Zeiten verschieben sich in ihrer Unterhaltung, entgleiten, bis – während sie einen mit ihren kornblumenblauen Augen fest anschaut – Valentino, leicht deinen Arm streifend, vorübergeht, die junge Garbo am Fenster lehnt, John Gilbert auf dem Rasen erscheint, dasteht wie eine Statue im Dämmer, und Fairbanks der Ältere die Einfahrt heraufgedonnert kommt, zwei bellende Bulldoggen neben sich auf dem Lakaiensitz.

P. erbot sich, mich heimzubringen. Wir fuhren über Santa Monica, damit sie ein Geschenk bei A. vorbeibringen konnte, dieser übernervösen traurigen Frau, die einmal, nach dem Abgang ihres dritten Mannes, einen Oscar ins Meer warf.

Das, was mich am meisten bei A. beschäftigte, war die Art, wie sie ihr Make-up auftrug – eine derart brutal sachliche Verrichtung – kalten Blickes, berechnend, handhabt sie ihre Schminken und Puder allesamt, als gehöre das Gesicht jemand anderem, mit welcher Methode ihr gelingt, wegzubringen, was immer die Jahre ihr geschenkt haben.

Als wir fortgingen, kam das Mädchen heraus, um zu sagen, daß A.s Vater uns gern noch sehen wolle. Wir fanden ihn in einem Garten zum Meer zu – ein gichtiger, phlegmatischer alter Mann mit bläulichweißem Haar und einer Haut, brauner als Jod, so saß er zusammengesunken in einem Flecken Sonne, mit geschlossenen Augen, kein Laut, der ihn störte, nur der einschläfernde Wellenschlag und das duselnde Summen der Bienen. Alte Leute lieben Kalifornien: sie schließen ihre Augen, und das Säuseln des Windes durch die winterlichen Blumen sagt Schlafe, das Meer sagt Schlafe – es ist eine Vorschau des Himmels. Vom Anbruch des Tages bis zur Dunkelheit folgt A.s Vater der Sonne durch seinen Garten, und an regnerischen Tagen vertreibt er sich die Zeit damit, Armbänder aus Bierflaschenkapseln zu machen. Er gab jedem von uns eins dieser Armbänder und sagte mit einer Stimme, die kaum die honigsüße, leichtbewegte Luft durchdrang: „Fröhliche Weihnachten, Kinder."

*Deutsch von Hansi Bochow-Blüthgen*

# Haiti

Vom Anblick her ist Hippolyt wohl ein häßlicher Mensch: affendürr, hohlwangig, recht dunkelgetönt, blickt er (durch silbrige Lehrerinnenbrille), lauscht, mit der beständigsten, liebenswürdigsten Sorgfalt, wobei seine Augen ein subtiles und tiefgehendes Verständnis zurückwerfen. Man empfindet bei ihm eine gewisse Sicherheit, es ist zwischen einem jener allzu seltene Zustand geschaffen: man hat kein Gefühl der Isolation.

Diesen Morgen hörte ich, daß im Laufe der Nacht seine Tochter gestorben ist, eine Tochter von acht Monaten; es sind mehr Kinder da, er ist mehrmals verheiratet gewesen, fünf- oder sechsmal; dennoch: wie schwer muß es sein, denn er ist nicht mehr jung. Niemand hat mir etwas gesagt, ich möchte wissen, ob es eine Totenfeier gibt; in Haiti sind sie überspannt, diese Totenfeiern, und voll von übertriebenen Zeremonien: die Trauernden – zum großen Teil Fremde – krallen die Luft, schlagen trommelnd den Boden mit ihren Köpfen, stöhnen dumpf im Chor wie ein Hundeheulen; bei Nacht vernommen oder plötzlich auf einer Landstraße erblickt, wirkt dies so fremdartig, daß man im Innersten erbebt, und dann erkennt man, daß dies im Grunde Gebärdenspieler sind.

Weil er der populärste primitive Maler Haitis ist, könnte sich Hippolyt ein Haus mit fließendem Wasser, richtigen Betten und elektrischem Licht leisten; tatsächlich aber lebt er mit Lampe und Kerze, und alle die Nachbarn – alte verhutzelte, kokosnußköpfige Damen und gutaussehende Schiffer und verkrümmte Sandalenmacher – können in seine Angelegenheiten hineinsehen wie er in die ihren; vor einiger Zeit unternahm es einmal ein Freund eigenmächtig,

Hippolyt ein anderes Haus zu mieten, so etwas wie einen wohlgegründeten Wohnsitz mit festem Boden und Wänden, hinter denen man sich bergen konnte, doch war er natürlich nicht glücklich darin, er hat weder Verschwiegenheit nötig, noch Komfort. Und dies ist der Grund, weshalb ich Hippolyt so wunderbar finde, denn nichts an seiner Kunst ist raffiniert verstellt, er nimmt, was in ihm selber lebt, und das ist die Geistesgeschichte seines Heimatlandes, dessen Gesänge und Kultbegriffe.

Ins Auge fallend aufgestellt ist in dem Raum, darin er malt, eine riesige trompetenförmige Muschel; rosig und vollendet schön gewunden, gleicht sie irgendeiner Meeresblume, einer Unterwasser-Rose, und wenn man hineinbläst, tönt aus ihr ein heiserer und verlorener Klagelaut, wie ein Windheulen: es ist ein Zauberhorn für Seeleute, das den Wind herbeiruft, und Hippolyt, der eine Reise um die Welt an Bord seines eigenen Schiffes mit roten Segeln plant, übt regelmäßig darauf. Einen Großteil seiner Energie und all sein Geld verschlingt der Bau dieses Schiffes; es ist etwas an seiner Hingegebenheit, das man häufig bei denen beobachtet, die das Planen ihres eigenen Leichenbegängnisses in die Hand nehmen, den Bau ihrer eigenen Grabstätte: – hat er erst einmal Segel gesetzt und ist der Sicht entschwunden, frage ich mich, ob ihn wohl irgend jemand je wieder erblicken wird.

Von der Terrasse, wo ich des Morgens lesend oder schreibend sitze, kann ich die Berge immer blauverschwimmender zur Bucht hinunter entgleiten sehen, dort unten liegt das ganze Port-au-Prince, eine Stadt, deren Farben durch Jahrhunderte voll Sonne zu abblätternden historischen Pastellen verblaßt sind: himmelgraue Kathedrale, hyazinthener Brunnen, grünrostiges Gitter. Zur Linken, und wie eine Stadt innerhalb der anderen, liegt ein großer kreidiger Park aus barockem Gestein: das ist der Friedhof, hier ist es, wohin man, mitten unter geschmackloses Metallglitzern und Denkmäler wie Vogelkäfige, seine Tochter bringen wird: man wird sie den Berg hinaufbringen, ein Dutzend von ihnen, schwarzgekleidet und mit Strohhüten, die Luft schwer von Wickenduft.

1. Sag mir, warum gibt es hier so viele Hunde? Wem gehören sie, und wozu sind sie da? Räudig, mit verletztem Blick, tappen sie in kleinen Rudeln durch die Straßen wie verfolgte Christen, harmlos genug all das bei Tage, doch kommt die Nacht, wie überschlagen sich da ihr Geltungsbedürfnis und ihre Stimmen! Erst einer, ein anderer, dann alle, stundenlang kann man ihre aufgebrachten, erbitterten, mondbeschwörenden Tiraden hören. S. sagt, es sei wie ein umgekehrter Wecker, denn sobald die Hunde anfangen – und das wahrhaftig noch früh am Tage –, ist es an der Zeit, ins Bett zu gehen. Man kann das auch gut und gern; die Stadt hat bis um zehn die Läden dichtgemacht, das heißt ausgenommen an Rahrah-Wochenenden, wenn Trommeln und Betrunkene die Hunde übertönen. Aber gern höre ich eine Morgenvielzahl von Hahnenschreien; sie bringen einen unerwarteten Glücksregen des Widerhalls zum Erklingen. Andererseits, was ist irritierender als der Krach von Autohupen? Haitaner, die Wagen besitzen, scheint das Drücken auf die Hupe zu beseligen; man hat diese Betätigung langsam im Verdacht, politische und / oder sexuelle Bedeutung zu haben.

2. Wenn es möglich wäre, würde ich hier gern einen Film drehen; außer gelegentlicher Musik würde er stumm sein, einzig eine Kamera als geistvoller Rahmen für Architektur, Gegenstände. Da ist ein fliegender Drachen, auf dem Drachen ist ein gezeichnetes Auge, jetzt löst sich das Auge und weht im Wind, es stößt gegen einen Zaun und wir, das Auge, die Kamera, sehen ein Haus (wie das von M. Rigaud). Das ist ein hohes, zerbrechliches, ein wenig absur-

des Gebäude, keiner bestimmten Stilperiode zuzurechnen, sondern allem Anschein nach eher unzähligen Kreuzungen entstammend: dem französischen Einfluß und England im düsterstrengen viktorianischen Gewand; etwas Orientalisches hat es auch, Andeutungen, die an gefältelte Papierlaternen denken lassen. Es ist ein holzgeschnitztes Haus, seine Erker, Türmchen, Säulenvorbauten sind zierlich besetzt mit Engelsköpfen, Schneekristallornamenten, Valentinstag-Herzen: während die Kamera sie einzeln nachzeichnet, hören wir eine peinigende musikalische Untermalung rhythmisch klopfender Bambusstäbe. Urplötzlich ein Fenster; der zuckerweiße Baiserschaum eines Vorhangs, und eine runde Augenmasse und dann ein Gesicht, eine Frau wie eine altmodische gepreßte Blüte, Jettschmuck um die Kehle und Jettkämme in ihrem Haar; wir gehen durch sie hindurch und in den Raum, zwei grüne Chamäleons flitzen über den Spiegel der Chiffonniere, in dem ihr Abbild schimmert. Wie Dissonantklänge auf dem Klavier, so bewegt sich die Kamera mit schnellen, harten Anschlägen, und wir werden der Vorgänge gewahr, die unsern Augen nie auffallen: das Fallen eines Rosenblattes, das Schiefrutschen eines Bildes. Jetzt also haben wir angefangen.

3. Vergleichsweise wenig Touristen kommen nach Haiti und eine erhebliche Zahl derer, die es tun, vor allem die amerikanischen Durchschnittsehepaare, sitzen in ihren Hotels herum, in erhabener Übellaunigkeit. Das ist bedauerlich, denn von allen westindischen Inseln ist Haiti durchaus die interessanteste; immerhin, wenn man die sachlichen Ziele dieser Ferienreisenden in Betracht zieht, ist ihre Haltung nicht unbegründet: der nächste Strand liegt drei Fahrstunden entfernt, das Nachtleben ist unerheblich, es gibt kein Restaurant, dessen Menü etwas Besonderes böte. Neben den Hotels gibt es nur wenige Lokale, wohin

man noch spät am Abend auf einen Rumsoda gehen kann; zu den annehmbaren von ihnen gehören die Freudenhäuser, die entlang der Bizonton-Road ins Laubwerk zurückgesetzt liegen. All diese Häuser haben Namen, recht prahlerische, wie beispielsweise *Das Paradies.* Und sie sind kompromißlos anständig, vollendete Salonmanieren werden gewahrt: die Mädchen, von denen die meisten aus der Dominikanischen Republik stammen, sitzen auf der Vorderveranda und schaukeln sich in Schaukelstühlen, fächeln sich mit Postkartenbildchen von Jesus und machen auf eine sanft plaudernde und lachende Weise Konversation; es ist wie irgendeine sommerliche Szene in Amerika. Bier, nicht Whisky oder gar Champagner, wird als *de rigueur* angesehen, und wenn man Eindruck zu machen wünscht, so ist dies als Getränk zu bestellen. Ich kenne ein Mädchen, das dreißig Flaschen hinuntergießen kann; sie ist älter als die andern, trägt lavendelfarbenen Lippenstift, hat Rumbahüften, und eine Natternzunge, was alles zusammen sie zu einer wahrhaft populären Dame macht, obgleich sie selbst sagt, sie werde sich nicht als Erfolg empfinden, ehe sie sich's nicht leisten könne, jeden einzelnen Zahn in ihrem Haupt in pures Gold umwandeln zu lassen.

4. Die Regierung Estimé hat ein Gesetz erlassen, wonach das Umhergehen auf der Straße *sans* Schuhe verboten ist: das ist eine harte, unökonomische Verordnung, und eine unbequeme noch dazu, vor allem für die Bauern, die ihre Erzeugnisse zu Fuß zum Markt bringen müssen. Allein die Regierung, neuerdings sehr bemüht, das Land mehr zum Anziehungspunkt für Touristen zu machen, hat das Gefühl, daß schuhlose Haitaner dies mögliche Geschäft drükken könnten, daß die Armut des Volkes nicht so offenkundig sein sollte. Indessen sind die Haitaner ganz allgemein arm, doch ist um diese Armut nichts von jener bösartigen und erbärmlichen Atmosphäre, die jene Art von Armut

umgibt, die ein Aufrechthalten äußeren Scheins verlangt. Es macht mich immer ganz elend, wenn sich irgendeine gebräuchliche Redensart als wahr erweist; jedoch ist es, glaube ich, Tatsache, daß die freigebigsten unter uns jene sind, die am wenigsten zum Freigebigsein besitzen. Fast jeder Haitaner, der zu einem kommt, wird seinen Besuch damit abschließen, einem ein kleines, gewöhnlich seltsames Geschenk zu überreichen: eine Büchse Sardinen, eine Rolle Garn; aber diese Gaben werden mit solcher Würde und Herzlichkeit dargeboten, daß ach! die Sardinen Perlen verschluckt haben, das Garn reines Silber ist.

5. Dies ist eine Geschichte von R. Vor ein paar Tagen ging er aufs Land hinaus um zu malen; plötzlich, am Fuß eines Berges angelangt, sah er ein hochgewachsenes, schlitzäugiges, zerlumptes Mädchen. Sie war an den Stamm eines Baumes gebunden, Draht und Stricke fesselten sie daran. Anfangs, weil sie ihn anlachte, hielt er es für einen Scherz, doch als er sie loszumachen versuchte, erschienen mehrere Kinder und begannen mit Stöcken auf ihn einzustechen; er fragte sie, warum das Mädchen an den Baum gebunden sei, doch sie kicherten nur und schrien und wollten ihm keine Antwort geben. Kurz darauf trat ein alter Mann herzu, er trug einen wassergefüllten Kürbis. Als R. ihn wegen des Mädchens fragte, sagte der Alte, die Augen von Tränen getrübt: „Sie ist schlecht, Monsieur, es nützt nichts, sie ist so schlecht", und schüttelte seinen Kopf. R. begann den Berg wieder hinaufzusteigen; dann sah er, sich umwendend, wie der alte Mann ihr aus dem Kürbis zu trinken gab, und als sie einen letzten Schluck tat, spie sie ihm ins Gesicht; mit einer milden Langmut wischte sich der Alte ab und schritt von dannen.

6. Ich mag Estelle und muß sagen, ich bin dahingekommen, weniger für S. übrig zu haben, weil er das nicht tut: es ist

keine Sorte Intoleranz so ärgerlich wie jene, die darin gipfelt, Eigenschaften zu verdammen, die man selbst besitzt: nach Meinung von S. ist Estelle wollüstig, gewöhnlich und eine Angeberin; S. freilich ist, mit Ausnahme der erstgenannten, selber nicht ohne diese Anlagen. Jedenfalls beweist es einen feineren Charakter, unbewußt gewöhnlich als bewußt tugendhaft zu sein. Aber natürlich ist S. sehr intim mit der amerikanischen Kolonie hier, und deren Ansichten sind, mit einigen vereinzelten Ausnahmen, oft verstaubt und immer streng. Estelle wird von keiner einzigen Gruppe nett behandelt: „Als ob einem das nicht verdammt egal wäre", sagt sie. „Sieh mal, Eierkopp, du aufgewecktes Kind, mit mir ist gar nichts weiter los, als daß ich so unerhört gut aussehe, und wenn ein Mädchen so gut aussieht wie ich und sie läßt nicht jeden Lauskerl auf sich 'rumkrabbeln, na dann: abgemeldet, verstehste?"

Estelle ist eines der größten Mädchen, die ich je gesehen habe, mit Leichtigkeit ihre eins achtzig; ihr Gesicht ist kräftig und starkknochig, nach Art der Schweden, ihr Haar rötlich, ihre Augen katzengrün: immer ist um sie ein Hauch, der einem den Gedanken eingibt, sie sei eben in einem Wirbelsturm umhergeworfen worden. Es sind mehrere Estelles in ihr, tatsächlich. Eine davon ist die Heldin eines nicht sonderlich guten Romans: heute hier – morgen da, hallo du Herzeleid der ganzen Welt, diese Sorte Firlefanzereien; eine andere Estelle ist eine kolossale Gans von einem Mädchen, blindversessen auf Liebe: ständig ist sie ganz überzeugt, daß die unwahrscheinlichsten Menschen die ehrbarsten Absichten haben. Eine dritte Estelle ist nicht so sehr fragwürdig als zu Fragen anregend: wer ist Estelle? was tut sie hier? wie lange beabsichtigt sie zu bleiben? was veranlaßt sie dazu, am Morgen aufzustehen? Hier und da pflegt dieser dritte Bestandteil der vielfältigen Miss E. auf ihre „Arbeit" anzuspielen. Doch wird die Art dieser

Arbeit niemals näher bezeichnet. Die meiste Zeit sitzt sie in einem Café am Champ de Mars und trinkt, zu einem Preis von zehn Cent pro Runde, Rumpunsch. Der Mixer schläft ständig, und sobald sie etwas will, stelzt sie hinüber und pufft ihn gegen den Kopf, als sei der eine reife Wassermelone. Da ist ein verrückter kleiner Hund mit Hängeohren, der ihr überall nachläuft, und gewöhnlich hat sie überdies noch irgendeinen menschlichen Kameraden bei sich. Ihr Favorit ist ein blasser steifer Mensch, der ein Bibelverkäufer sein könnte; wie das so geht, ist er ein herumreisender Schausteller, der von Insel zu Insel hopst, mit einem Koffer voll Marionetten und einem Kopf voll Unsinn. An heiteren Abenden schlägt Estelle ihr Hauptquartier an einem Tisch auf dem Bürgersteig vorm Café auf; viele der jungen Eingeborenenmädchen bringen ihre Liebesprobleme hierher an diesen Tisch: über anderer Leute Liebe ist sie ernsthaft und bekümmert. Einmal war auch sie verheiratet, wann oder mit wem, weiß ich nicht, sie ist da völlig vage, aber – und dies obgleich sie erst fünfundzwanzig ist – es muß schon sehr lange hersein. Gestern abend kam ich an dem Café vorbei, und wie gewöhnlich saß sie an ihrem Tisch auf dem Bürgersteig. Doch war da ein Unterschied. Sie hatte Make-up aufgelegt, was sie selten tut, und trug ein schlichtes Nachmittagskleid; zwei rosa Nelken glühten in ihrem Haar, eine Art der Dekoration, deren ich sie nie für fähig gehalten hätte. Außerdem hatte ich sie nie zuvor richtig betrunken gesehen. „Eierkopp, hallo, bist du's? Jajaja", sagte sie und tippte mir dabei gegen die Brust, „paß auf, Kind, ich werd dir jetzt'n Beweis geben, positiv, ich werd dir zeigen, daß's Tatsache is, Tatsache isses, daß wenn du jemanden liebst, der Jemand dich jede gottverfluchte Sache fressen lassen kann. Paß auf" – und sie riß eine Nelke aus ihrem Haar – „der liebt mich wahnsinnig", sagt sie, die Blume dem kleinen Hund zuwerfend, der zu ihren Füßen hockte,

„der frißt das, bloß weil ich ihm sage, er soll, un verdammt, wenn nich.“
Aber der Hund schnüffelte nur.

Die paar letzten Wochenenden hier sind den dem Karneval vorausgehenden Rahrahs gewidmet gewesen, und der Karneval, der gestern begann, dauert drei Tage. Rahrahs sind kleine Vorschauen auf den Karneval selbst; am Samstag, bald nach der Mittagsstunde, beginnen die Trommeln, einzeln zuerst, eine oben in den Bergen, eine andere näher der Stadt, hin und zurück gehen die Signale, sanft drängend, beharrlich, bis da eine durchdringende Schwingung entstanden ist, die auf der Oberfläche der Stille schimmert, sich kräuselnd wie Hitzewellen; und von hier, wo ich bin, allein in diesem arsenfarbenen Zimmer, scheint alles Geschehen ihrem Klang zu entstammen: dumdidum, da drüben, schau: Licht zittert im Wasserkrug, ein kristallenes Bläschen, in Bewegung gesetzt, rollt über den Tisch, zerplatzt am Boden, Wind, vorhangfangend, Bibelblätter umbiegend, erzählt dumdidum. Mit der Dämmerung nimmt die Insel die sich ausbreitende Gestalt eines Trommelklangs an. Kleine Banden durchziehen feiernd die Straßen, sie bestehen aus Familiengruppen oder Geheimgesellschaften, alle verschiedene Lieder singend, die ganz gleich klingen. Der Anführer jeder Schar trägt Federn im Haar, ein verrückt wattiertes Flimmergewand und jeder von ihnen eine billige dunkle Brille; während die anderen singen und mit den Füßen stampfen, dreht er sich um sich selbst, reibt seine Hüften, ruckt mit dem Kopf von der einen zur andern Seite wie ein bösartiger Papagei; alles lacht, und einige Paare fassen einander, tanzen mit zurückgeworfenen Köpfen, offenen Mundes, dumdidum, der Rhythmus schwenkt ihre Hüften herum, ihre Augen sind glänzende Monde, dumdidum.
Gestern abend nahm mich R. mitten hinein in den Karne-

val. Wir wollten uns die Zeremonie eines jungen *houngan* ansehen, das heißt eines Wodu-Priesters, dieser ein außergewöhnlicher Bursche, dessen Namen ich nie gehört hatte. Sie wurde in einiger Entfernung von der Stadt abgehalten, und so mußten wir einen Autobus nehmen, einen engen Wagen, der zehn Passagiere unbequem transportieren kann; aber wir waren fast das Doppelte dieser Zahl, einige davon im Kostüm, darunter ein Zwerg, der eine Schellenkappe trug, und ein alter Mann mit einer Larve wie Rabenflügel. R. saß neben dem Alten, der an einer Stelle sagte: „Kennen Sie den Himmel? Ja, ich dachte mir das schon, aber ich war es, der ihn gemacht hat."

Worauf R. erwiderte: „Ich nehme an, Sie haben auch den Mond gemacht?"

Der Mann nickte. „Und die Sterne, das sind meine Enkel."

Ein lärmendes Weib schlug die Hände zusammen und verkündete, daß der alte Mann verrückt sei. „Aber liebe Dame", entgegnete er, „wenn ich verrückt wäre, wie hätte ich denn dann all diese herrlichen Dinge tun können?"

Es war eine langsame Fahrerei; der Autobus blieb stehen, Menschenwogen umbrandeten ihn, Gesichter, hinter Larven verborgen, baumelten im düsteren, altertümlichen Licht der Kerzenfackeln, das sie wie ein wunderlicher gelber Regen übersprühte.

Als wir beim *houngan* angelangt waren, einem stillen Ort, über der Stadt gelegen, durchschrillt allein vom nächtlichen Lärm der Insekten, hatte die Zeremonie bereits begonnen, wenngleich der *houngan* selbst noch nicht in Erscheinung getreten war. Den Tempel, einen langen, strohgedeckten Schuppen mit Altarräumen an beiden Enden (die Türen zu diesen Räumen waren geschlossen, da hinter einer von ihnen der *houngan* seinen Auftritt abwartete), umstanden etwa hundert schweigende feierlich-ernste Haitaner. In dem offenen Gemach zwischen den beiden Räumen bewegten sich sieben oder acht barfüßige Mädchen, alle weißgekleidet und weiße Kopftücher um ihr Haar gewunden, in schlängelndem Kreisen, sich die Hüften klatschend und eine Weise singend, der zwei Trommler Echo gaben. Eine Petroleumlampe warf rauchige horizontale Schatten der Tänzerinnen, und die Trommler, beide ganz vertieft, beide froschähnlich, waberten an den Wänden. Plötzlich verstummten die Trommeln, die Mädchen bildeten einen Gang, der zu einer Altartür führte. Es war so still, daß man beinahe die verschiedenen Arten nächtlich musizierender Insekten unterscheiden konnte. R. bat um eine Zigarette, doch wollte ich ihm keine geben – wer raucht in einer Kirche? Und Wodu ist schließlich eine richtige, sehr vielfältig zusammengesetzte Religion, die indessen von der Bourgeoisie Haitis verächtlich angesehen wird, die, wenn überhaupt etwas, dann katholisch ist, und daher kommt es, daß – als Ausgleich möchte man meinen – so viel Katholizismus in den Wodu eingesickert ist: ein Bild der Jungfrau Maria beispielsweise und ein Abbild des Jesuskindes, das zuweilen durch eine selbstgefertigte Puppe dargestellt ist, wird man den Altar nahezu eines jeden *houngan* schmücken sehen. Und die Grundfunktionen des Wodu scheinen mir nicht so fundamental verschieden von denen anderer Religionen: Anflehen bestimmter Gottheiten, Symbole, die Bedrängnisse des Bösen beschwichtigen, der Mensch ist schwach, doch Gott schützt ihn, es gibt allerwege Magie, sie gehört den Göttern, die können das Weib eines Mannes schwanger werden lassen oder zulassen, daß die Sonne seine Ernte verbrennt, ihm den Atem aus dem Körper stehlen, doch ihn dafür mit einer Seele belohnen. Im Wodu gibt es indessen keine Grenze zwischen dem Land der Lebenden und der Toten; die Toten rufen die Toten auf und wandeln unter den Lebenden.

Nun begannen die Trommeln wieder, wobei die Stimmen der Mädchen das Intervall zwischen jedem zögernden

dramatischen Schlag ausfüllten, und dann tat sich die Tür zum Altar auf: drei Knaben traten heraus, jeder eine Schale mit einem andersartigen Inhalt tragend – Asche, Maismehl, schwarzes Pulver – und Kerzen, wie für einen Geburtstagskuchen, brannten in der Mitte dieser Masse; die Schalen auf einem gerundeten Stein vorsichtig abstellend, knieten die Knaben mit dem Gesicht zur Tür. Die Trommeln wurden leiser, es begann ein aufreizendes rhythmisches Rasseln, das von einem ausgehöhlten, getrocknete Schlangenwirbel enthaltenden Kürbis herrührte, und geschwind wie ein Geist, der sich unerwartet materialisiert hat, glitt der *houngan* flüchtig wie ein Vogel durch die Mädchenkolonne und rund um den Raum, wobei seine Füße, Silberreifen klingelnd um die Knöchel, den Boden überhaupt nicht zu berühren schienen und seine losen seidenen Scharlachgewänder wie Flügel raschelten. Ein Kopfputz aus rotem Samt war um sein Haupt geschlungen, eine Perle schimmerte in seinem Ohr. Hin und wieder verhielt er, wie ein Kolibri, und umfaßte die Hände eines Andächtigen; er nahm auch die meinen, und ich blickte ihm ins Gesicht, ein erstaunliches Hermaphroditengesicht, wahrhaft schön, eine verwirrende Verbindung von bläulichschwarzer Haut und kaukasischen Zügen; er kann nicht mehr als zwanzig gewesen sein, dennoch war an ihm etwas unerklärbar alt, wie schlafend, unter einem Baum.
Endlich, eine Handvoll Maismehl und Asche nehmend, begann er ein *verver* auf den Boden zu zeichnen; es gibt im Wodu Hunderte von *ververs,* was schwierige, ein wenig surrealistische Zeichnungen sind, bei denen jede Einzelheit verborgene Bedeutung hat, und sie auszuführen erfordert nicht allein ein derart geschultes Gedächtnis, wie es ein Pianist braucht, der, sagen wir, ein ganzes Bachprogramm spielen würde, sondern überdies ungewöhnlich gewandte Technik, Kunstfertigkeit. Während die Trommeln explodierend schnell wurden, bückte er sich hier und dort-

hin, ganz in seine Kunst vertieft, wie eine rote Spinne, die statt des Seidenfadens ein grausames Aschennetz mit Kronen, Kreuz- und Querstrichen, Schlangen, phallischen Formen, Augen, Fischschwänzen ausspeit. Dann – als der *verver* vollendet war – ging er zurück in den Altarraum und erschien wieder, nun in Grün, in den Händen eine große Eisenkugel. Während er dastand, fing der Ball Feuer, heiliges Blau umhüllte ihn wie die Lufthüllen der Erde; ihn noch immer haltend, fiel er auf die Knie, kroch am Boden, während Gesänge und Zurufe ihn priesen, und als die Flammen erloschen, erhob er sich, seine unverbrannten Handflächen emporstreckend. Ein Zittern erfaßte seinen Körper, als sei ein unbekannter Wind hindurchgegangen, die Augen rollten ihm im Schädel, der Geist (Gott und Dämon) sprang auf wie Samen und blühte auf in seinem Fleisch: geschlechtslos, unbestimmbar, nahm er in seine Arme Mann und Weib, wer auch immer sein Partner war, sie wirbelten über die Augen und Schlangen des *verver*, auf geheimnisvolle Weise sie nie völlig zerstörend, und wenn er zu einem anderen Partner wechselte, schleuderte sich der Fortgeworfene gleichsam ins Unbegrenzte, zerriß sich die Brust, schrie gellend. Und der junge *houngan*, schweißglänzend, sein Perlenohrring lose baumelnd, raste krachend gegen die weitestentfernte ungeöffnete Tür; singend, schluchzend, hämmerte er mit den Händen dagegen, bis sie blutige Abdrücke hinterließen; es war, als sei er eine Motte, die Tür der Riesenglanz einer elektrischen Birne, denn hinter diesem Hindernis, unmittelbar dahinter, da war die Magie: das Geheimnis der Wahrheit, reiner Friede. Und wenn die Tür aufgegangen wäre, was sie nie tun wird, würde er es dann gefunden haben, dies Unerreichbare? Daß er dies glaubte ist alles, worauf es ankommt.

*Deutsch von Hansi Bochow-Blüthgen*

# Nach Europa

Stand man ganz reglos, so konnte man eine Harfe hören. Wir kletterten auf die Mauer, und da, unter den leuchtenden regennassen Blumen des Schloßgartens, saßen vier geheimnisvolle Gestalten – ein junger Mann, der die Saiten einer Harfe zupfte, und drei verkümmerte alte Männer, deren Kleidung aus schwarzen Flicken bestand: wie dunkel sie sich vor dem sturmgrünen Himmel abhoben. Sie aßen Feigen, die saftig-feuchten italienischen Feigen, und der Saft tropfte von ihren Lippen. Der Garten grenzte hart an den marmorweißen Strand des Gardasees, dessen Wellen sich im Wind aufkräuselten, und in diesem Augenblick fühlte ich, daß ich mich immer davor fürchten würde, dort zu schwimmen, weil sich in den Tiefen dieses so unwahrscheinlich durchsichtigen Wassers wüste Geschöpfe bewegen müssen, wie Verzerrungen hinter der Schönheit von Waldglasfenstern. Einer der alten Männer schleuderte eine Feigenschale zu weit hinaus, und ein Trio aufgestörter Schwäne rauschte durch das schilfbestandene Wasser. D. sprang von der Mauer herab und winkte mir, ihm zu folgen; doch ich konnte es nicht, nicht in diesem Augenblick: denn plötzlich wurde es wahr, und ich wollte diese Wahrheit noch ein wenig verlängern – niemals wieder würde ich sie so unbedingt spüren, schon die Bewegung eines Blattes mußte sie zerstören, genauso wie ein Husten für immer Tourels hohen Ton verderben mußte. Und was für eine Wahrheit war es? Nichts anderes als die Wahrheit der Rechtfertigung: ein Schloß, Schwäne und ein Knabe mit einer Harfe, die ganze Welt eines Kindermärchenbuches – ehe der Prinz auftritt oder die Hexe ihren Zauber darüberwirft.

Ich hatte recht daran getan, nach Europa zu gehn, und wenn es nur deshalb gewesen wäre, um wieder voller Verwunderung sein zu können. Es ist sehr schwer, Verwunderung zu empfinden, wenn man einmal ein gewisses Alter überschritten und gewisse Erfahrungen gemacht hat; am besten versteht man es als Kind; später dann wird man, wenn man Glück hat, eine Brücke finden, die einen in die Kindheit zurückführt. Und nach Europa zu gehen, kam dem gleich. Es war die Brücke zur Kindheit, und sie führte mich übers Meer und durch die Wälder geradewegs in die frühesten Landschaften meiner Phantasie. Auf die eine oder andre Weise war ich ein gutes Stück herumgekommen, von Mexiko bis nach Maine – und dann zu denken, daß ich bis nach Europa reisen mußte, um heimzufinden in meine Vaterstadt, zum heimischen Herd, wo Geschichten und Legenden stets jenseits unserer Stadtgrenzen lebendig zu sein schienen. Und dort waren die Legenden: in der Harfe, im Schloß, im Rauschen der Schwäne.

Eine ziemlich wilde Autobusfahrt hatte uns an jenem Tage von Venedig nach Sirmione gebracht, diesem zauberhaften kleinen Städtchen an der Spitze einer Halbinsel, die in den Gardasee vorspringt, in diesen blauesten, traurigsten, ruhigsten, schönsten See Italiens. Ich bezweifle, daß wir ohne das widerwärtige Zwischenspiel mit Lucia Venedig überhaupt verlassen hätten. Ich war restlos glücklich dort, abgesehen natürlich davon, daß es unglaublich laut ist; nicht der gewöhnliche Großstadtlärm, sondern das unaufhörliche Widerstreiten menschlicher Stimmen, gleitender Ruder, hastender Füße. Oscar Wilde hatte man einst vorgeschlagen, sich dorthin vor der Welt zurückzuziehen. „Um ein Denkmal für die Touristen zu werden?“ war seine Gegenfrage.

Dennoch war es ein ausgezeichneter Ratschlag, und mancher andere hat ihn befolgt: in den Palazzi längs des Canale

Grande leben ganze Kolonien von Menschen, die sich seit Jahrzehnten nicht in der Öffentlichkeit gezeigt haben. Die faszinierendste Gestalt unter ihnen war eine schwedische Gräfin, deren Dienerschaft in einer schwarzen, mit Silberglöckchen geschmückten Gondel ausfuhr, das Obst für sie einzukaufen; das Geläut dieser Glöckchen war eine sphärische und zugleich unheimliche Musik. Lucia aber verfolgte uns in einer Weise, die uns zur Flucht zwang Ein kräftiges Mädchen, ungewöhnlich groß für eine Italienerin und stets vom Geruch nach schlechtem Speiseöl umgeben, war sie die Anführerin einer Bande jugendlicher Gangster, heimatlos umherziehender Jugendlicher, die zur Saison nordwärts nach Venedig gewandert waren. Sie konnten bezaubernd sein, einige von ihnen, obwohl sie Zigaretten verkauften, die mehr Heu als Tabak enthielten, obwohl sie einen beim Geldwechseln betrogen. Die Geschichte mit Lucia begann eines Tages auf der Piazza di San Marco.

Sie kam auf uns zu und bat um eine Zigarette; worauf ihr D., dessen Herz nicht weiß, daß wir vom Goldstandard abgekommen sind, eine ganze Packung Chesterfield gab. Niemals wurde vollständiger von zwei Menschen Besitz ergriffen. Was zunächst durchaus angenehm war; Lucia folgte uns wie ein Schatten, wohin wir auch gingen, und ließ uns in reichem Maße die Vorteile ihrer Klugheit und Protektion zugute kommen. Doch gab es häufig Unannehmlichkeiten; so wurden wir beispielsweise aus den eleganteren Läden ihres übertriebenen Feilschens mit den Inhabern wegen immer hinausgeworfen; und überdies war sie so über alle Maßen eifersüchtig, daß es uns unmöglich wurde, mit irgend jemand sonst in Kontakt zu kommen: einmal trafen wir zufällig auf der Piazza eine harmlose und achtbare junge Dame, die im selben Wagen wie wir von Mailand gereist war. „Vorsicht!“ sagte Lucia mit ihrer heiseren Stimme, „Vorsicht!“ und brachte es beinahe fer-

tig, uns einzureden, daß es sich um eine Frau mit berüchtigter Vergangenheit und schändlicher Zukunft handle. Ein andermal gab D. einem ihrer Trabanten eine Dollar-Uhr, die der sehr bewundert hatte. Lucia war wütend; als wir sie das nächstemal sahen, trug sie die Uhr an einer Schnur um den Hals, und es hieß, der junge Mann sei über Nacht nach Triest abgereist.
Lucia hatte die Angewohnheit, zu jeder ihr genehmen Stunde in unserem Hotel aufzutauchen (wo sie wohnte, vermochten wir nicht zu erraten); kaum sechzehn Jahre alt, pflegte sie sich niederzulassen, eine ganze Flasche Strega auszutrinken, alle Zigaretten zu rauchen, deren sie habhaft werden konnte, um dann in einen erschöpften Schlaf zu fallen: nur wenn sie schlief, glich ihr Gesicht dem eines Kindes. Eines schrecklichen Tages aber hielt sie der Hotelgeschäftsführer in der Halle an und erklärte ihr, daß sie uns nicht länger auf unseren Zimmern besuchen könne. Es sei dies, sagte er, ein untragbarer Skandal. Woraufhin Lucia ein Dutzend ihrer brutaleren Gefährten zusammentrommelte und eine derartige Belagerung über das Hotel verhängte, daß man die Eisengitter vor den Türen herunterlassen und die Polizei herbeirufen mußte. Von da an taten wir unser Möglichstes, sie zu meiden.
In Venedig jemandem auszuweichen aber ist ungefähr dasselbe wie Versteckspielen in einer Einzimmerwohnung, denn es gibt und gab keine Stadt, die auf engerem Raum zusammengedrängt wäre. Es gleicht einem Museum mit karnevalistischen Obertönen, einem riesigen Palast ohne Türen, in dem alles miteinander verbunden ist, eines ins andere führt. Immer aufs neue kehren dieselben Gesichter im Verlauf eines Tages wieder, so wie Präpositionen in einem langen Satzgebilde: um eine Ecke gebogen, und da war Lucia, die Dollar-Uhr baumelte zwischen ihren Brüsten. Sie war so sehr verliebt in D. Bald aber wandte sie sich gegen uns mit jener Intensität, die den Gekränkten

eigen ist; vielleicht verdienten wir es, aber es war unerträglich: wie ein Mückenschwarm folgte uns ihre Bande über die Piazza, Beschimpfungen hervorsprudelnd; setzten wir uns zu einem Drink nieder, versammelten sie sich im Dunkel jenseits des Tisches und riefen zügellose Witze herüber. Wir verstanden nur die Hälfte von dem, was sie sagten, obwohl offensichtlich alle Welt sonst es begriff. Lucia selbst beteiligte sich nicht offenkundig an dieser Verfolgung; sie hielt sich abseits und lenkte ihre Operationen aus der Ferne. Schließlich also beschlossen wir, Venedig zu verlassen. Lucia wußte darum – sie hatte ihre Spione überall. Am Morgen unserer Abreise regnete es; gerade als unsere Gondel ins Wasser glitt, erschien ein kleiner Junge mit irrem Blick und warf uns ein in Zeitungspapier gewickeltes Bündel zu. D. löste die Unhüllung. Eine tote gelbe Katze kam zum Vorschein; um ihren Hals trug sie die Dollar-Uhr. Es verursachte uns ein Gefühl endlosen Fallens. Und dann plötzlich sahen wir sie, Lucia; sie stand allein auf einer der kleinen Kanalbrücken, und sie beugte sich so weit über das Geländer, daß es aussah, als werde sie gleich herunterfallen. *„Perdonami“*, rief sie, *„ma t'amo“* (verzeih mir, aber ich liebe dich).

In London sagte ein junger Künstler zu mir: „Wie wundervoll muß es für einen Amerikaner sein, zum erstenmal in Europa zu reisen: Sie werden niemals ein Teil davon sein, also ist keine seiner Qualen die Ihre, Sie werden sie niemals zu ertragen haben; ja, für Sie gibt es nur die Schönheit.“
Ich verstand nicht, was er meinte, und ärgerte mich; später jedoch, nachdem ich ein paar Monate in Frankreich und Italien verbracht hatte, erkannte ich, daß er recht hatte: Ich war kein Teil Europas, würde es nie sein. Gesichert, konnte ich abreisen, wann immer ich wollte, und für mich gab es dort einzig das honigsüße, geheiligte Lied der

Schönheit. Doch es war nicht so wundervoll, wie der junge Mann gemeint hatte; es war ein verzweifeltes Gefühl, zu spüren, daß man niemals ein Teil so ergreifender Augenblicke sein konnte, daß man für alle Zeit von dieser Landschaft und diesen Menschen isoliert bleiben würde; und dann wurde mir nach und nach bewußt, daß ich gar kein Teil von ihm zu sein brauchte: daß vielmehr es ein Teil von mir sein konnte. Der unvermutete Garten, ein Opernabend, wilde Kinder, die Blumen abreißen und eine dunkelnde Straße entlangrennen, ein Kranz für die Toten und Nonnen im Mittagslicht, Musik von der Piazza, ein Pariser Pianola und das Feuerwerk von La Grande Nuit, die herzbewegende Überraschung von Bergpanoramen und Wasserausblicken (Seen wie grüner Wein im Kelch von Vulkanen, das Flimmern des Mittelmeers am Fuße der Klippen), verlassene abgelegene Türme, die im Zwielicht verschwimmen, und Kerzen, die den juwelengeschmückten Leichnam von St. Zeno in Verona entflammen – all dies ein Teil von mir, Elemente, auf die sich meine eigenste Anschauung gründet.

Als wir Sirmione verließen, kehrte D. nach Rom zurück und ich fuhr nach Paris. Es war eine seltsame Reise. Um von vorn zu beginnen: ich hatte durch einen schwindlerischen italienischen Fahrkartenvermittler einen Schlafwagenplatz für den Orientexpreß belegt; als ich in Mailand ankam, entdeckte ich jedoch, daß das ganze Arrangement nur vorgetäuscht und kein Platz für mich reserviert war; tatsächlich bezweifle ich, daß ich überhaupt mitgekommen wäre, wenn ich mich nicht entschlossen hätte, einigen Leuten auf die Hühneraugen zu treten, denn der Zug war gerappelt voll mit Ferienreisenden. Unter diesen Umständen gelang es mir, mich zusammen mit sechs anderen Passagieren in ein stickiges, von der Augusthitze erfülltes Abteil zu quetschen. Der Name Orientexpreß erweckte in meinen Adern die prickelndsten Erwartungen: man denke an die

außergewöhnlichen Vorfälle, die sich in jenem Zug ereigneten, zumindest wenn man Agatha Christie oder Graham Greene Glauben schenken darf. Dennoch war ich gänzlich unvorbereitet für das, was sich wirklich ereignete.
Im Abteil waren zwei langweilige Schweizer Geschäftsleute, ein etwas exotischer Kaufmann aus Istanbul, eine amerikanische Lehrerin und zwei elegante Italienerinnen mit schneeweißem Haar, hochmütigen Augen und Gesichtszügen so zart wie Fischknochen. Sie waren wie Zwillinge gekleidet, diese Damen; fließende schwarze Gewänder und ein Hauch von Spitze, am Hals gerafft von perlenbesetztem Amethyst. Sie hielten die behandschuhten Hände gefaltet und sprachen kein Wort, außer wenn sie sich gegenseitig eine luxuriöse Pralinenpackung reichten. Ihr einziges Gepäckstück war offensichtlich ein riesiger Vogelkäfig; darinnen sah man, obwohl er teilweise mit einem Seidenschal bedeckt war, einen betagten grünen Papagei herumflattern. Hin und wieder brach der Papagei in ein lautes, irrsinniges Gelächter aus; sooft dies geschah, lächelten die beiden Damen einander zu. Die amerikanische Lehrerin erkundigte sich, ob der Papagei sprechen könne, und eine der Damen antwortete mit der flüchtigen Andeutung eines Nickens, ja, mit seiner Grammatik allerdings sei es nicht weit her. Als wir uns der italienisch-schweizerischen Grenze näherten, begannen Zoll- und Paßbeamte ihre lästigen kleinen Pflichten auszuüben. Wir glaubten schon, daß sie mit unserem Abteil fertig seien, doch kurz darauf kamen sie zurück, mehrere von ihnen, und blieben vor der Glastür stehen, den Blick auf die aristokratischen Damen geheftet. Es hatte den Anschein, als unterhielten sie sich lebhaft über die beiden. Jedermann im Abteil verstummte, den Papagei ausgenommen, der unirdisch lachte. Die alten Damen schenkten der Szene nicht die mindeste Beachtung. Weitere Uniformierte schlossen sich den bereits auf dem Gang Versammelten an. Schließlich wandte sich eine der

beiden Damen uns übrigen zu und sagte, an ihrer Amethystbrosche herumzupfend, erst auf Italienisch, dann auf Deutsch und zuletzt auf Englisch: „Wir haben nichts Unrechtes getan."
In diesem Augenblick aber wurde die Tür zurückgeschoben, und zwei Beamte betraten das Abteil. Sie sahen die alten Damen nicht einmal an, sondern gingen unmittelbar auf den Vogelkäfig zu und zogen den verdeckenden Schal beiseite. *„Basta, basta"*, schrie der Papagei.
Mit einem plötzlichen Ruck kam der Zug in der Dunkelheit des Gebirges zum Stehen. Die abrupte Bewegung ließ den Käfig umkippen, und der so unvermittelt befreite Papagei flog lachend von einer Wand des Abteils zur andern, während die Damen aufgeregt und selber flatternd nach ihm haschten. Die Zollbeamten begannen den Käfig auseinander zunehmen, im Futternapf waren rund hundert Briefchen mit Heroin, wie Kopfwehpulver verpackt, und in der Messingkugel oben auf dem Käfig waren noch mehr. Die Entdeckung schien die Damen in keiner Weise zu irritieren; sie regten sich einzig über den Verlust ihres Papageis auf. Denn der war unversehens aus dem heruntergelassenen Fenster geflogen, und die verzweifelten Damen standen da und riefen ihm nach: „Tokio, du wirst erfrieren, komm zurück, kleiner Tokio! Komm zurück!"
Er lachte irgendwo im Dunkel. Ein kalter nördlicher Mond stand am Himmel, und einen Augenblick lang sahen wir ihn flach und dunkel vor seiner strahlenden Scheibe dahinfliegen. Endlich wandten sie sich um und sahen zur Tür, in der sich jetzt die Gaffer drängten. Gelassen, verachtungsvoll schritten die Damen vorwärts, Gesichtern entgegen, die sie allem Anschein nach nicht wahrnahmen, und Stimmen, die sie gewiß niemals hörten.

*Deutsch von Marguerite Schlüter*

# Ischia

Ich weiß nicht mehr, warum wir hierherkamen: Ischia. Es wurde so viel davon geredet, obgleich wenige es wirklich gesehen zu haben schienen – es sei denn der kurze Blick übers Meer auf den gezackten blauen Schatten von den Höhen des berühmten benachbarten Capri aus. Manche rieten von Ischia ab und gaben dafür, soviel ich mich erinnere, recht gruselige Gründe: sind Sie sich klar darüber, daß es dort einen tätigen Vulkan gibt? Und wissen Sie das mit dem Flugzeug? Auf dem Linienflug zwischen Kairo und Rom zerschellte ein Flugzeug am Gipfel eines der Berge von Ischia; es gab drei Überlebende, die jedoch keiner mehr lebend erblickt hat, weil sie von Ziegenhirten zu Tode gesteinigt wurden, die das Wrack ausplündern wollten.

Demzufolge sahen wir die kreidige Fassade Neapels mit gemischten Gefühlen schwinden. Es war ein klassisch schöner Tag, ein wenig kühl für Süditalien im März, doch frisch und mit Auftrieb wie ein Papierdrachen, und die *Principessa* flitzte durch die Bucht wie ein übermütiger Delphin. Es ist ein kleines, hübsch aufgemachtes Schiff mit einer winzigen Bar und einer etwas ausgefallenen Klientel: Strafgefangene auf ihrem Weg zur Gefängnisinsel Procida oder, genau das Gegenteil, junge Menschen, die auf Ischia ins Kloster eintreten wollen. Selbstverständlich gibt es auch weniger dramatische Passagiere: Inselbewohner, die in Neapel eingekauft haben, hie und da ein Fremder – merkwürdig wenige indessen: Capri ist der Haupttouristenfang.

Inseln sind wie vor Anker liegende Schiffe. Wenn man den Fuß auf sie setzt, ist es, als betrete man eine Laufplanke – man wird vom gleichen berückenden Schwebezustand ergriffen – nichts Unfreundliches oder Gewöhnliches scheint einem geschehen zu können; und als die *Principessa* gemächlich in den buchtartigen Hafen von Porto d'Ischia glitt, schien dies, mit dem Blick auf die blassen, abblätternden Eiskremfarben der Strandfassade, so vertraut und beruhigend wie der eigene Herzschlag. Im Gedränge des An-Land-Gehens verlor und zerbrach ich meine Uhr – etwas aufgetragen symbolhaft, überdeutlich: im Augenblick war erkennbar, daß Ischia kein Ort für den eilenden Lauf der Stunden war – Inseln sind das nie.

Ich nehme an, daß man Porto die Hauptstadt von Ischia nennen könnte, jedenfalls ist es die größte Stadt und sogar ziemlich elegant. Die meisten von denen, die die Insel besuchen, irren selten weit davon ab, denn es gibt dort mehrere vorzügliche Hotels, einen ausgezeichneten Strand und, wie ein Riesenhabicht über dem freien Meer hockend, das Renaissance-Schloß der Vittoria Colonna. Die drei anderen größeren Städte sind unzivilisierter. Es sind dies: Lacco Ameno, Casamicciola und, am äußersten Ende der Insel, Forio. Dort in Forio war es, wo wir uns niederzulassen beabsichtigten.

Wir fuhren durch frühes Dämmern unter einem Himmel mit den ersten Sternen dahin. Die Straße zog sich hoch über dem Meer entlang, auf dem unten die Fischerboote, von Fackeln erhellt, wie glitzernde Wasserspinnen herumkrochen. Pelzige kleine Fledermäuse durchschwirrten die Dämmerung; *buena sera, buena sera,* riefen undeutliche Abendstimmen am Weg entlang, und Herden von Ziegen, die bergauftrotteten, blökten wie verstopfte Flöten. Der Wagen rollte über einen Dorfplatz – es gab kein elektrisches Licht, und in den Cafés verräucherte das trügerische Licht von Kerzen und Petroleumlampen die Gesichter der dort versammelten Männer. Zwei Kinder jagten uns nach in das Dunkel jenseits des Dorfes. Keuchend klammerten sie sich an den Wagen, als wir, schiefliegend, den steilen Aufstieg begannen, und unser Pferd hauchte, dem Gipfel näherkommend, in der kühlgewordenen Luft einen Nebelstreif hinter sich. Der Fahrer schnalzte mit seiner Peitsche, das Pferd schwenkte um, die Kinder zeigten: schaut. Dort war es, Forio, fern, mondblaß, vom Meer umbrandet, ein leiser Vesperglockenklang wie ein Vogelschwarm daraus aufsteigend. *Multo bello?* fragte der Fahrer, *Multo bello?* fragten die Kinder.

Wenn man ein Tagebuch erneut überliest, sind es gewöhnlich die anspruchsloseren Bemerkungen, die zufälligen Randnotizen, die, wiedererblickt, sich als Furche im Gedächtnis eingraben. Zum Beispiel: „Heut hinterließ Gioconda im Zimmer ein Sortiment farbiger Papierstreifchen. Sind sie ein Geschenk? Weil ich ihr die Flasche Kölnischwasser gebracht habe? Sie werden reizende Buchzeichen abgeben." Das weckt Widerhall. Zunächst Gioconda. Sie ist ein hübsches Mädchen, wenngleich ihre Schönheit von ihrer Laune abhängt – wenn sie mürrisch gestimmt ist, und das scheint allzuhäufig der Fall, sieht sie aus wie eine Schüssel kalter Haferschleim – man vergißt dann leicht die Fülle ihres Haars und die Sanftheit ihrer mediterranen Augen. Sie ist, weiß der Himmel, überanstrengt. Hier in der *pensione*, wo sie gleichzeitig Zimmermädchen und Serviererin ist, steht sie vor Morgengrauen auf und wird auf dem Trab gehalten, zuweilen bis zur Mitternacht. Ehrlich gestanden, kann sie von Glück sagen, die Stellung zu haben, denn Arbeit ist das Hauptproblem der Insel – die meisten Mädchen würden nichts lieber tun als sie verdrängen. In Anbetracht dessen, daß es kein fließendes Wasser gibt (mit allem, was dies einbegreift), macht es uns Gioconda außerordentlich behaglich. Es ist die angenehmste *pensione* in Forio, zudem von anziehender Billigkeit: wir haben zwei sehr große Räume mit weitflächigen Kachelböden und hohen Holzjalousietüren auf kleine eiserne

Balkone hinaus mit dem Blick übers Meer; das Essen ist gut, und es gibt beinah zuviel davon: fünf Gänge mit Wein zum Mittag- und Abendessen, alles inbegriffen kostet das jeden von uns etwa hundert Dollar im Monat. Gioconda spricht kein Englisch, und mein Italienisch ist – nun, lassen wir das. Nichtsdestoweniger sind wir innige Freunde. Mit Gebärdenspiel und übermäßigem Gebrauch eines zweisprachigen Wörterbuches gelingt es uns, einander eine erstaunliche Menge mitzuteilen – was der Grund ist, daß die Kuchen jedesmal mißlingen: an trüben Tagen, wenn nichts anderes los ist, sitzen wir in der Patio-Küche und probieren Rezepte für amerikanisches Gebäck aus („Zollhaus, was ist?"), doch sind sie nie ein Erfolg, weil wir viel zu beschäftigt mit dem Herumblättern im Wörterbuch sind, als daß wir der Backerei sonderlich Aufmerksamkeit schenkten. Gioconda: „Letztes Jahr war in dem Zimmer, wo Sie sind, ein Mann aus Rom. Ist Rom wie er erzählte, so wunderbar? Er sagte, ich solle kommen und ihn besuchen in Rom, und das würde ganz in Ordnung sein, denn er sei Veteran aus drei Kriegen. Erster Weltkrieg, Zweiter und Abessinien. Da können Sie sehen, wie alt er war. Nein, ich habe Rom noch nie gesehen. Ich habe Freunde, die dortgewesen sind und mir Postkarten geschickt haben. Sie kennen die Frau, die bei der *posta* arbeitet? Sie glauben doch selbstverständlich an den bösen Blick? Die hat ihn. Man weiß das, ja. Darum kommt auch nie mein Brief aus Argentinien."

Daß sie diesen argentinischen Brief nicht bekommt, ist der wahre Grund von Giocondas Trübsal. Ein treuloser Liebhaber? Ich habe keine Ahnung; sie weigert sich, darüber zu reden. So viele junge Italiener sind nach Südamerika ausgewandert, um Arbeit zu suchen; es gibt Frauen hier, die fünf Jahre gewartet haben, ob ihnen ihre Männer die Passage herüberschicken würden. Jeden Tag, wenn ich mit der Post ankomme, stürzt mir Gioconda entgegen.

Die Post abzuholen, ist eine freiwillig übernommene tägliche Pflicht. Es ist das erste Mal im Laufe des Tages, daß ich die anderen hierlebenden Amerikaner sehe – zur Zeit sind es vier, und wir treffen uns in Marias Café auf der Piazza (aus dem Tagebuch: „Wir wissen alle, daß Maria ihre Drinks verwässert. Doch verwässert sie sie mit Wasser? Gott, mir ist gräßlich!“) Wenn einen die Sonne so wärmt und Marias Bambusvorhänge im Winde klirren, gibt es keinen netteren Platz, um auf den Briefträger zu warten. Maria ist eine untersetzte Frau mit einem Zigeunergesicht und einem spöttisch achselzuckenden Wesen; wenn es hier herum irgend etwas gibt, was man haben möchte, von einem Haus bis zu amerikanischen Zigaretten, so erledigt sie das. Einige behaupten, sie sei der reichste Mensch in Forio. Niemals sind irgendwelche Frauen in ihrem Café; ich bezweifle, daß sie das gestatten würde. Steigt der Mittag höher, sammelt sich der ganze Ort auf der Piazza – wie Schwarzdrosseln schwärmen die Schulkinder in Umhängen und Holzsandalen daher und singen in den kleinen Nebenstraßen, und Schwadronen untätiger Männer lungern, derb lachend, unter den Bäumen; Frauen, die an ihnen vorübergehen, schlagen die Augen nieder. Wenn der Postbote kommt, gibt er mir die Briefe für unsere *pensione*; dann muß ich mich den Berg hinunterbegeben, um Gioconda gegenüberzutreten. Manchmal schaut sie mich an, als sei es mein Fehler, daß der Brief niemals kommt, als sei er mein, der böse Blick. Eines Tages warnte sie mich, ja nicht mit leeren Händen heimzukommen, und so brachte ich ihre eine Flasche Kölnischwasser.

Aber die kunterbunten Papierstreifchen, die ich in meinem Zimmer fand, waren nicht, wie ich vermutet hatte, ein Gegengeschenk. Es war gemeint, daß wir sie auf die Statue der Heiligen Jungfrau hinunterregnen lassen sollten, die, kürzlich erst auf der Insel eingetroffen, eine Rundreise durch fast alle Ortschaften machen würde. Den Tag, da die

Madonna zu Besuch kam, war jeder Balkon mit schönen Spitzen und noch schönerem Linnen geputzt – einer alten Bettdecke, wenn die Familie nichts Besseres hatte; Blumengirlanden hingen über den gepackt vollen Straßen, alte Damen brachten ihre längsten Schals zum Vorschein, Männer bürsteten ihre Schnurrbärte, jemand steckte den Dorftrottel in ein sauberes Hemd, und die Kinder, alle weiß gekleidet, trugen Engelsflügel aus Goldpappe an die Schultern geheftet. Die Prozession sollte gegen vier Uhr das Städtchen betreten und unter unserm Balkon vorüberkommen. Von Gioconda alarmiert, waren wir rechtzeitig auf unserem Posten, bereit, die hübschen Papierchen zu werfen und, laut Anweisung: „*Viva la Vergine Immacolata*" zu rufen. Ein trübseliger Nieselregen setzte ein; um sechs wurde es dunkel, aber genau wie die die Straßen verengende Menge, die unten wartete, blieben auch wir standhaft. Mit ärgerlich gerunzelter Stirn und flatternden schwarzen Röcken donnerte ein Priester auf seinem Motorrad davon – man hatte ihn abgeschickt, um die Prozession zur Eile anzutreiben. Dann war es Nacht, und ein Flackerpfad von Petroleum ergoß sich auf dem Wege, den die Prozession verfolgen sollte. Plötzlich, ganz unversehens, erklang das aufreizende Ratata einer Militärkapelle, und mit einem schreckenerregenden Knistern sprang der Flakkerpfad zum Leben auf, als grüße er so die nahende Jungfrau. Auf einer blumenübersäten Tragbahre daherschwankend, das Gesicht von einem dunklen Schleier verhüllt, gefolgt von der halben Insel, erschien sie beladen mit goldenen und silbernen Uhren, und als sie vorüberkam – unter dem Schweigen, das ihre unmittelbare Nähe umgab –, war da einzig das bezaubernde, surrealistische Geräusch dieser Opfergaben, der Uhren – ticktickticktick. Später geriet Gioconda ganz außer sich bei der Entdeckung, daß wir noch immer die leichten Papierschnitzel umklammert hielten, die wir in unserer Aufregung zu werfen vergessen hatten.

„5. April. Ein langer und gefährlicher Spazierweg. Wir entdeckten einen neuen Strand.“ Ischia ist felsig, ein starres Eiland, das an Griechenland oder die Küste von Afrika denken läßt. Es gibt Orangenbäume, Zitronenbäume; und terrassenförmig die Berghänge hinauf, silbergrüne Traubenhaine – der Wein von Ischia wird hoch geschätzt, und hier ist es, wo man den Lacrimae Christi keltert. Wenn man über den Ort hinauswandert, kommt man bald auf sich verzweigende Pfade, die durch die Weingärten klettern, wo Bienen wie ein Schneesturm einherbrausen und Eidechsen grünlich auf den sich entfaltenden Blättern glimmen. Die Bauern sind braun und schwer wie irdenes Geschirr, und sie haben den Horizont im Blick wie Seeleute. Denn das Meer ist stets bei ihnen. Der Weg längs der See verläuft über die schroffabfallenden vulkanischen Klippen; es gibt da kritische Stellen, wo es am besten ist, einfach die Augen zu schließen – es gäbe einen tiefen Fall, und die Felsen unten sind wie schlafende Dinosaurier. Eines Tages fanden wir beim Spaziergang auf den Klippen eine Mohnblüte, dann eine zweite; sie wuchsen vereinzelt zwischen dem finsteren Gestein, wie die auf einer Gummischnur aufgereihten chinesischen Glöckchen. Plötzlich führte uns die Fährte der Mohnblumen den Pfad hinunter auf eine unbekannte und versteckliegende Strandbucht. Sie war von Klippen umschlossen und das Wasser so klar, daß man die Seeanemonen und die Dolchstoßbewegungen der Fische beobachten konnte; unweit der Küste lagen flach hervortretende Felsen wie Schwimmflöße, und wir paddelten von einem zum andern – uns in die Sonne hinaufziehend, konnten wir zurück über die Klippen schauen und die grünen Weinterrassen und einen umwölkten Berg sehen. In einen Felsen hatte die See einen Stuhl eingeschnitten, und es war das allergrößte Vergnügen, dort zu sitzen und die Wellen herauf und über einen hinwegstürzen zu lassen.

Aber es ist nicht schwierig, in Ischia einen Privatstrand zu finden. Ich weiß allein von dreien, wo nie jemand hinkommt. Der Ortsstrand von Forio ist übersät mit Fischernetzen und umgekippten Booten. An diesem Strand war es, wo ich zum erstenmal der Mussolini-Familie begegnete. Des toten Diktators Witwe und drei ihrer Kinder leben hier in einem, wie ich vermute, stillen selbstgewählten Exil. Es ist etwas Trauriges und Teilnahme-Erregendes um sie. Die Tochter ist jung, blond, lahm und offensichtlich witzig; die ortsansässigen Jünglinge, die sich mit ihr am Strand unterhalten, scheinen ständig zu lachen. Wie irgendeine der einfachen Frauen der Insel ist Signora Mussolini oft zu sehen, wenn sie, in schäbiges Schwarz gekleidet, vom Gewicht einer Einholtasche schiefgezogen, den Berghang emporwandert. Sie ist recht ausdruckslos, doch einmal sah ich sie lächeln. Es kam da ein Mann durch das Städtchen mit einem Papagei, der gedruckte Wahrsagezettel aus einer Glasbüchse zog, und Signora Mussolini, die stehengeblieben war, um ihn zu konsultieren, las ihre Zukunft mit einem angedeuteten Da-Vinci-Kräuseln ihrer Lippen.

„5. Juni. Nach Mittag ist weiße Mitternacht." Nun, da die Hitze da ist, sind die Nachmittage wie weiße Mitternächte: Fensterläden sind geschlossen, Schlaf schleicht durch die Straßen. Um fünf macht man dann die Läden wieder auf, im Hafen strömen eine Menge Leute zusammen, um die *Principessa* zu begrüßen, und später wird jedermann an der Piazza promenieren, wo irgendwer ein Banjo, eine Harmonika, eine Gitarre spielen wird. Jetzt aber ist Siesta und es gibt einzig den ungetrübt blauen Himmel, das Krähen eines Hahnes. Es sind zwei Schwachsinnige im Ort, und die sind Freunde. Der eine trägt ständig einen Blumenstrauß, den er, wenn er seinen Freund trifft, in zwei gleiche Hälften teilt. In den stillen, schattenlosen Nachmittagsstunden sieht man nur sie in den Straßen. Hand in Hand, ihre Blumen tragend, schlendern sie über den

Strand und die Steinmauer, die weit ins Wasser vorstößt. Von meinem Balkon aus kann ich sie dort sitzen sehen, zwischen den Fischnetzen und den leise schaukelnden Booten, ihre geschorenen Köpfe glänzen in der Sonne, ihre Augen sind farblos wie das Grenzenlose. Die weiße Mitternacht ist für sie geschaffen, dann nämlich gehört die Insel ihnen.

Wir sind mit dem Frühling gegangen. In den vier Monaten seit unserer Ankunft hier sind die Nächte wärmer geworden, die See wurde weicher, das grüne, noch winterliche Wasser des März hat sich im Juni zu Blau gewandelt, und die Rebstöcke, ehemals grau und leer an den verflochtenen Stützen, schwellen von ihren ersten grünen Traubenbüscheln. Da ist ein zartes Strichmuster aus Schmetterlingen, und auf dem Berg gibt es vielerlei Süßes für die Bienen; im Garten, nach einem Regenguß, kann man, jawohl, das ganz zarte Aufbrechen der Blütenknospen hören. Und wir wachen am Morgen früher auf, ein Anzeichen des Sommers, und bleiben abends noch spät auf, was ebenfalls ein Zeichen dafür ist. Doch fällt es eben schwer in diesen Nächten, sich zum Hineingehen zu entschließen: Der Mond zieht herauf, er blinkt auf dem Wasser mit erschreckender Helle, und am Terrassenumgang der Fischer-Kirche, der wie der Bug eines Schiffes zur See vorspringt, wandern flüsternde junge Leute hin und her, über die Piazza und in irgendein geheimes Dunkel. Gioconda sagt, es sei der längste Frühling, dessen sie sich entsinne – der längste ist der schönste.

*Deutsch von Hansi Bochow-Blüthgen*

# Tanger

Tanger? Von Marseille aus braucht man mit dem Schiff zwei Tage, eine zauberhafte Fahrt längs der spanischen Küste, und ist man jemand, der vor der Polizei flieht, oder jemand, der ganz einfach flieht, so sollte man unter allen Umständen hierherkommen: von Höhenzügen umsäumt und am Meer hingelagert, gleicht diese internationale Stadt einem weißen Cape, das malerisch über die afrikanische Küste gebreitet ist; acht Monate des Jahres – von März bis Oktober ungefähr – ist das Klima ausgezeichnet. Der Strand ist herrlich, wahrhaft außerordentliche Flächen aus zuckerfeinem Sand und Brandung. Das Nachtleben, falls man sich dafür interessiert, erstreckt sich, wenngleich weder besonders unschuldig noch ausgesprochen vielfältig, vom Einbruch der Dunkelheit bis zum Morgengrauen. Und wenn man in Betracht zieht, daß die meisten Leute den ganzen Nachmittag verschlafen und nur sehr wenige vor zehn oder elf Uhr zu Abend essen, ist das nicht besonders ungewöhnlich. Aber fast alles sonst in Tanger ist ungewöhnlich, und ehe man hierherfährt, sollte man drei Dinge tun: sich gegen Typhus impfen lassen, seine Ersparnisse von der Bank abheben und sich von seinen Freunden verabschieden – denn der Himmel allein mag wissen, ob man sie jemals wiedersehen wird. Dieser Rat ist durchaus ernst gemeint, denn es ist alarmierend, wie viele Touristen, die zu einem kurzen Ferienaufenthalt gelandet sind, hier ansässig werden und die Jahre dahingehen lassen. Denn Tanger ist ein Becken, das einen festhält, ein zeitloser Ort; hier vergehen die Tage unmerklicher als der Schaum eines Wasserfalls; ich stelle mir vor, daß so die Zeit in den Klöstern dahingeht, unaufdringlich, auf leisen

Sohlen; übrigens haben beide Institutionen, das Kloster und Tanger, noch einen weiteren Zug gemeinsam: das In-sich-Abgeschlossensein. Beispielsweise glaubt der Durchschnittsaraber, daß Europa und Amerika ein und dasselbe sind und sich am gleichen Punkt der Erdoberfläche befinden, wo immer der sein mag – jedenfalls macht er sich keine Gedanken darüber; und es kommt des öfteren vor, daß Europäer, fasziniert vom Klirren einer Oud und dem wimmelnden Schauspiel ringsum, sich diese Meinung zu eigen machen.

Einen großen Teil seiner Zeit verbringt man damit, auf dem *Petit Soko* herumzusitzen, einem Platz am Rande der Kasba, auf dem sich ein Café ans andere drängt. Auf den ersten Blick erscheint er als eine Miniaturausgabe der Galleria in Neapel, doch bei näherer Betrachtung gewinnt er einen so grotesk individuellen Charakter, daß man ihn billigerweise mit keinem anderen Platz auf der Welt vergleichen kann. Es gibt keine Tages- oder Nachtstunde, zu der der *Petit Soko* nicht voller Menschen wäre; Broadway, Piccadilly, all diese Plätze haben ihre ruhige Zeit, der kleine Soko aber braust zu jeder Stunde. Zwanzig Schritt weiter, und das Dunkel der Kasba verschlingt dich; die Gestalten, die aus diesem Dunkel in den Leierkastentumult des Sokos gleiten, vereinigen sich zu einem bunten Bild: hier ist das Tätigkeitsfeld der Prostituierten, das Hauptquartier der Rauschgifthändler, ein Zentrum der Spionage; aber es ist auch der Platz, wo schlichtere Leute ihren Abend-Apéritif trinken.

Der Soko hat seine eignen Berühmtheiten, doch es ist eine Auszeichnung auf Widerruf; praktisch jeden Augenblick kann man gestürzt und abgetan werden, denn das Soko-Auditorium, das so gut wie alles gesehn hat, ist übermäßig launisch. Gegenwärtig aber ist Estelle sein Star, ein wunderschönes Mädchen, das geht wie ein sich entrollendes Seil. Sie ist halb Chinesin, halb Negerin und arbeitet in einem

Bordell, das Schwarze Katze heißt. Es geht das Gerücht, daß sie früher einmal in Paris lebte, dort Modell war und mit einer Privatjacht hier ankam und natürlich auch die Absicht hatte, auf demselben Wege wieder abzufahren; es hat jedoch den Anschein, daß der Besitzer der Jacht eines schönen Morgens davonsegelte und Estelle auf dem Trockenen sitzenließ. Eine Zeitlang war dann Maumi ein heftiger Konkurrent für sie; der Soko wußte Maumis Talente als Flamenco-Tänzer wie als Unterhalter zu schätzen: wo immer er saß, ertönte lautes Gelächter. Aber ach, der arme Maumi, ein exotischer junger Mann, der die Gewohnheit hatte, sich mit einem spitzenbesetzten Fächer Kühlung zuzuwedeln, wurde schließlich eines Nachts in einer Bar erstochen und schied somit aus dem Rennen aus. Weniger feierlich proklamiert, doch für meinen Geschmack interessanter sind Lady Warbanks und ihre beiden Anhängsel, ein seltsames Trio, das jeden Morgen erscheint, um an einem der auf den Gehsteig gerückten Tische das Frühstück einzunehmen. Dies Frühstück bleibt unveränderlich das gleiche – eine Schüssel gebackener Tintenfisch und eine Flasche Pernod. Jemand, der es eigentlich wissen müßte, behauptet, daß die heute ausgesprochen deklassierte Lady Warbanks einst als die größte Schönheit Londons galt; wahrscheinlich stimmt das: ihre Züge sind fein geschnitten, und sie besitzt – ungeachtet der enganliegenden Matrosenkostüme, in die sie sich hineinzwängt – einen ganz besonderen, angeborenen Stil. Mit ihrer Moral allerdings steht es nicht zum besten, und dasselbe darf man wohl von ihren Gefährten behaupten. Was diese beiden anlangt: der eine ist ein zudringlicher junger Bursche mit unverschämtem Gesicht und einer Zunge, die Skandale aufrührt wie ein Schöpflöffel die Suppe im Kessel – er weiß einfach alles. Die Dritte im Bunde ist ein robustes spanisches Mädchen mit kurzem glattem Haar und lederfarbenen Augen. Sie wird Sunny genannt, und wie man erzählt, ist sie – von Lady Warbanks finanziert – im Begriff, die einzige Frau Marokkos zu werden, die über eine organisierte Schmugglerbande gebietet: Schmuggeln ist hierzulande ein weitverbreiteter Beruf, der Hunderte ernährt, und Sunny besitzt allem Anschein nach ein bemanntes Boot, das allnächtlich über die Meerenge nach Spanien hinüberfährt. Das genaue Verhältnis der drei zueinander ist nicht unbedingt druckfähig; es mag genügen zu sagen, daß sie sich untereinander zu jedem nur erdenklichen Laster vereinigen; das aber interessiert den Soko nicht, den Soko beschäftigt vielmehr ein ganz anderer Aspekt: wie lange wird es noch dauern, bis man Lady Warbanks ermordet, und wer von den beiden wird es tun, der junge Mann oder Sunny? Die Engländerin ist sehr reich, und wenn es die Habgier ist, die ihre Gefährten an sie bindet – wie es so offensichtlich der Fall ist –, dann deutet alles auf einen gewalttätigen Akt hin. Jedermann wartet darauf. Und mittlerweile sitzt Lady Warbanks arglos da, knabbert Tintenfische und trinkt mit kleinen Schlucken ihren Morgen-Pernod.

Der Soko ist aber auch eine Art Modezentrum, ein Prüfstein für die neusten Einfälle der Mode. Eine Neuheit, die von den grelleren Typen beifällig aufgenommen wurde, sind Schuhe mit Bändern statt Schnürsenkeln, die bis fast unters Knie gebunden werden. Sie sind unkleidsam, doch ist diese Mode nicht annähernd so bedauerlich wie die Leidenschaft für dunkle Brillen, die sich unter den Araberinnen ausbreitet, deren Augen, nur eben über den Schleier hervorlugend, zu allen Zeiten so großen Reiz ausgeübt habe. Das einzige, was man jetzt noch sieht, sind die großen schwarzen Gläser, wie Kohlenstücke eingebettet in einen linnenen Schneeball.

Abends gegen sieben erreicht der Soko seinen Höhepunkt. Es ist die belebte Stunde des Apéritifs, rund zwanzig Nationalitäten drängen sich auf dem kleinen Platz zusammen, und das Summen der Stimmen gleicht dem Gesang riesiger Moskitos. Einmal aber, als wir dort saßen, senkte sich unvermittelt Stille über den Platz: eine arabische Kapelle bewegte sich fröhlich schmetternd an den hellerleuchteten Cafés vorüber die Straße entlang. Es war die einzige heitere maurische Musik, die ich je zu hören bekam, alles übrige klang wie ein trauriges und verstümmeltes Wehklagen. Der Tod jedoch, möchte man annehmen, ist für die Araber kein kummervolles Ereignis, denn diese Kapelle erwies sich als Vorhut eines Leichenzugs, der, sich vergnügt durch das Gedränge windend, hinterdreinkam. Jetzt schwankte der Leichnam, ein halbnackter Mann auf unbedeckter Bahre getragen, vorüber, und eine mit Simili behängte Dame grüßte ihn, sich über ihren Tisch lehnend, gefühlvoll mit einem Glas Tio Pepe: Und im nächsten Augenblick lachte sie goldgezähnt, Pläne schmiedend. Das war der kleine Soko.

„Falls Sie die Absicht haben, über Tanger zu schreiben“, sagte mir jemand, den ich um bestimmte Auskünfte bat, „dann lassen Sie bitte das Gesindel weg; wir haben eine Menge netter Leute hier, und es ist uns sehr unangenehm, daß die Stadt einen so schlechten Ruf hat.“
Nun ja – wenngleich ich durchaus nicht sicher bin, daß unsere Begriffe miteinander übereinstimmen –, es gibt zumindest drei Menschen, die ich ungemein nett finde. Jonny Winner zum Beispiel. Jonny Winner ist ein reizendes, drolliges Mädchen. Sehr jung, sehr amerikanisch; wenn man ihr betrübtes, sehnsüchtiges Gesicht betrachtet, würde man niemals annehmen, daß sie imstande wäre, für sich selbst einzustehen: und um die Wahrheit zu sagen, ich glaube auch nicht, daß sie es kann. Nichtsdestoweniger lebt sie seit zwei Jahren hier, reiste allein durch Marokko und in die Sahara. Natürlich ist es Jonny Winners eigenste Angelegenheit, aus welchem Grund immer sie den Rest ihres

Lebens in Tanger verbringen will; offensichtlich ist sie verliebt: „Aber lieben Sie es nicht auch? aufzuwachen und zu wissen, daß man hier ist, zu wissen, daß man immer man selbst sein kann, nichts sein muß, was man nicht ist? Immer Blumen zu haben, und aus dem Fenster zu schaun und zu sehn, wie die Hügel dunkler werden, und die Lichter im Hafen? Lieben Sie es nicht auch?" Andererseits aber liegen sie und die Stadt in beständiger Fehde miteinander; wann immer man sie trifft, macht sie eine neue Krise durch: „Haben Sie es schon gehört? der abscheulichste Unfug: irgendein Dummkopf in der Kasba hat sein Haus gelb angestrichen, und jetzt machen es ihm alle nach – ich bin grade unterwegs, um zu sehn, ob ich dem Ganzen nicht ein Ende machen kann."

Gelbangestrichen wäre die Kasba, traditionell blau und weiß wie Schnee in der Abenddämmerung, gräßlich, und ich hoffe, daß Jonny sich durchsetzt – obwohl natürlich ihr Feldzug, mit dem sie die Räumung des *Grand Soko* zu verhindern suchte, erfolglos blieb, ein herzzerreißendes Beginnen, das sie dazu getrieben hat, in Tränen aufgelöst durch die Straßen zu streifen. Der Grand Soko ist der große arabische Marktplatz: von den Bergen heruntergestiegene Berber mit Ziegenfellen und Körben hocken im Kreis unter den Bäumen und lauschen den Märchenerzählern, Flötenspielern und Zauberern; übervolle Stände brechen beinahe unter der Fülle von Blumen und Früchten; in der Luft hängen Haschischrauch und der Minzgeruch arabischen Tees; feurige Gewürze dörren in der Sonne. Und all das soll anderswohin verpflanzt werden, wahrscheinlich um einem Parkplatz zu weichen, und Jonny ringt die Hände: „Soll ich mich vielleicht nicht aufregen? Ich empfinde so, als wäre Tanger mein Haus, und was würden Sie wohl dazu sagen, wenn jemand in Ihr Haus käme und anfinge, die Möbel umzustellen?"

Also zog sie aus, den Soko in vier Sprachen zu retten,

Französisch, Spanisch, Englisch und Arabisch; doch obwohl sie alle vier Sprachen ausgezeichnet spricht, hat sie mit Ausnahme des Portiers am Holländischen Konsulat nirgendwo Verständnis bei den Behörden gefunden. Ihre einzige wirkliche emotionelle Unterstützung kommt von einem arabischen Taxichauffeur, der sie kein bißchen verrückt findet und sie umsonst herumfährt. Vor ein paar Tagen sahen wir Jonny am späten Nachmittag über ihren geliebten, der Auflösung verfallenen Grand Soko schlurren; sie sah völlig erledigt aus und trug ein räudiges, über und über mit Wunden bedecktes Kätzchen im Arm. Jonny hat so eine Art, ohne Umschweife das zur Sprache zu bringen, was ihr am Herzen liegt. Sie sagte: „Ich hatte so ein Gefühl, als ob ich einfach nicht mehr weiterleben könnte, und da fand ich Monroe: das ist Monroe“, sie streichelte das Kätzchen, „und er hat mich beschämt: er will so gern leben, und wenn er es vermag, warum sollte ich es dann nicht?“

Und wenn man sie ansah, Jonny und das Kätzchen, beide so schmutzig und wund, wußte man, daß irgendwie irgend etwas sie durchbringen würde: wenn nicht praktischer Verstand, so doch ihr Lebenswille.

Ferida Green besitzt eine Menge praktischen Verstand. Als Jonny mit ihr über die Lage des Grand Soko sprach, sagte Miss Green: „O meine Liebe, Sie müssen sich nicht beunruhigen. Sie sind immer dabei, den Soko abzureißen, aber es geschieht niemals wirklich; ich erinnere mich, daß man ihn 1906 in eine Walfang-Zentrale umwandeln wollte: Stellen Sie sich den Geruch vor!“

Miss Ferida ist eine von Tangers drei Grand-Dames Green, zu denen noch ihre Kusine, Miss Jessie, und ihre Schwägerin, Mrs. Ada Green, gehören: einer von ihnen gelingt es meist, hier den Ausschlag zu geben. Alle drei sind sie über siebzig: Mrs. Ada Green ist berühmt für ihren

Chic, Miss Jessie für ihren Witz und Miss Ferida, die älteste, für ihre Weisheit. Sie hat ihr heimatliches England seit über fünfzig Jahren nicht mehr gesehen; dennoch verraten ihr auf den Kopf gerammter Strohhut und das an schwarzem Band herabbaumelnde Pincenez dem Beobachter, daß sie in der Mittagshitze ausgeht und unverrückbar am Fünf-Uhr-Tee festhält. Zeit ihres Lebens übt sie jeden Freitag ein Ritual aus, das der Mehlmorgen genannt wird. Am unteren Ende ihres Gartens sitzt sie an einem Tisch und verteilt, jeden Fall der Reihe nach prüfend, Mehl an arabische Bittsteller, für gewöhnlich alte Frauen, die andernfalls verhungern würden: sie bereiten aus dem Mehl einen Teig, mit dem sie bis zum nächsten Freitag auskommen müssen. Es gibt viel Scherzen und Lachen, denn die Araberinnen beten Miss Ferida an, und für sie sind all diese alten Frauen, die uns andern immer als anonyme Wäschebündel erscheinen, Freundinnen, deren Persönlichkeit sie in einem großen Hauptbuch kommentiert: „Fathma ist jähzornig, aber nicht böse", schreibt sie von einer, und von einer anderen: „Halima ist ein gutes Mädchen. Man kann sich unbedingt auf sie verlassen."
Und das eben ist es, glaube ich, was von Miss Ferida zu sagen wäre.

Jeder, der länger als einen Tag in Tanger bleibt, wird unweigerlich von Nysa hören: wie sie, mit knapp zwölf Jahren durch einen Australier von der Straße aufgelesen wurde, der sodann, in unverfälschtem Pygmalion-Stil, aus diesem zerlumpten Araberkind eine vollendete, ungewöhnlich elegante Persönlichkeit schuf. Soweit ich weiß, ist Nysa das einzige Beispiel einer europäisierten Araberin in Tanger, eine Tatsache, die ihr seltsamerweise keiner ganz verzeiht, weder die Europäer noch die Araber, die ihre Verbitterung ganz offen zeigen und, da Nysa in der Kasba lebt, unaufhörlich Gelegenheit finden, ihrem Groll Luft zu machen: Die Frauen beauftragen ihre Kinder, Obszönitäten auf Nysas Tür zu schmieren, und die Männer zögern nicht, auf der Straße vor ihr auszuspucken, hat sie doch die in ihren Augen schwerwiegendste aller Sünden begangen: Christin zu werden. Eine solche Situation muß das heftigste Ressentiment bewirken, doch scheint sich Nysa, zumindest soweit man aus oberflächlicher Betrachtung schließen kann, in keiner Weise bewußt zu sein, daß es irgendeinen Grund zur Entrüstung gäbe. Sie ist ein bezauberndes, ruhiges Mädchen von dreiundzwanzig; es ist Unterhaltung genug, einfach still dazusitzen und ihre Schönheit zu bewundern, die schrägstehenden Augen und ihre blumengleichen Hände. Mit Menschen kommt sie nur wenig in Berührung; wie die Prinzessin im Märchen bleibt sie hinter den Mauern und im Schatten ihres Patios verborgen, liest, spielt mit ihren Katzen und einem mächtigen weißen Kakadu, der jede ihrer Bewegungen nachahmt: zuweilen schießt der Kakadu auf sie los und küßt ihre Lippen. Der Australier lebt bei ihr; seit er sie, noch als Kind, auflas, war sie nicht einen Augenblick lang von ihm getrennt; wenn ihm etwas zustieße, gäbe es für Nysa wirklich keine Möglichkeit der Umkehr: sie könnte niemals wieder eine Araberin sein, und es ist unwahrscheinlich, daß sie es vermöchte, völlig in eine europäische Welt hinüberzuwechseln. Doch der Australier ist nun ein alter Mann. Eines Tages klingelte ich bei Nysa; niemand öffnete. Das obere Teil der Tür besteht aus Gitterwerk: ich spähte hindurch und sah sie hinter einem Schleier aus Weinranken und Blättern im Schatten ihres Patios stehen. Als ich erneut klingelte, verharrte sie dunkel und bewegungslos wie eine Statue. Später erfuhr ich, daß in dieser Nacht der Australier einen Schlaganfall erlitten hatte.

Ende Juni beginnt mit dem Wachsen des neuen Mondes der *Ramadan*. Für die Araber bedeutet der *Ramadan* einen

Monat des Fastens. Bei Einbruch der Dunkelheit wird in der Luft ein farbiges Seil gespannt, und sobald es unsichtbar geworden ist, rufen Muschelhörner die Araber zu Speise und Trank, die sie während des Tages nicht anrühren dürfen. Von diesen Festen in dunkler Nacht geht eine beschwingte Stimmung aus, die erst mit der Morgendämmerung endet. Von weitentfernten Türmen herab spielen Oboenbläser vor dem Gebet eine Abendmusik; hinter verschlossenen Türen versteckt, aber doch hörbar, erklingt das Tamtam von Trommeln, und aus den Moscheen dringen die Stimmen der koransingenden Männer in die schmalen, mondhellen Straßen. Noch hoch auf dem Berge über Tanger hört man den Oboisten im fernen Dunkel klagen, er webt ein feierliches Band aus Tönen von hier über ganz Afrika bis hin nach Mekka.

Sidi-Kacem ist ein endloser, saharagleicher Strand, von Olivenhainen gesäumt; wenn der *Ramadan* zu Ende geht, kommen die Araber aus ganz Marokko nach Sidi-Kacem, in Lastwagen, auf Eseln, zu Fuß: für drei Tage entsteht dort eine Stadt, eine zerbrechliche Traumstadt mit bunten Lichtern und Cafés unter windlichterhellten Bäumen. Gegen Mitternacht fuhren wir dorthin; der erste flüchtige Blick auf die Stadt war wie das Bild eines lichterstrahlenden Geburtstagskuchens im verdunkelten Zimmer, und er erfüllte den Betrachter mit der gleichen erregenden Scheu: man wußte, daß man nicht alle Kerzen ausblasen konnte. Gleich zu Anfang wurden wir von unseren Begleitern getrennt, aber es war in dem Wogen und Drängen ganz unmöglich, beisammenzubleiben, und nach den ersten furchterfüllten Minuten gaben wir uns gar keine Mühe mehr, sie zu finden: die Nacht ergriff Besitz von uns, und es blieb gar nichts anderes übrig, als zu einem dieser maskierten, ekstatischen Gesichter zu werden, die im Fackellicht glänzten. Überall spielten kleine Kapellen. Stimmen, süß und schwer wie *Kif*-Rauch, sangen über dem Trommelklang, und irgendwo gerieten wir, unter den silbernen, leichtbewegten Bäumen entlangstolpernd, mitten in eine tanzende Menge: alte bärtige Männer im Kreis schlugen den Takt, und die Tänzer, so ihrem Tun hingegeben, daß man sie mit einer Nadel hätte pieken können, glitten dahin, als wehe der Windhauch sie auf und ab. Nach dem arabischen Kalender schreiben wir das Jahr 1370; und wenn man durch die Seide eines Zeltes einen Schatten gewahrte, eine Familie beobachtete, die über einem flachen Feuer aus Zweigwerk Honigkuchen buk, inmitten der Tänzer und dem Trillern einer einsamen Flöte am Strand lauschend, fiel es nicht schwer, zu glauben, daß man im Jahr 1370 lebte und die Zeit für immer stillstünde.

Ab und an mußten wir uns ausruhen; unter den Olivenbäumen lagen Strohmatten, und wenn man sich auf einer von ihnen niederließ, brachte ein Mann heißen Minztee. Und während wir Tee tranken, sahen wir einen seltsamen Zug von Männern, die einzeln hintereinander vorbeischritten. Sie waren in schöne Gewänder gehüllt, und der Mann, der voranging, alt wie ein Stück Elfenbein, trug eine Schale mit Rosenwasser, das er, zur Begleitmusik von Dudelsäcken, nach beiden Seiten aussprengte. Wir standen auf und schlossen uns dem Zug an, folgten ihm aus dem Hain und zum Strand. Der Sand war kalt wie der Mond; hügelige Dünen zogen sich zum Wasser hinunter, und flakkernde Lichter zerrissen das Dunkel wie fallende Sterne. Endlich zogen der Priester und sein Gefolge in einen Tempel ein, den zu betreten uns verboten war, und so wanderten wir weiter den Strand entlang. „Schau, eine Sternschnuppe“, sagte J., und dann zählten wir die Sternschnuppen, es waren ihrer so viele. Der Wind flüsterte im Sand, und es klang wie das Meer; mörderische Gestalten hoben sich silhouettengleich vor dem sinkenden orangefarbenen Mond ab, und der Strand war so kalt wie ein Schneefeld,

aber J. sagte: „Oh, ich kann einfach meine Augen nicht länger offenhalten.“
Wir erwachten in blauem Licht, das fast schon das des frühen Morgens war. Wir lagen hoch oben auf einer Düne, und dort unter uns, über den Strand verstreut, waren all die Zelebranten; ihre leuchtenden Kleider flatterten in der morgendlichen Brise. In dem Augenblick, als die Sonne den Horizont berührte, erhob sich ein lautes Geschrei, und zwei Reiter, sattellos auf ihren Pferden, spritzten durch die Brandung und jagten über den Strand. Wie ein hochgehender Vorhang krochen die Strahlen der aufgehenden Sonne über den Sand auf uns zu, und wir erschauerten bei ihrem Nahen in dem Bewußtsein, daß wir, wenn sie uns einmal erreicht hatte, wieder in unserem Jahrhundert sein würden.

*Deutsch von Marguerite Schlüter*

# Fahrt durch Spanien

Der Zug war ganz zweifellos alt. Die Sitze sackten nach unten wie die Backen einer Bulldogge, viele Fenster zeigten leere Rahmen, und diejenigen, die noch Scheiben aufzuweisen hatten, wurden von Leukoplaststreifen zusammengehalten; im Gang war ein herumstreichender Kater offensichtlich auf Mäusejagd, und es schien nicht unwahrscheinlich, daß seine Bemühungen erfolgreich sein würden.

Langsam krochen wir aus Granada heraus, so als wären der Lokomotive alte Kulis vorgespannt. Der südliche Himmel war weißglühend wie eine Wüste; eine einsame Wolke stand darin, trieb dahin wie eine wandernde Oase.

Unser Ziel war Algeciras, der spanische Hafen gegenüber der afrikanischen Küste. In unserem Abteil saß ein Australier in mittleren Jahren; er trug einen fleckigen Leinenanzug, hatte tabakverfärbte Zähne und schmutzige Fingernägel. Nach kurzer Zeit schon erzählte er, daß er Schiffsarzt sei. Es schien seltsam, hier inmitten dieser dürren, strengen spanischen Ebenen jemanden zu treffen, der mit dem Meer verbunden war. Neben ihm saßen zwei Frauen, Mutter und Tochter. Die Mutter war eine vollgefressene, schmuddlige Frau mit trägen, mißbilligenden Augen und einem dünnen Schnurrbart. Der Brennpunkt ihrer Mißbilligung wechselte; zuerst fixierte sie mich ziemlich scharf, denn als das Sonnenlicht stärker flammte und Hitzewellen durch die zerbrochenen Fenster hereinwogten, hatte ich mein Jackett ausgezogen – ein Benehmen, das sie, vielleicht zu Recht, als unhöflich ansah. Später dann empfand sie Abneigung gegen den jungen Soldaten, der gleichfalls in unserem Abteil saß. Der Soldat und die nicht sonderlich unzugängliche Tochter der Frau, ein dralles Mädchen mit den rauflustigen Zügen eines Preisboxers, schienen zu einem Flirt übereingekommen. Sooft der streunende Kater an unsrer Tür erschien, mimte die Tochter Erschrecken, worauf der Soldat tapfer mit sch-sch! den Kater wieder auf den Gang scheuchte; und dies stumme Spiel bot ihnen hinreichend Gelegenheit zu gegenseitiger Berührung.

Der junge Soldat war einer von vielen im Zug. Ihre mit Quasten verzierten Mützen elegant aufs Ohr gesetzt, lungerten sie auf den Gängen herum, rauchten süße schwarze Zigaretten und lachten in geheimem Einverständnis. Sie schienen sich zu amüsieren, anscheinend etwas, das sie eigentlich nicht hätten tun sollen, denn sobald ein Offizier auftauchte, sahen die Soldaten unverwandt aus den Fenstern, als wären sie hingerissen von den roten Felsenbrüchen, den Olivenfeldern und den strengen kahlen Bergen. Ihre Offiziere trugen Paradeuniform mit vielen Bändern und einer Menge Blech; einige hatten an der Seite schimmernde, unwahrscheinliche Säbel. Sie mischten sich nicht unter die Soldaten, sondern saßen in einem Abteil der ersten Klasse beieinander; sie sahen gelangweilt aus, beinahe so wie stellungslose Schauspieler. Ich glaube, es war ein Segen für sie, daß sich zu guter Letzt etwas ereignete, das ihnen Gelegenheit gab, mit ihren Säbeln zu rasseln.

Das Abteil unmittelbar vor dem unseren nahm eine Familie ein: ein zarter, magerer, ungewöhnlich eleganter Mann, der einen Trauerstreifen ums Revers genäht trug, und in seiner Begleitung sechs schlanke, sommerliche Mädchen, wahrscheinlich seine Töchter. Sie waren allesamt schön, der Vater wie die Kinder, und alle auf die gleiche Weise: dunkles, glänzendes Haar, pimentfarbene Lippen und Augen wie Sherry. Die Soldaten warfen flüchtige Blicke in ihr Abteil und sahen dann fort, so als hätten sie direkt in die Sonne geschaut.

Sobald der Zug hielt, stiegen die beiden jüngsten Töchter des Mannes aus und spazierten im Schatten ihrer Sonnenschirme auf und ab. Sie erfreuten sich zahlreicher ausgedehnter Promenaden, denn der Zug stand die meiste Zeit über still, was niemanden außer mir aufzubringen schien. Einige Reisende hatten anscheinend auf jeder Station Freunde, mit denen sie um einen Trinkwasserbrunnen sitzen und lange und gemütlich schwatzen konnten. Eine alte Frau wurde in rund einem Dutzend Städtchen von kleinen Gruppen begrüßt – und zwischen diesen Begegnungen weinte sie so hemmungslos, daß der australische Arzt sich beunruhigt zeigte: Aber nein, sagte sie, er brauche sich nicht zu bemühen, sie sei nur so glücklich, alle ihre Verwandten wiederzusehen.

Bei jedem Aufenthalt rannten wahre Wirbelstürme bloßfüßiger Frauen und halbnackter Kinder mit überschwappenden irdenen Krügen voll Wasser den Zug entlang, heiser *Agua! Agua!* rufend. Für zwei Peseten konnte man einen ganzen Korb dunkler, überreifer Feigen erstehen, und es gab Tabletts voll seltsamer weißgezuckerter Krapfen, die dazu bestimmt schienen, von jungen Mädchen in Kommunionkleidern verspeist zu werden. Gegen Mittag hatten wir unseren Lunch zusammengekauft – eine Flasche Wein, einen Laib Brot, eine Wurst und Käse. Unsre Abteilgenossen waren gleichfalls hungrig. Man zog Päckchen hervor, Wein wurde entkorkt, und eine Weile lang herrschte eine fröhliche, nahezu anmutige Festlichkeit. Der Soldat teilte sich mit dem Mädchen in einen Granatapfel, der Australier gab eine heitere Geschichte zum besten, und die Mutter mit dem bösen Blick zog aus ihrem Busen einen in Papier gewickelten Fisch hervor, den sie mit mürrischem Behagen verzehrte.

Danach wurden alle schläfrig. Der Doktor schlief so tief, daß eine Fliege ungestört im Zickzackkurs über sein Gesicht mit dem weitoffnen Mund spazieren konnte. Stille betäubte den ganzen Zug. Die Mädchen im nächsten Abteil lehnten entspannt auf ihren Sitzen wie sechs müde Geranien; selbst die Katze hatte das Umherstreunen eingestellt und lag träumend im Gang. Wir waren höher hinaufgeklettert, der Zug kroch über ein Plateau mit grobem gelbem Weizen, dann zwischen den Granitwänden tiefer Schluchten entlang, wo fremdartige, dornenbewehrte Bäume im Wind, der von den Bergen herabkam, erzitterten. Irgendwo zwischen den Bäumen bot sich ein Ausblick auf etwas, das ich gern gesehn hätte, ein Schloß auf einer Anhöhe – es saß dort oben wie eine Krone.

Es war eine Landschaft für Banditen. Irgendwann im Frühsommer dieses Jahres war ein junger Engländer, den ich kenne (wenn auch nur vom Hörensagen), mit dem Auto durch diesen Teil Spaniens gefahren, und an einer einsamen Stelle unterhalb eines Berges hatten dunkelhäutige Schurken seinen Wagen umringt. Sie raubten ihn aus, banden ihn an einen Baum und kitzelten seine Rippen mit der Schneide eines Messers. Ich dachte an diese Geschichte, als ohne Einleitung eine Gewehrsalve die schläfrige Stille zerriß.

Es war eine Maschinenpistole. Geschosse regneten durch die Bäume wie das Rasseln von Kastagnetten, und der Zug kam mit einem verwundeten Quietschen zum Stehen. Einen Augenblick lang hörte man nichts als das Belfern der Maschinenpistole. Dann sagte ich, mit lauter, furchtbarer Stimme: „Banditen!"

„*Bandidos!*" schrie die Tochter.

„*Bandidos!*" echote die Mutter, und das schreckliche Wort flog durch den Zug wie eine Nachricht, die auf der Urwaldtrommel weitergegeben wird. Das Ergebnis war eine schauerliche Clownerie. In einem zusammengeduckten Haufen von Armen und Beinen fielen wir auf dem Boden übereinander. Einzig die Mutter schien ihre Fassung zu bewahren; sie stand auf und begann systematisch ihre Wertsachen zu verbergen. Sie schob einen Ring in ihren Haarknoten und hob ohne Scham ihre Röcke hoch, um einen perlenbesetzten Kamm in ihrem Schlüpfer verschwinden zu lassen. Die bezaubernden Mädchen im Nebenabteil ließen zartes Zwitschern der Betrübnis hören, es klang wie Vogelrufe in der Dämmerung. Befehle bellend stolperten die Offiziere im Gang umher und rannten sich gegenseitig über den Haufen.

Dann plötzlich Stille. Von draußen kam das Murmeln des Windes in den Blättern und das Murmeln von Stimmen. Gerade als das Gewicht des Doktors, das auf mir lastete, unerträglich zu werden begann, flog die Außentür unseres Abteils auf. Ein junger Mann stand da. Er schien nicht klug genug, um ein Bandit zu sein.

„*Hay un médico en el tren?*" fragte er lächelnd.

Der Australier löste den Druck seines Ellbogens von meinem Magen und rappelte sich auf. „Ich bin Arzt", bekannte er und klopfte seine Kleider ab. „Ist jemand verletzt?"

„Si, Señor. Ein alter Mann, er hat eine Kopfwunde", sagte der Spanier, der kein Bandit war, sondern, ach, nur ein gewöhnlicher Reisender. Wir kehrten auf unsere Sitze zurück und vernahmen, sprachlos vor Verlegenheit, was vorgefallen war. Während der letzten Stunden schien ein alter Mann als blinder Passagier mitgefahren zu sein, er hatte sich hinten am Zug festgehalten. Eben jetzt hatte er den Halt verloren, und ein Soldat, der ihn fallen sah, hatte seine Maschinenpistole in Tätigkeit gesetzt, um so den Lokomotivführer zum Halten zu bringen.

Meine einzige Hoffnung war, daß niemand sich daran erinnern würde, wer als erster von Banditen gesprochen hatte. Und anscheinend tat das auch keiner. Der Arzt begab sich zu seinem Patienten, nachdem er eins meiner sauberen Hemden an sich genommen hatte, das er als Verband benutzen wollte, während die Mutter, uns mit griesgrämiger Prüderie den Rücken zuwendend, nach ihrem Perlenkamm angelte. Die Tochter und der Soldat folgten uns, als wir ausstiegen und unter den Bäumen auf und ab gingen, wo sich ein großer Teil der Reisenden versammelt hatte und den Vorfall diskutierte.

Zwei Soldaten trugen den alten Mann herbei; mein Hemd war um seinen Kopf gewunden. Sie setzten ihn unter einen Baum, und alsbald umdrängten ihn die Frauen, die darin wetteiferten, ihm ihren Rosenkranz zu leihen; jemand brachte eine Flasche Wein, die ihm mehr zusagte. Er schien vollkommen glücklich und stöhnte ausgiebig. Die Kinder, die im Zug mitfuhren, standen im Kreis um ihn herum und kicherten.

Wir befanden uns in einem Wäldchen, das von Orangenduft erfüllt war. Ein Pfad führte zu einem schattigen Vorsprung: von dort sah man über ein Tal, in dem wogende Flächen versengten goldgelben Grases zitterten, als bebe die Erde. Das Tal und das Schattenspiel des Lichts auf den tieferliegenden Hügeln bewundernd, saßen die sechs Schwestern, von dem eleganten Vater begleitet, unter ihren aufgespannten Sonnenschirmen wie Gäste auf einer Fête champêtre. Die Soldaten umkreisten sie in unbestimmter Begierde; sie wagten nicht recht, sich zu nähern, wenngleich ein kecker, dreister Bursche bis zum Rand des Vorsprungs ging und rief *„Yo te quiero mucho.“* Die Worte kamen mit dem hohlen Unterton eines vollkommenen Echos zurück, und die Schwestern versenkten sich errötend tiefer in den Anblick des Tals.

Finster wie die felsigen Berge hatte sich am Himmel eine Wolkenbank zusammengeballt, und das Gras drunten wogte wie das Meer vor dem Sturm. Jemand sagte, es werde wohl Regen geben. Doch keiner mochte gehen: weder der verletzte Mann, der kräftig einer zweiten Flasche Wein zusprach, noch die Kinder, die das Echo entdeckt hatten und nun fröhlich ins Tal hinabsangen. Das Ganze war wie ein Fest, und wir alle schlenderten zögernd zum Zug zurück, so als wolle jeder der letzte Gast sein, der aufbrach. Der alte Mann, der mein Hemd wie einen riesigen Turban um den Kopf trug, wurde in ein Abteil erster Klasse gebracht, wo mehrere eifrige Damen zu seiner Pflege zurückblieben.

In unserem Abteil fanden wir die dunkle, schmuddlige Mutter geradeso auf ihrem Sitz vor, wie wir sie verlassen hatten. Sie hatte sich außerstande gesehen, an der Gesellschaft teilzunehmen. Sie warf mir einen langen, funkelnden Blick zu. „*Bandidos*", sagte sie schroff und mit unnötigem Nachdruck.

Der Zug fuhr so langsam weiter, daß Schmetterlinge durch die Fenster ein- und ausflogen.

*Deutsch von Marguerite Schlüter*

# Fontana Vecchia

*Fontana Vecchia,* Alter Brunnen. So heißt das Haus, *Pace,* Frieden: das Wort ist in die steinerne Türschwelle gemeißelt. Es gibt keinen Brunnen; aber es gab, glaube ich, eine Art Frieden.

Es ist ein rosenfarbenes Haus, in beherrschender Lage über einem Tal mit Mandel- und Ölbäumen, das sanft zum Meer abfällt. Übers Wasser sieht man an klaren Tagen Italiens südlichste Spitze, die Halbinsel Kalabrien. In unserm Rükken führt ein steiniger, gewundener, zumeist von Bauern, ihren Eseln und Ziegen benutzter Pfad an der Bergflanke entlang nach Taormina. Man hat fast das Gefühl, in einem Flugzeug zu wohnen oder auf einem Schiff, das auf dem Gipfel eines Wellenbergs vibriert: sooft man aus dem Fenster blickt oder auf die Terrasse tritt, überkommt einen das flüchtige Gefühl, als schwebe man wie die weißen kreisenden Tauben zwischen den Bergen und über dem Meer.

In dieser Weite schrumpfen die Details der Landschaft zur Winzigkeit – die Zypressen sind so klein wie grüne Federkiele; man könnte jedes vorüberziehende Schiff auf der Fläche einer Hand halten.

Vor Tagesanbruch, wenn sinkende Sterne fett wie Eulen am Schlafzimmerfenster vorbeiziehen, bricht längs des steilen, gelegentlich gefährlichen Pfades, der von den Bergen herabkommt, ein Spektakel los. Es sind die Bauern auf dem Weg zum Markt von Taormina. Geröll kollert unter den strauchelnden Hufen überladener Esel; man hört aufspringendes Gelächter, sieht schwankendes Laternenlicht: es ist, als gäben die Laternen den nächtlichen Fischern weit drunten, die um diese Zeit ihre Netze einholen, Zeichen.

Später treffen sich Bauern und Fischer auf dem Markt: ein

kleines Volk, den Japanern nicht unähnlich, aber muskulös; ihre magere Walnuß-Härte hat tatsächlich etwas beinah Üppiges. Zieht man die Frische eines Fisches, die Reife einer Frucht in Zweifel, werden sie zu glänzenden Schaustellern. *Si, buono*: Sie ziehen deinen Kopf nach unten, damit du den Fisch beriechen kannst; mit ekstatischem und bedrohlich wirkendem Augenrollen machen sie dir klar, wie köstlich er ist. Mich schüchtert das jedesmal ein; nicht aber die Dorfbewohner, die unbeeindruckt die winzigen zweifarbigen Tomaten befingern und sich niemals scheuen, an einem Fisch zu riechen oder eine Melone kräftig zu drücken.

Ich weiß, daß Einkaufen und Zurichten einer Mahlzeit überall auf der Welt ein Problem ist; aber nach ein paar Monaten Sizilien könnte auch der erfahrenste Haushaltsvorstand den Strick nehmen – nein, ich übertreibe: das Obst ist mehr als ausgezeichnet, zumindest zur jeweiligen Reifezeit; der Fisch ist immer gut und die *pasta* desgleichen. Man hat mir erzählt, es lasse sich auch eßbares Fleisch auftreiben; doch mir wurde dies Glück nie zuteil. Auch an Gemüse bietet sich keine große Auswahl; im Winter sind die Eier rar. Aber natürlich ist unser Hauptproblem, daß wir nicht kochen können; unsere Köchin kann es, fürchte ich, ebensowenig. Sie ist ein munteres Mädchen, voller Charme und ein wenig abergläubisch: unsre Gasrechnung zum Beispiel ist zuweilen astronomisch, weil sie es liebt, riesige Töpfe voll Blei auf dem Herd zum Schmelzen zu bringen und dann das Blei zu verzerrten Abbildern zu formen. Solange sie sich auf einfache sizilianische Gerichte beschränkt, wirklich einfache und wirklich sizilianische, sind sie, nun, etwas, das man essen kann.

Doch ich will von dem Hühnchen berichten. Unlängst kam Cecil Beaton, der seine Ferien in Sizilien verbrachte, zu uns auf Besuch. Nach ein paar Tagen begann er ein bißchen abgemagert auszusehn: Wir begriffen, daß ein angemessener Versuch, ihn zu ernähren, unternommen werden mußte. Wir bestellten ein Hühnchen; es traf ein, höchst lebendig und begleitet von der gewieften Bäuerin, die ein Stückchen bergaufwärts wohnt. Es war ein großer schwarzer Vogel – ich sagte, es müsse sehr alt sein. Nein, meinte die Frau, nicht alt, nur groß. Der Hals wurde ihm umgedreht, und G., die Köchin, setzte es aufs Feuer. Gegen zwölf kam sie und meldete, das Huhn sei noch immer *troppo duro* – mit anderen Worten: steinhart. Wir rieten ihr, nicht die Geduld zu verlieren, und ließen uns mit Gläsern voll Wein auf der Terrasse nieder, bereit, zu warten.

Nach mehreren Stunden und mehreren Litern Wein ging ich in die Küche, wo ich G. in kritischer Verfassung vorfand: nachdem sie das Huhn gekocht hatte, hatte sie es geschmort, dann gebraten, und jetzt kochte sie es in ihrer Verzweiflung noch einmal.

Obwohl nichts andres zu essen da war, hätten wir es nicht auftragen lassen sollen, denn als es vor uns hingesetzt wurde, mußten wir den Blick abwenden: den dampfenden Haufen krönte der abgehackte Kopf des armen Vogels, auf dem noch der geschwärzte Kamm prangte, und seine gebrochnen Augen starrten uns an.

Am selben Abend teilte uns Cecil unerwartet mit, daß er zu den Freunden zurück müsse, bei denen er vorher auf der Insel gewesen war.

Als wir Fontana Vecchia zuerst mieteten – es war Frühling, April –, stand der Weizen im Tal hoch, grün wie die Eidechsen, die um die Halme flitzten. Der sizilianische Frühling beginnt im Januar und wächst zu einem königlichen Bukett, einem Zaubergarten, wo alles geblüht hat: im Flüßchen sprießt Minze; tote Bäume sind in wilde Kletterrosen gehüllt; selbst der wilde Kaktus treibt zarte Blüten. April ist der unbarmherzigste Monat, schreibt Eliot: hier nicht. Hier ist er strahlend wie der Schnee auf dem

Gipfel des Ätnas. Kinder klettern am Berghang und füllen Säcke mit Blütenblättern – Vorbereitung für den Festtag eines Heiligen –, und die Fischer, die mit ihren Körben voller perlfarbener *pesce* vorübergehen, haben Geranien hinters Ohr gesteckt.

Mai, und der Frühling nimmt Abschied: die Sonne wird mächtiger; man erinnert sich, daß Afrika nur 130 Kilometer entfernt ist; wie ein bronzener Schatten fällt die Farbe des Herbstes über das Land.

Im Juni war der Weizen erntereif. Mit einer gewissen Melancholie lauschten wir dem Schwingen der Sensen in dem goldenen Feld. Als die Arbeit getan war, gab der Grundbesitzer, dem die Ernte gehörte, den Schnittern ein Fest. Es waren nur zwei Frauen dabei – eine junge, die ihr Kind stillte, und eine Alte, ihre Großmutter. Die Alte tanzte leidenschaftlich; barfüßig wirbelte sie mit allen Männern – keiner konnte sie dazu bringen, einmal auszusetzen, mitten in einem Tanz sprang sie auf und holte sich einen Partner. Die Männer, die abwechselnd das Akkordeon spielten, tanzten untereinander, eine ländliche Sitte in Sizilien. Es war das ideale Fest: zu viel Tanzen, viel zu viel Wein. Später, als ich erschöpft zu Bett ging, dachte ich an die alte Frau. Nachdem sie den ganzen Tag über auf dem Feld gearbeitet und den ganzen Abend lang getanzt hatte, mußte sie sich jetzt auf eine Acht-Kilometer-Kraxelei zu ihrem Haus in den Bergen machen.

Ein Spaziergang führt zum Strand, vielmehr zu den Stränden, denn es gibt deren mehrere; alle sind kieselig, und nur ein einziger, Mazzaró, ist recht bevölkert. Der attraktivste, Isola Bella, eine geschützte Bucht mit Wasser so klar wie aus einer Regentonne, liegt zweieinhalb Kilometer unmittelbar unter uns; die Schwierigkeit ist, wieder hinaufzukommen. Ein paarmal sind wir nach Taormina gelaufen und haben dort den Bus genommen oder ein Taxi.

Meist aber gehn wir zu Fuß. Schwimmen kann man von März bis Weihnachten (sagen die Mannhaften), doch ich gestehe, daß ich nicht allzu begeistert war, bevor wir die Tauchermaske kauften. Die Maske hatte eine runde gläserne Sichtplatte und einen Schnorchel, der sich schließt, wenn man taucht. Still zwischen den Felsen hinzuschwimmen ist so, als ob man eine neue visuelle Dimension entdeckt hätte: im Unterwasserdämmer taucht in beunruhigender Nähe ein rot phosphoreszierender Fisch auf; dein Schatten gleitet über ein Feld mit hermelinfarbenem Gras; blaue, silberne Luftblasen steigen von einem langbeinigen Etwas auf, das schlafend in einem Feld wehender Seeanemonen liegt, und es ist, als bewege sie ein Wind aus Musik: die Seeanemonen, die javanischen Ranken purpurfarbner Medusen. Wieder an Land, wie scheint die obere Welt so statisch, so schwerfällig.

Wenn wir nicht zum Strand gehn, gibt es nur einen einzigen Grund, das Haus zu verlassen: in Taormina einzukaufen und einen Aperitif auf der Piazza zu trinken. Taormina, eigentlich eine Tochterstadt von Naxos, der ältesten griechischen Kolonie in Sizilien, geht historisch bis in das Jahr 396 vor Christus zurück. Hier hat sich Goethe 1787 umgesehen. Er beschreibt es uns so:

„Setzt man sich nun dahin wo ehemals die obersten Zuschauer saßen, so muß man gestehen, daß wohl nie ein Publikum im Theater solche Gegenstände vor sich gehabt. Rechts zur Seite auf höheren Felsen, erheben sich Castelle, weiter unten liegt die Stadt, und ob schon diese Baulichkeiten aus neueren Zeiten sind, so standen doch vor Alters wohl eben Dergleichen auf derselben Stelle. Nun sieht man an dem ganzen langen Gebirgsrücken des Ätna hin, links das Meerufer bis nach Catania, ja Syrakus; dann schließt der ungeheure, dampfende Feuerberg das weite, breite Bild, aber nicht schrecklich, denn die mildernde Atmosphäre zeigt ihn entfernter und sanfter, als er ist."

Goethes Standort war das griechische Theater, eine prachtvolle, auf steiler Anhöhe gelegene Ruine, wo heute noch gelegentlich Theateraufführungen und Konzerte stattfinden. Taormina ist so ausgefallen in der Szenerie, wie Goethe behauptet; doch ist es eine seltsame Stadt. Während des Krieges war sie das Hauptquartier Feldmarschall Kesselrings; infolgedessen bekam sie ihr Teil vom Bombardement der Alliierten ab. Der Schaden war gering. Trotzdem bedeutete der Krieg für die Stadt den Ruin. Bis 1940 war sie, Capri ausgenommen, der beliebteste Mittelmeerort südlich der französischen Riviera. Obwohl die Amerikaner nicht hingingen, zumindest nicht in nennenswerter Zahl, besaß es beträchtliche Anziehungskraft für Engländer und Deutsche. (Ein Sizilienführer, von einem Engländer verfaßt und 1905 veröffentlicht, vermerkt: „Taormina ist überschwemmt von Deutschen. In manchen Hotels hat man eigene Tische für sie, weil die andren Nationen nicht gern mit den Deutschen zusammensitzen.") Heutzutage sind die Deutschen natürlich nicht in der Lage, zu reisen, aufgrund der Devisensparmaßnahmen sind es die Engländer ebensowenig. Im vergangenen Jahr war das San Domenico, ein altes Kloster, das gegen Ende des neunzehnten Jahrhunderts in ein höchst luxuriöses Hotel verwandelt wurde, nie mehr als zu einem Viertel belegt; vor dem Krieg mußte man ein Jahr im voraus buchen. Diesen Winter eröffnet die Stadt, als vielleicht verzweifeltes letztes Mittel, ein internationales Publikum anzulocken, ein Spielkasino. Ich wünsche dem Unternehmen Glück: es ist unbedingt notwendig, daß jemand herkommt und all die handgewirkten Hüte und Taschen kauft, die in den Läden am Korso herumliegen. Was mich betrifft, so gefällt mir Taormina so, wie es ist; es bietet die Annehmlichkeiten eines Touristenzentrums (fließendes Wasser, einen Laden mit ausländischen Zeitungen, eine Bar, wo man einen guten Martini bekommt) ohne Touristen.

Die kleine Stadt erstreckt sich zwischen zwei Toren; in der Nähe des ersten, der Porta Messina, ist ein kleiner, von Bäumen beschatteter Platz mit einem Brunnen und einer steinernen Mauer, an der entlang die einheimischen Müßiggänger aufgereiht sind wie Vögel auf einem Telefondraht. Bei einem meiner ersten Spaziergänge durch Taormina verblüffte es mich, auf dieser Mauer einen alten Mann sitzen zu sehen, der Samthosen trug und in einen schwarzen Umhang gehüllt war; sein Hut, ein olivgrüner weicher Filz, war zu einer dreispitzartigen Haube gebeult, deren Rand sein breites, gelbliches, leicht mongolisches Gesicht beschattete. Es war in sich eine verblüffend theatralische Erscheinung, bis mir bei näherem Hinschaun klarwurde, daß es André Gide war.

Während dieses Frühlings und Frühsommers sah ich ihn häufig dort, entweder unbeachtet auf der Mauer sitzend, scheinbar irgendeiner der alten Männer, oder sinnend beim Brunnen, wo er, seinen Umhang in Shakespearescher Manier um sich gezogen, im Wasser sein eignes Spiegelbild zu betrachten schien: *si jeunesse savait, si vieillesse pouvait.*

Unter den aufgesetzten Glanzlichtern ist Taormina eine ganz normale Stadt, und seine Bewohner haben ganz normale Ambitionen und Beschäftigungen. Doch haben viele von ihnen, insbesondere die jungen Männer, eine Mentalität, die ich die von Hotelkindern nenne, von Kindern, die immer in Hotels gelebt haben und wissen, daß alles vergänglich ist, daß man sich nie gefühlsmäßig binden darf, weil Freundschaft eine Angelegenheit von wenigen Tagen ist. Diese jungen Leute leben sozusagen „außerhalb" der Stadt; sie interessieren sich für die Fremden, nicht so sehr aus gewinnsüchtigen Motiven als wegen der Distinktion, die ihnen in ihren Augen die Bekanntschaft mit Engländern und Amerikanern verleiht, und da die meisten von ihnen auf primitive Art mehrere Sprachen sprechen, ver-

bringen sie ihre Tage in den Cafés an der Piazza, wo sie höflich und affektiert mit den Reisenden plaudern.
Es ist eine prachtvolle Piazza, die sich um eine Felsterrasse mit Blick auf den Ätna und das Meer gruppiert. Sardische Spielzeugesel, vor elegant geschnitzte Wagen gespannt, stolzieren mit klingelnden Glöckchen vorbei; ihre Wagen sind mit Bananen und Orangen beladen. An den Sonntagnachmittagen, während die städtische Kapelle ein wunderliches aber attraktives Konzert gibt, findet die große Promenade statt, und wenn ich zugegen bin, halte ich stets Ausschau nach der Metzgerstochter, einem dicken, muskulösen Mädchen, das die ganze Woche über mit der Wildheit zweier Männer das Fleischerbeil schwingt; am Sonntag aber, frisiert und parfümiert, ist um sie, die auf fünf Zentimeter hohen Absätzen daherschwankt, begleitet von ihrem Verlobten, einem schmalen Jungen, der ihr nicht ganz bis zur Schulter reicht, ein Zauber, eine Atmosphäre des Triumphs, vor der die spöttische Zunge verstummt: sie besitzt den Stolz, das Selbstvertrauen, das den Geist einer echten Promenade ausmacht. Zuweilen tauchen auf der Piazza wandernde Unterhalter auf: bockgleiche Bergbuben, die auf fellbespannten Sackpfeifen quälende, jodlerverwandte Weisen spielen; oder, wie im Frühling, ein Sänger, ein Kind, dessen Familie sich dadurch erhält, es alljährlich rund um die Insel reisen zu lassen: sein Podium war der Ast eines Baumes, und da sang er, den Kopf zurückgeworfen und die Kehle bebend vom herzbrechenden Soprangesang, sang, bis seine Stimme in traurigstem Flüstern verebbte.
Beim Einkaufen ist der *tabacchi* meine letzte Station, ehe ich aufs Land hinausgehe. In Sizilien sind alle Tabakhändler reizbare Burschen. Für gewöhnlich sind ihre Läden voll, aber wenige Kunden kaufen mehr als drei oder vier einzelne Zigaretten: die verbrauchten Männer legen mit zögernder Feierlichkeit ihre zerfetzten Lire hin, prüfen

dann umständlich die Zigaretten, die lumpigen Zigarren, die ihnen zugeteilt wurden – dieser Besuch im *tabacchi* scheint für sie das wichtigste Ereignis des Tages zu sein; vielleicht räumen sie eben deshalb so zögernd ihren Platz in der wartenden Schlange.
Es gibt ungefähr zwanzig verschiedene sizilianische Zeitungen; in großen Girlanden hängen sie vor dem Tabakladen. Als ich eines Nachmittags in die Stadt ging, begann es zu regnen. Es war kein heftiger Regen; doch die Straßen lagen verlassen, keine Menschenseele war zu sehen, bis ich zum *tabacchi* kam – da war eine Menge um die Zeitungen versammelt, die mit schreiend aufgemachten Schlagzeilen im Regen flatterten. Kleine Jungen standen barhäuptig achtlos im Regen und steckten die Köpfe zusammen, während ein älterer Knabe, auf das riesige Foto eines Mannes deutend, der in einer Blutlache hingestreckt lag, ihnen vorlas: Giuliano tot, in Castelvetrano erschossen. *Triste, triste,* eine Schande, ein Jammer, sagten die Älteren; die Jungen sagten gar nichts, aber zwei junge Mädchen gingen in den Laden und kamen jede mit einem Exemplar von *La Sicilia* heraus, einer Zeitung, deren ganze Vorderseite ein Riesenporträt des getöteten Verbrechers einnahm; ihre Zeitungen vor dem Regen schützend, rannten die Mädchen, Hand in Hand, schliddernd die regenglänzende Straße entlang.

Und dann kam der August; wir spürten die Sonne, bevor sie noch aufgegangen war. Seltsamerweise waren hier auf dem freistehenden Berg die Tage kühler als die Nächte. Denn meist wehte vom Wasser her eine steife Brise; mit Sonnenuntergang drehte sich der Wind, blies meerwärts, gen Süden, nach Griechenland, Afrika. Es war ein Monat schweigender Blätter, fallender Sterne, roter Monde, eine Zeit prächtiger Nachtfalter und schlafender Eidechsen. Die Feigen platzten auf, die Pflaumen wurden rund, die Mandeln hart. Eines Morgens beim Aufwachen hörte ich das

Klappern von Bambusstöcken in den Mandelbäumen. Im Tal drunten und auf den Hügeln drüben schlugen Hunderte von Bauern, im Familienverband arbeitend, die Mandeln herunter, lasen sie dann vom Boden auf; und dabei sangen sie sich zu, eine Stimme führte die andern; es waren maurische, flamenco-ähnliche Stimmen, deren Lieder nirgendwo begannen und nirgends endeten und die doch das Wesen von Arbeit, Glut und Ernte enthielten.
Eine Woche brachten sie die Mandelernte ein, und jeden Tag erreichte der Gesang eine leicht verrückte Intensität. Ich konnte seinetwegen nicht mehr denken; in mir war ein so überwältigendes Gefühl von jenseitigem Leben. Gegen Ende, während der tollen letzten Tage, schienen die leidenschaftlichen Stimmen sich aus dem Meer zu erheben, den Mandelwurzeln; man kam sich vor wie in einer Echohöhle verirrt, und wenn die Dunkelheit kam und die Stille, hörte ich noch immer, noch im Einschlafen, den Gesang. Obwohl man versuchte, ihn zu verdrängen, schien er im Begriff, eine traurige, quälende Geschichte zu erzählen, im Begriff, eine furchtbare Kunde zu bringen.

Wir haben nicht oft Besuch in Fontana Vecchia: der Weg ist zu weit für unerwartete Besucher, und es vergehen Tage, ohne daß jemand an unsre Tür klopft, den Eisjungen ausgenommen. Der Eisjunge ist ein blonder, amüsanter, gelehrtenhaft wirkender Elfjähriger. Er hat eine schöne junge Tante, zweifellos eines der hübschesten jungen Mädchen, die ich je gesehn habe, und oft spreche ich mit ihm von ihr. Warum, wollte ich wissen, hat A., die Tante, keinen Verehrer? Warum ist sie immer allein, erscheint sie nie beim Tanz oder der sonntäglichen Promenade? Weil seine Tante, sagt der Eisjunge, mit den Männern aus der Gegend nichts anfangen kann, weil sie sehr unglücklich ist und sich einzig danach sehnt, nach Amerika zu gehen. Vielleicht. Doch meine eigne Theorie ist, daß die männlichen Mitglieder ihrer Familie so eifersüchtig auf sie sind, daß sich niemand in ihre Nähe wagt. Sizilianische Männer bestimmen ganz genau, was ihre Frauen tun und was nicht; und Gott weiß, warum, die Frauen scheinen es zufrieden.

Unsre Köchin zum Beispiel, G., die neunzehn ist, hat einen wenig älteren Bruder. Eines Morgens erschien sie mit aufgeplatzter Lippe, blaugeschlagenen Augen, einer Messerwunde im Arm und von Kopf bis Fuß mit gelbgrünen Flekken bedeckt. Es war ein erstaunlicher Anblick; eigentlich hätte sie ins Krankenhaus gehört. Einseitig lächelnd, erklärte G., nun, ihr Bruder habe sie verdroschen; sie hätten gestritten, weil er fand, sie ginge zu häufig zum Strand. Natürlich hielten wir das für einen absurden Vorwurf; wann ging sie zum Strand – des Nachts? Ich erklärte ihr, sie solle sich nicht dran stören, ihr Bruder sei häßlich und brutal. Ihre Antwort lief darauf hinaus, daß ich mich um meine eignen Angelegenheiten kümmern solle; ihr Bruder sei ein feiner Kerl, sagte sie. „Er sieht gut aus und hat viele Freunde – nur zu mir ist er brutal." Trotzdem ging ich zu unserem Hausbesitzer und beschwerte mich, verlangte, man solle G.s Bruder mitteilen, wir würden es nicht dulden, daß seine Schwester in derartiger Verfassung zur Arbeit komme. Er schien verblüfft: wieso ich auf die Idee käme, den Bruder zu tadeln? Schließlich habe ein Bruder das Recht, seine Schwester zu strafen. Als ich mit dem Eisjungen darüber sprach, stimmte er dem Hausbesitzer bei und erklärte nachdrücklich, wenn er eine Schwester hätte, die ihm nicht gehorche, so würde er sie ebenfalls verdreschen.

Eines Abends im August, als der Mond so unnatürlich war, hatten der Eisjunge und ich einen kleinen aber fröstelnmachenden Meinungsaustausch. Was halten Sie vom Werwolf? fragte er mich. Fürchten Sie sich davor, bei Dunkelheit auszugehen? Zufällig hatte ich grade an jenem Tag von der Werwolfangst erfahren: ein Junge, der sich spätabends auf dem Heimweg befand, war von einem heulenden Tier gejagt worden, einem Menschen auf vier Beinen. Doch ich lachte. Man glaubt doch nicht an Werwölfe, oder etwa doch? „Früher gab es viele Werwölfe in Taormina", sagte er und sah mich mit seinen grauen Augen unverwandt an; dann setzte er mit verächtlichem Achselzucken hinzu: „Jetzt gibt es nur noch zwei oder drei."

Und so kam der Herbst, wir sind mitten drin, ein Tambourinwind, ein Hauch von Nebel geistert durch die gelben Bäume. Es war ein gutes Jahr für die Weintrauben; in der Luft hängt süß der Duft von abgefallenen, ins Laub eingebetteten Trauben, von jungem Wein. Um sechs stehn die Sterne am Himmel; doch noch ist es nicht zu kühl, um auf der Terrasse einen Cocktail zu trinken und im hellen Sternenlicht zu beobachten, wie die Schafe mit ihren Buster-Keaton-Gesichtern von der Weide herunterkommen und die Ziegen, deren Herdenbewegung sich anhört, als würden trockne Zweige über den Boden geschleift. Gestern haben uns Männer eine Wagenladung Holz gebracht. So fürchte ich mich nicht vor dem nahenden Winter: was kann man sich Besseres ausmalen, als beim Feuer zu sitzen und auf den Frühling zu warten?

*Deutsch von Marguerite Schlüter*

# Griechische Skizzen

Vor einigen Sommern luden mich italienische Freunde auf eine Kreuzfahrt zu den griechischen Inseln an Bord einer besonders eleganten Segeljacht ein. An einem Julimorgen sollten wir von Piräus auslaufen. Das Meer war ruhig, das Schiff funkelte, der Kapitän und seine Crew erwarteten uns in Uniformen so weiß wie die Kirchen von Mykonos; und ich war zur Stelle, o ja. Unglückseligerweise hielt meine Gastgeber eine plötzliche Tragödie zurück, ein Todesfall in der Familie. Doch obwohl sie nicht kommen konnten, bestanden sie darauf, daß ich die Kreuzfahrt machen solle. Man stelle sich das vor: – eine ganze Jacht zur Verfügung eines einzigen Passagiers! Nur der verrückteste, reichste, größte Egoist konnte ein derart ausgefallenes Unternehmen planen. Da es sich aber durch Zufall ergeben hatte, empfand ich weder Schuld noch Unschlüssigkeit. *Avanti.*

Und hier sind ein paar Notizen von dieser Reise.

PFIRSICHE

Ich mache mir nichts aus griechischen Weinen; es gibt jedoch einen ungeharzten Weißwein, der so trocken und leicht ist wie die besten italienischen Soaveweine. Er heißt King Minos, und grade eben habe ich, im Sternenlicht auf dem Achterdeck sitzend, eine halbe Flasche davon getrunken und zwei riesengroße Pfirsiche dazu gegessen. Pfirsiche so groß wie Warzenmelonen und in der Farbe wie das Fleisch dieser Früchte. Pfirsiche von köstlich weicher Konsistenz und saftstrotzender likörähnlicher Süße. Und zu denken, daß sie das Produkt einer griechischen Insel sind, dieser gebirgigen Winzigkeit meerumschlossener Unfruchtbarkeit. Vom blühendsten persischen Garten hätte man es kaum für möglich gehalten, daß er solche Pfirsiche hervorbringen könnte – wieviel weniger also von diesen sonnenversengten Felsen. Und doch ist es wahr, denn der Koch hat sie auf Santorin gekauft, wo wir für die Nacht vor Anker gegangen sind.

Die Mannschaft ist an Land gegangen: hoch und immer höher hinauf nach Santorin. Eine ordentliche Kletterei, eine Angelegenheit von mehreren tausend Stufen und schwindelmachenden Ausblicken. Ich habe diesen Weg heute nachmittag auf dem Rücken eines jener gebrechlichen mutigen kleinen fliegengeplagten Esel zurückgelegt, gepriesen sei sein strapaziertes Herz. Ich empfand es als höchst beschämend, und außerdem war ich wundgeritten, also machte ich den Rückweg zu Fuß.

Der Himmel ein Sternen-Freudenfeuer – so flammend wie die Himmel über der Sahara. Das Wiegen von Segelbooten. Das Wiegen vertäuter Segelboote. Musik aus einem Hafencafé. Ein ouzo-duftender alter Mann, der vor dem Café tanzt. Der kühle King Minos, der mein Blut erwärmt, der nachwirkende Geschmack von Pfirsichen, der Duft von Pfirsichhaut, der die milde, salzhaltige Luft durchtränkt.

## Meltemi

Meltemi, dieser verteufelte Wind. Gestern erwischte er uns, ein unvermeidliches Ereignis auf dem sommerlichen griechischen Meer, denn dieser vermaledeite Wind weht fast den ganzen Juli und August hindurch. Vor ein paar Jahren verbrachte ich einen Sommer auf den Kykladen, auf der Insel Paros, die zweifellos der Lieblingsaufenthalt des Meltemi ist: er verläßt sie praktisch nie, wirbelt vielmehr heulend um die Insel wie die Spektralstimmen ertrunkener Seeleute, Jahrhunderte von an den Klippen zerschmetterten Seeleuten.

Es *ist* ein böser Wind, launisch und quälend. Und zu denken, wie er sich auf die Wirtschaft auswirkt, die Ernährung der Inselbewohner: wenn die Fischer nicht fischen können, was sie eben nicht können, wenn der Meltemi braust, reduziert sich der ohnehin schon reichlich magere Speisezettel eines Inselbewohners um die Hälfte. Der April ist der beste Monat, um hierherzukommen: ganze Felder mit wildwachsenden Blumen, wilde Anemonen, weiße Veilchen, und das Wasser, so grün wie Frühlingsknospen, ist eben warm genug für ein kurzes Bad. April – oder aber der späte September, wenn das Wasser noch warm genug ist (sofern man nichts dagegen hat, es mit fortziehenden Wildgänsen zu teilen, die unversehens vom Himmel herabschießen und neben einem dahinschwimmen) und der Meltemi nicht länger auf der Lauer liegt.

Bis gestern aber habe ich ihn nie auf offenem Meer erlebt. Ich war unter Deck, als er uns erreichte; gleichwohl hörte ich, wie er übers Wasser daherkam – ein geheimnisvolles, die Wasser kräuselndes federleichtes Etwas. Das Schiff schlingerte, wirbelte herum, Fische lugten durch die Bullaugen; es schien, als ob der Mast bräche: wie nahe wir alle dem Moment sind, da wir uns in den Klagechor der ertrunkenen Seeleute einreihen! Er legte sich, als die Dämmerung hereinbrach, und wir suchten eilig Zuflucht in einer kleinen Bucht.

### Eine schreckensvolle Geschichte

Die Besatzung besteht aus Jugoslawen, Griechen, größtenteils aber Italienern. Der Kapitän ist Italiener. Er macht sich nicht viel aus der Jacht, weil er Segeljachten generell nicht mag, nicht einmal die schwarze Perle der Ägäis, Niarchos' *Creole*. Er sagt, daß sie zwar romantisch sind, aber für die Mannschaft zu viel Arbeit bedeuten. Er spricht Englisch, spricht es gut, und ist ein noch jüngerer Mann mit dramatischen Augen und dunkelgetönter Stimme; er hätte ohne weiteres Schauspieler sein können, und alle Schauspieler sind Lügner, ich habe noch keinen getroffen, der es nicht gewesen wäre. Vielleicht aber ist der Kapitän kein Lügner. Wie dem auch sei, heute morgen passierten wir Delos, ohne anzulegen, weil ich schon zweimal dort war, und der flüchtige Anblick der marmornen Trümmer, die im schimmernden Lavendeldunst vorüberglitten, riefen ihm eine Geschichte ins Gedächtnis. Er erzählte sie mir beim Mittagessen. Er schwor, sie sei wahr.

„Es geschah, als ich ein Junge von siebzehn Jahren war und in der Mannschaft einer Jacht, die einem Engländer gehörte, Lord Sickle. Lord Sickle vercharterte häufig seine Jacht, und im August jenes Jahres charterte sie eine schöne Engländerin: eine Witwe, vierzig Jahre vielleicht, sehr groß, schmale Taille, voller Anmut. Sie hatte einen Sohn, einen Knaben von ungefähr sechzehn, und auch er war sehr schön und anmutig. Doch er war ein Krüppel: das eine verkümmerte Bein in einer Schiene, er ging mit zwei Stöcken. Aber dieser Junge war ein Genie. Ein Gelehrter, ihm zuliebe unternahm seine Mutter die griechische Kreuzfahrt; er wollte die Orte sehen, die er aus seinen Studien so gut kannte.

Sie kamen in Begleitung einer Zofe und eines Dieners an Bord; von diesen beiden abgesehen, waren sie allein, und ich habe oft gedacht, was für ein Jammer das war. Vielleicht wäre es nicht passiert, wenn sie Freunde bei sich gehabt hätten.

Es gab da eine seltsame Insel, die der Junge besuchen wollte. Nördlich von Delos. Ja, nördlich. Ich kann mich nicht genau erinnern. Es war eine Insel von wenigen Morgen Umfang und so gut wie unbekannt; er jedoch kannte sie und sagte: es gebe dort einen guterhaltenen Tempel.

Wir kamen am Nachmittag an und mußten wegen der Untiefen mehr als eine Meile weit draußen vor Anker gehen. Der Junge war sehr aufgeregt. Er hatte beschlossen, das Abendessen mitzunehmen und die Nacht allein mit seiner Mutter auf der Insel zu verbringen; er wollte den

Tempel im Mondlicht sehn und am Strand schlafen. Die Mutter liebte ihn sehr. Zu sehr. Sie lachte und gab Auftrag, ein Picknick herzurichten.
Ich war es, der sie hinüberruderte, sie an Land setzte; und ich war es, der in der Morgendämmerung zurückkam, sie abzuholen. Der Junge war tot, zum Skelett abgefressen; und die Mutter, die ich im Wasser watend fand, war unkenntlich – furchtbar verstümmelt, halb wahnsinnig.
Monate später erst, Monate, die sie in einem Athener Krankenhaus zubrachte, war sie imstande, einem Untersuchungsgericht zu berichten, was geschehen war. ‚Anfangs war es sehr friedvoll und schön', sagte sie. ‚Wir wanderten um den Tempel herum bis zur Dämmerung und breiteten dann unser Abendbrot auf den Stufen aus; schau nur, sagte mein Sohn Eric, es wird Vollmond. Wir sahen die Lichter unserer Jacht, die sich weit draußen wiegte – ich wünschte, wir hätten den Matrosen bei uns behalten. Denn als der Mond zunahm und heller strahlte, erfaßte mich irgendwie Mißtrauen in die Landschaft. Und allmählich wurde ich mir eines Geräuschs bewußt. Klauen. Ein eisiges Trippeln. Und eine riesige braune Ratte, noch eine und noch eine, sprangen mit reißenden Zähnen mitten in unser Picknick. Eine Horde von Ratten ergoß sich aus dem Tempel, zu Hunderten stürzten sie sich im Mondschein auf uns. Eric schrie auf; er versuchte wegzurennen und fiel hin, ich mußte ihn an den Armen ziehen, aber die Ratten holten uns ein, waren überall um und über uns, sie schwammen uns sogar im Wasser nach, zerrten Eric zurück auf den Strand, und keiner hörte mich die ganze Nacht lang, während ich da im Wasser blutete und schrie und weinte.'"
Der Kapitän brannte sich eine Zigarre an. „Diese Frau lebt noch. Sie lebt in Nizza. Ich habe sie gesehen – auf der Promenade, sie saß in einer Kutsche. Sie trägt einen langen Schleier. Man hat mir gesagt, daß sie mit keinem Menschen spricht."

BEOBACHTUNGEN

1. Vielen gebildeten Griechen ist eine snobistische Neigung gemeinsam – von ihren Fingernägeln besessen, beschäftigen sie sich unaufhörlich mit deren Pflege und lassen die des kleinen Fingers an beiden Händen so lang wachsen wie die der Dragon Lady. Damit tun sie dem niederen Volk kund, daß sie mit dem Kopf arbeiten, nicht mit ihren Händen.

2. Griechische Geschäftsleute teilen auch ein exzentrisches Hobby: das Spiel mit auf Schnüren gezogenen kleinen Bernstein- oder Elfenbeinkugeln, wobei ihre nervösen Finger sich reibend und zählend ruckartig von Kugel zu Kugel bewegen. Angeblich befreit dies Tun vom Stress der Geschäfte und verhindert Magengeschwüre.

3. Und den meisten Griechen, Männern wie Frauen, gemein ist der medizinische Aberglaube. Das bescheidenste Dorf hat einen Verkäufer, der kleine Nachbildungen von Händen, Herzen, Füßen, Ohren, Augen feilbietet, die aus poliertem Walzzinn gestanzt sind. Wenn Sie, sagen wir einmal, einen Herzinfarkt hinter sich haben, nun, so erwerben Sie einfach ein Zinnherz, tragen es immer bei sich, und alsbald wird das jetzt noch leidende Organ sich auf magische Weise selbst geheilt haben. Die Wahren Gläubigen rekrutieren sich nicht allein aus Bauern und Hausfrauen des Mittelstandes, zu ihnen gehören auch viele Intellektuelle. Als ich auf Paros lebte, erwähnte ich einmal Professor Kalliope gegenüber, einem Linguisten von großem Ruf, daß mein Vater praktisch blind war und ich große Furcht davor hätte, ebenfalls das Augenlicht zu verlieren. Er kaufte mir ein Paar Zinnaugen und bestand darauf, daß wir durch flimmernde Hitzewände (es war August) zu einem Nonnenkloster in den Bergen pilgerten, in dem eine ungewöhnliche, mit Hexenkräften begabte Äbtissin residierte: sobald sie erst einmal meine Medaillen gesegnet hätte, würde ich meiner Sorgen enthoben sein. Im Kloster

angelangt, kam ich mir vor wie ein gefangener Missionar in einem gefahrvollen Hottentottendorf: die Nonnen, für die Besucher etwas höchst Ungewohntes waren, versammelten sich um mich, kicherten und stubsten und zwickten mich – ja, zwickten regelrecht, als wollten sie prüfen, wieviel Saft ich hergäbe, wenn es ans Kochen ging. Bald jedoch gelang es dem Professor, sie zu beruhigen, und man brachte uns kaltes Wasser und eine kandierte Näscherei, die nach Rosen roch und in jedem Stück ein Rosenblatt barg. Was die Äbtissin anlangt, so kamen wir zu spät: sie war eine Woche zuvor gestorben.

### Die blaue Bucht

Die einzige Art von Landschaft, die mich langweilt, ist eine, von der ich mir nicht vorstellen kann, einen Teil zu kaufen: wenn ein Ort nur das mindeste Hochgefühl hervorruft, erwäge ich auf der Stelle, ein Haus zu kaufen oder zu bauen. Ach, diese Hunderte von Besitztümern, die ich im Geist errichtet habe! Doch jetzt ist etwas Ernstes eingetreten. Während der letzten Tage sind wir um Rhodos gekreuzt, haben lange in der vollkommenen kleinen Bucht von Lindos gelegen. Ein amerikanischer Freund, der ein Haus oberhalb von Lindos besitzt, nahm mich mit, um etwas anzusehen, das ich seiner Ansicht nach erwerben sollte. Ich teile seine Ansicht. Es ist ein kleines steinernes Bauernhaus, inmitten einer hufeisenförmigen Bucht gelegen; der Strand besteht aus feinstem Sand, und das Wasser, das von allen Seiten geschützt ist, flimmert ruhig wie ein Saphir im Schaufenster eines Juweliers. Für dreitausend Dollar könnte ich es mein eigen nennen: mit einer Investition von weiteren fünf- oder sechstausend ließe sich das Haus aufs köstlichste herrichten. Eine Aussicht, die die Phantasie zum Sieden bringt.

Nachts denke ich Ja, ich werde es tun, aber am Morgen erinnere ich mich – der Politik, der altbekannten Sterblichkeit – störender gefühlsmäßiger Bindungen, der Unmöglichkeiten der griechischen Sprache, einer Trillion von Schwierigkeiten. Und dennoch sollte ich den Mut aufbringen; nie wieder werde ich etwas so vollkommen Ideales finden wie dies.

### Im Café

Ich verließ die Jacht in Rhodos und flog heute morgen nach Athen. Jetzt, kurz vor Mitternacht, sitze ich allein in einem Straßencafé am Syntagma-Platz. Es sind nicht viele Gäste da, eine aber erkenne ich wieder – wir sind uns vor Jahren in Tanger begegnet, wo sie unbestritten die Königin der Kasbah war (Variante der Südstaaten-Schönheit): Eugenia Bankhead, Tallulas noch zungenfertigere Schwester. Sie streitet mit ihrem Begleiter, einem Neger.

Nähere Betrachtung zeigt, daß viele Weltenbummler, die früher in Tanger herumlungerten, nach Athen abgewandert sind. Auf der meinem Platz gegenüberliegenden Straßenseite sehe ich jede mögliche Spielart von Rauschgifthändlern, vom muskulösen Hafenarbeiter zur fetten ägyptischen Schönheit mit gewellter Platinperücke.

Es ist sehr heiß, und der überall gegenwärtige weiße Staub von Athen steht in der Luft wie ein Schleier, überzieht Straße und Tisch wie der fahle rauhe Belag auf der Zunge eines Gallenleidenden. Ich denke an das steinerne Haus in der kleinen blauen Bucht. Doch das ist alles, was ich je tun werde: daran denken.

*Deutsch von Marguerite Schlüter*

# Die Musen sprechen

## I

### Wenn die Kanonen schweigen

Am Samstag, dem 17. Dezember 1955, einem nebelfeuchten Tag, hatte man in Westberlin das amerikanische *Porgy-and-Bess*-Ensemble und einige ihm angeschlossene Personen – insgesamt vierundneunzig Menschen – gebeten, sich im Probensaal der Truppe einzufinden, zwecks „Instruktion" durch Walter N. Walmsley jr. und Roye L. Lowry, Botschaftsrat und zweiten Sekretär der Moskauer Amerikanischen Botschaft. Walmsley und Lowry waren eigens aus Moskau gekommen, um Rat und Antwort auf alle Fragen zu geben, die Mitglieder der Truppe im Zusammenhang mit ihrem bevorstehenden Auftreten in Leningrad und Moskau haben könnten.

Die Reise nach Rußland, die erste, die je von einer amerikanischen Theatergruppe dorthin unternommen wurde, sollte die Krönung einer vierjährigen Welt-Tournee von *Porgy and Bess* sein. Sie war nach vielen Monaten komplizierter, in mancher Hinsicht noch ungeklärter Verhandlungen zwischen der Sowjetunion und den Produzenten der Gershwin-Oper, Robert Breen und Blevins Davis, zustande gekommen, die unter dem Namen Everyman Opera firmieren.

Obgleich die Russen bis dahin die Visa noch gar nicht erteilt hatten, war die riesige, aus achtundfünfzig Darstellern, sieben Mann Bühnenpersonal, zwei Dirigenten, diversen Bürokräften und Ehefrauen, sechs Kindern mit ihrem Lehrer, drei Journalisten, zwei Hunden und einem Psychotherapeuten bestehende Gesellschaft samt und sonders bereit, innerhalb der nächsten achtundvierzig Stunden aufzubrechen, um per Bahn von Ostberlin über Warschau und Moskau nach Leningrad zu fahren, eine Entfernung von rund achtzehnhundert Kilometern, wozu man allem Anschein nach aber drei Tage und Nächte benötigte.

Auf dem Wege zur diplomatischen Instruktionsstunde teilte ich das Taxi mit Mrs. Ira Gershwin und einem vierschrötigen, muskulösen Manne namens Jerry Laws, früherem Boxer, der jetzt Sänger ist. Mrs. Gershwin ist natürlich die Frau des Texters, der nicht nur Mitverfasser von *Porgy and Bess*, sondern überdies auch der Bruder des Komponisten ist. Immer wieder hat sie in den verflossenen vier Jahren ihren Mann allein in Beverly Hills daheimgelassen, um die Oper auf ihrer Wanderung um die Welt zu begleiten: „Ira ist solch ein pomadiger Kerl. Er mag nicht mal von einem Zimmer ins andere gehen. Aber ich bin eine Zigeunerin, Schätzchen. Ich liebe Räder." Von ihren Freunden Lee genannt, als Abkürzung von Leonore, ist sie eine kleine und zierliche Frau mit einer Vorliebe für Brillanten, die sie – und nicht gerade wenig davon – zum Frühstück ebenso wie zum Abendessen trägt. Sie hat sonnenstreifiges Haar und ein herzförmiges Gesicht. Die leichthingeworfenen Bruchstücke ihrer Konversation, die sie mit jungmädchenhafter Stimme in keineswegs geheimnisvoll flüsterndem Geplätscher von sich gibt, werden durch zärtliche Anreden aneinandergepappt.

„O Liebling", sagte sie, als wir durch den trüben Nieselregen den Kurfürstendamm entlangfuhren, „haben Sie das gehört von dem Weihnachtsbaum? Die Russen werden uns einen Weihnachtsbaum besorgen. In Leningrad. Ich finde das süß von ihnen. Weil sie doch nicht an Weihnachten *glauben*. Tun sie ja nicht – nicht wahr, Herzchen? Jedenfalls kommt ihr Weihnachten doch viel später. Weil sie einen anderen Kalender haben. Herzchen, glauben Sie, daß das wahr ist?"

„Von wegen ob sie an Weihnachten glauben?" fragte Jerry Laws.

„*Nein,* Liebling“, sagte Mrs. Gershwin ungeduldig, „das mit den Mikrofonen. Und dem Fotografieren.“
Seit Tagen waren bei der Truppe Spekulationen im Gange über die Privatsphäre eines jeden von uns in Rußland. Sie gründeten sich auf Gerüchte, daß unsere Briefe zensiert würden, die Hotelzimmer mit Abhörleitungen versehen und deren Wände mit versteckten Kameras bepflastert sein sollten.
Nach kurzer Überlegung sagte Laws: „Ich glaub's.“
„Aber nein, Herzchen!“ protestierte Mrs. Gershwin. „Das *kann* doch nicht wahr sein! Wo sollen wir denn schließlich miteinander klatschen? Wenn wir uns nicht einfach ins Badezimmer stellen und unentwegt die Wasserspülung ziehen. Und wegen der Kameras –“
„Das glaube ich auch“, sagte Laws.
Mrs. Gershwin verfiel in ein nachdenkliches Schweigen, bis wir die Straße erreicht hatten, in der sich der Probensaal befand. Dann sagte sie ganz versonnen: „Das mit dem Weihnachtsbaum finde ich aber immer noch nett.“
Wir kamen fünf Minuten zu spät und fanden nur mit Mühe Platz auf den Klappstühlen, die man an einer Seite des spiegelumgebenen Probensaals aufgestellt hatte. Es war gedrängt voll und der Raum gut geheizt; dennoch saßen viele der Anwesenden – als ob sie bereits den kalten Steppenwind verspürten – dick eingepackt in ihre Ausrüstung, Schals und Wollmäntel, die sie sich eigens für ihre Rußlandreise angeschafft hatten. Man hatte sich beim Kauf dieser Ausstaffierung gegenseitig zu überbieten versucht, so daß einige fast wie die Eskimos aussahen.
Die Versammlung wurde durch Robert Breen um Ruhe gebeten. Dieser ist nicht nur Ko-Produzent, sondern auch der Regisseur von *Porgy and Bess.* Nachdem er die Herren der Moskauer Botschaft, Walmsley und Lowry, vorgestellt hatte, die, uns zugekehrt, an einem Tisch saßen, nahm zuerst Walmsley das Wort, ein untersetzter Herr mittleren

Alters mit einem Haarschnitt à la Mencken und einer trockenen, schleppenden Redeweise. Er sprach von der „einzigartigen Gelegenheit“ der uns gebotenen Tournee und gratulierte der Truppe im voraus zu dem „großen Erfolg“, der ihr hinter dem Eisernen Vorhang sicher sei.

„Da in der Sowjetunion nichts geschieht, was nicht vorhergeplant ist, und da es geplant wurde, daß Sie erfolgreich sein sollen, fühle ich mich vollauf berechtigt, Ihnen schon jetzt zu gratulieren.“

Als spüre er etwas Verkehrtes in diesem vorausgenommenen Kompliment seines Kollegen, unterbrach ihn Lowry, ein jüngerer Mann mit dem zugeknöpften Äußeren eines Schulmeisters, um darauf hinzuweisen, daß wohl das von Mr. Walmsley Gesagte völlig richtig, es andererseits doch auch Tatsache sei, daß „man in Rußland mit ehrlicher Aufregung Ihrem Kommen entgegensieht. Man kennt dort Gershwins Musik. Ja, einer meiner russischen Bekannten hat mir sogar berichtet, daß er kürzlich bei einer Gesellschaft gewesen sei, auf der drei seiner Freunde ‚Bess You Is My Woman Now‘ von Anfang bis zum Ende hätten singen können.“

Die Truppe lächelte beifällig, und Mr. Walmsley ergriff wieder das Wort. „Ja, es gibt schon einige nette Russen. Sehr nette Leute. Aber sie haben eine schlechte Regierung“, erklärte er langsam, wie buchstabierend. „Sie müssen sich immer vor Augen halten, daß ihr Regierungssystem dem unseren von Grund auf feindlich gegenübersteht. Es ist ein System voller Vorschriften und Verordnungen, wie Sie Ähnliches noch nie erlebt haben. Nach meiner Erfahrung jedenfalls, die wohl ausgedehnt genug ist, bin ich niemals annähernd etwas dergleichem begegnet.“

Ein Mitglied des Ensembles, John McCurry, hob die Hand, um eine Frage zu stellen. McCurry spielt die Rolle des Schurken Crown und wirkt als äußere Erscheinung groß und schwer und ein wenig abstoßend, wie dies zur

Rolle paßt. Er wollte wissen: „Angenommen, einige dieser Leute laden uns zu sich nach Hause ein. Wohin wir auch kommen, tun das die Leute nämlich meist. Also: ist das dann richtig, wenn wir hingehen?“

Die beiden Diplomaten wechselten einen amüsierten Blick. „Sie dürfen mir durchaus glauben“, sagte Mr. Walmsley, „daß wir von der Botschaft uns diesem Problem noch nie gegenübergesehen haben. Wir werden *nirgend*wohin eingeladen. Außer bei offiziellen Anlässen. Deswegen kann ich nun zwar nicht sagen, daß auch *Sie* nicht eingeladen werden. Wenn aber, dann nehmen Sie die Gelegenheit unter allen Umständen wahr. Soviel ich weiß“, fuhr er fort, „haben Ihre Gastgeber ein umfassendes Programm für Sie vorbereitet. Jede Minute besetzt. Kaum Zeit zum Atemholen.“

Von den Jüngeren schnalzten einige genießerisch mit der Zunge ob dieser Aussichten, doch einer meinte klagend: „Ich rühr’ doch keinen Tropfen Alkohol an. Wenn sie nun aber all diese Trinksprüche ausbringen, von denen immer erzählt wird, wie kann ich mich da mit Anstand aus der Affäre ziehen?“

Mr. Walmsley zuckte die Achseln. „Sie müssen nicht mittrinken, wenn Sie nicht wollen.“

„Klar, Mensch“, wurde dem Ängstlichen von einem Freund geraten, „keiner muß trinken, was er nicht will. Und was du nicht willst, das gibst du eben mir.“

Jetzt kamen die Fragen in rascher Folge. So sorgten sich zum Beispiel die Eltern um ihre Kinder. Ob es pasteurisierte Milch gebe? Ja, doch hielt es Mr. Lowry für ratsam, sich Starlac im Vorrat mitzunehmen, was er selbst für seine beiden Kinder regelmäßig brauche. Und das Wasser, sei das trinkbar? Völlig gefahrlos. Mr. Walmsley trank es oft aus der Leitung. Wie müsse man einen Sowjetbürger anreden? „Nun“, sagte Mr. Walmsley, „ich würde *nicht* Genosse sagen. Mr. und Mrs. tut es auch.“ Und das Einkau-

fen, sei das teuer? „Schandbar“, aber das mache kaum etwas, denn es gebe ohnehin nichts Besonderes zu kaufen. Wie kalt wurde es? Oh, es konnte gelegentlich bis 35 minus sinken. In diesem Fall: würde ihr Hotelzimmer warm sein? Aber ja. Sogar überheizt.
Nachdem diese grundlegenden Dinge durchgenommen worden waren, erhob sich im Saale hinten eine Stimme, die erklärte: „Es geht hier so viel Gerede um. Wir haben da etwas gehört, daß wir ständig überwacht würden.“
„Überwacht?“ Mr. Walmsley lächelte. „Vielleicht. Aber nicht etwa so, wie Sie sich das vorstellen. Wenn jemand beauftragt werden sollte, Ihnen zu folgen, dann nur zu Ihrem Schutz. Sie müssen nämlich darauf gefaßt sein, erhebliches Aufsehen zu erregen und Menschenmassen anzuziehen, wo immer Sie sich bewegen. Es ist nicht so, wie wenn Sie hier in Berlin auf der Straße herumspazieren. Es mag Ihnen also sehr wohl ständig jemand folgen, durchaus.“
„Schließlich“, meinte Mr. Lowry, „hat sich das Kulturministerium so um Ihr Kommen bemüht, daß man Sie wahrscheinlich sehr großzügig behandeln wird, ohne all die kleinlichen Schikanen, die ein durchreisender Fremder gemeinhin zu erwarten hat.“
Die Stimme aus dem Hintergrund beharrte in leicht enttäuschtem Tonfall: „Man hat uns gesagt, daß wir überwacht werden. Und unsere Briefe geöffnet.“
„Oh“, sagte Mr. Walmsley, „das freilich ist etwas anderes. Das nimmt man als selbstverständlich hin. Ich rechne stets damit, daß meine Briefe geöffnet wurden.“
Seine Zuhörer rückten unbehaglich auf ihren Stühlen, und aus den Blicken, die sie tauschten, sprach deutlich ein: „Haben wir's nicht gesagt?“ Robert Breens Sekretärin, Nancy Ryan, stand auf. Miss Ryan war seit drei Monaten bei der Truppe und hatte diese Stellung nach ihrem Universitätsstudium aus Liebe zum Theater angenommen. Sie

ist eine blonde, sehr blau-äugige New Yorkerin, groß, nahezu einsachtzig genaugenommen, und sieht ihrer Mutter, Mrs. Rhinelander Stewart, einer vielfotografierten berühmten Schönheit, erheblich ähnlich. Sie wollte einen Vorschlag machen. „Mr. Walmsley, wenn es stimmt, daß unsere Briefe zensiert werden, dann wäre es doch vielleicht besser, unsere gesamte Korrespondenz auf Postkarten zu führen? Ich meine: solange sie nicht extra etwas aufmachen müssen, würde das nicht weniger aufhalten bei unserer ausgehenden Post?"
Mr. Walmsley hielt offensichtlich nicht viel von Miss Ryans Vorschlag, der weder Zeit noch Unannehmlichkeiten sparen würde. Unterdessen hatte Mrs. Gershwin Jerry Laws angestachelt: „Los, Darling, frag ihn wegen der Mikrofone."
Laws machte sich bemerkbar und erklärte: „Viele von uns machen sich Sorgen, daß möglicherweise Abhörleitungen in unsern Zimmern sein könnten."
Mr. Walmsley nickte. „Ich möchte sagen, daß dies mehr als möglich ist. Das ist wieder eine solche Sache, mit der Sie rechnen müssen. Bestimmtes darüber weiß natürlich niemand."
In dem folgenden Schweigen schien Mrs. Gershwin, an ihrer Brillantbrosche herumfingernd, darauf zu warten, daß Jerry Laws nun die Sache mit den verborgenen Kameras vorbringen würde, doch blieb ihm dazu keine Möglichkeit, weil nun McCurry wieder eingriff.
McCurry beugte seine massigen Schultern vor und sagte, er fände es an der Zeit, mit diesem Drumrumgerede aufzuhören und sich dem Hauptproblem zuzuwenden. „Das Hauptproblem ist doch, was wir sagen sollen, wenn sie uns politische Fragen stellen. Ich meine damit die Negerfrage."
McCurrys tiefe Stimme schlug wie eine Welle durch den Raum und sammelte dabei die ungeteilte Aufmerksamkeit

der Anwesenden auf sich. Mr. Walmsley zögerte, als wisse er nicht recht, ob er sich von ihr tragen lassen oder unter ihr hindurchschwimmen sollte; jedenfalls schien er nicht gewillt, sich kopfüber hineinzustürzen.

„Sie brauchen politische Fragen nicht zu beantworten, ebensowenig wie man Ihnen Fragen dieser Art beantworten würde, wenn Sie sie stellen.“ Walmsley räusperte sich und setzte hinzu: „Das alles ist ein gefährliches Gebiet. Ein Eiertanz.“

Gemurmel unter den Zuhörern ließ erkennen, daß man den Rat des Diplomaten als unzureichend empfand. Lowry flüsterte Walmsley etwas zu, und McCurry beriet sich mit seiner Frau, einem melancholischen Wesen, das neben ihm saß, ihre dreijährige Tochter auf dem Schoß. Dann beharrte McCurry: „Aber sie werden uns bestimmt über die Situation der Neger ausfragen. Das tun sie immer. Voriges Jahr waren wir in Jugoslawien, und die ganze Zeit über –“

„Jawohl, ich weiß das“, sagte Walmsley sehr entschieden. „Darum dreht sich ja auch diese ganze Geschichte. Das ist doch der Sinn, nicht wahr?“

Walmsleys Feststellung oder vielleicht auch eher die Art, in der sie vorgebracht wurde, schien mehr als einem wider den Strich zu gehen, und Jerry Laws, der für sein aufbrausendes Temperament bei der Truppe schon bekannt war, sprang vom Stuhl auf, jeden Muskel seines Körpers gespannt. „Also wie sollen wir das anpacken? Antworten, wie es ist? Die Wahrheit sagen? Oder wünscht man, daß wir alles vertuschen?“

Walmsleys Lider zuckten. Er nahm seine Hornbrille ab und putzte die Gläser mit einem Taschentuch. „Die Wahrheit sagen natürlich“, sagte er. „Glauben Sie mir, die Russen wissen ebensoviel über die Situation der Neger wie Sie selbst. Und an sich ist sie ihnen so oder so gänzlich gleichgültig. Abgesehen von der Berichterstattung und Propaganda, wo es sich nur irgend in ihrem Interesse ausschlachten läßt. Ich meine, Sie sollten sich vor Augen halten, daß jedes Interview, das Sie geben, von der amerikanischen Presse aufgegriffen und in den Zeitungen Ihrer Heimatstadt nachgedruckt werden wird."

Eine Frau, die schon vorher einmal gesprochen hatte, erhob sich von ihrem Platz in der vordersten Reihe. „Wir alle wissen, daß es Diskriminierung gibt, bei uns daheim", sagte sie mit einer schüchternen Stimme, der jedermann respektvoll zuhörte. „In den letzten acht Jahren jedoch haben die Neger große Fortschritte erzielt. Wir sind ein gutes Stück vorangekommen, und das ist die Wahrheit. Wir können voll Stolz auf unsere Wissenschaftler und Künstler hinweisen. Wenn wir das tun würden, in Rußland meine ich, könnte das viel Gutes stiften."

Andere stimmten bei und wandten sich in gleichem Sinne an ihre Kollegen. Willem van Loon, russischsprechender Sohn des verstorbenen Historikers und einer von denen, die für die Publicity bei der Everyman Opera zu sorgen hatten, verkündete allen, er sei „sehr, sehr erfreut, wie eingehend man sich mit dieser Angelegenheit befaßt. Neulich hatte ich die Bandaufnahme eines Interviews mit einigen von der Truppe für die amerikanischen Soldatensender hier in Deutschland, und was diesen Punkt betraf, diese Rassenfrage, war ich mir genau bewußt, wie außerordentlich vorsichtig wir sein mußten, weil wir so nahe von Ostberlin und die Möglichkeit gegeben war, daß wir überwacht würden –"

„Natürlich", unterbrach ihn Walmsley mit aller Ruhe. „Ich vermute, Sie haben sich klargemacht, daß wir auch jetzt im Augenblick überwacht werden."

Offensichtlich hatte das weder Van Loon noch irgend jemand der anderen getan, wie man aus der allgemeinen Bestürzung und dem Herumschweifen der Blicke sehen konnte, die Ausschau hielten, wer wohl die Ursache von

Walmsleys Bemerkung sein könnte. Doch ein sichtbarer Beweis, jedenfalls in Gestalt irgendeines geheimnisvollen Fremden, war nicht vorhanden. Immerhin sprach Van Loon nicht mehr aus, was er hatte sagen wollen. Seine Stimme versickerte genau so schleppend wie diese Versammlung, die gleich darauf ein etwas gewundenes Ende fand. Beide Diplomaten erröteten, als die Theaterleute ihnen mit Applaus dankten.

„Wir danken Ihnen“, sagte Walmsley. „Es war uns eine große Freude, zu Ihnen sprechen zu dürfen. Mr. Lowry und ich haben selten Gelegenheit zu Kontakten mit dieser Atmosphäre von Bühne und Schminke.“

Der Regisseur Robert Breen rief nun sein Ensemble zur Probe auf, doch ehe diese begann, gab es noch allerhand Herumgequirle und Hin- und Hergerede über die „Instruktion“. Jerry Laws beschränkte sich auf ein einziges Wort: „Nichtssagend.“ Mrs. Gershwin schien sie, im Gegenteil, mehr als aufschlußreich gefunden zu haben. „Ich bin erschlagen, Darling. Man stelle sich vor: so leben zu müssen! Immer auf alles gefaßt zu sein. Nie etwas genau zu wissen! Ernsthaft, Darling, wo sollen wir denn bloß klatschen?“

Unten auf der Straße wurde mir dann für die Rückfahrt ins Hotel von Warner Watson ein Platz im Taxi angeboten, dem Produktionsassistenten von Breen. Er machte mich mit Dr. Fabian Schupper bekannt, der außerdem das Taxi mit uns teilte. Dr. Schupper ist Amerikaner und arbeitet am Deutschen Psychoanalytischen Institut. Ich erfuhr, daß er zur Teilnahme an der Rußland-Tournee aufgefordert worden war, um jeglichen seelischen Störungen entgegenarbeiten zu können, denen Mitglieder der Truppe dabei unterliegen könnten. Im letzten Moment fuhr Dr. Schupper zu seiner großen Enttäuschung dann doch nicht mit, weil die Leitung entschieden hatte, daß ein Psychiater letzten Endes vielleicht nicht notwendig sei; wenngleich die Tatsache, daß die Psychoanalyse und ihre sie ausübenden Jünger in der Sowjetunion nicht sehr willkommen sind, sehr wohl einer der Hauptgründe gewesen sein mag. In diesem Augenblick indessen, in unserem Taxi, gab er Warner Watson den fachmännischen Rat, sich „zu entspannen".

Watson, der sich mit merklich zitternden Händen eine Zigarette anzündete, meinte: „Entspannte Leute kriegen es nicht hin, daß so eine Produktion im Lande des Samowars dann auch wirklich spielt."

Watson ist Ende dreißig. Er hat angegrautes Bürstenschnitthaar und schüchterne, resignierte Braunaugen. In seinem Gesicht wie in seinem ganzen Auftreten liegt etwas verschwommen Sanftmütiges, über seine Jahre hinaus Müdes. Ehemals Schauspieler, ist er der Everyman Opera seit deren Anbeginn im Jahre 1952 verbunden. In seiner Stellung kümmert er sich hauptsächlich darum, die Dinge, wie er es nannte, „hinzukriegen". In den letzten vierzehn Tagen in Berlin hatte er sich in der Sowjetbotschaft nahezu eingemietet, in dem Bemühen, einige Dinge hinzukriegen. Ungeachtet dieser Anstrengungen war eine Vielzahl von Dingen verblieben, die einfach nicht zu packen gewesen waren. Hierzu gehörte die Angelegenheit mit den Pässen der Truppe, die zu diesem späten Termin noch immer unauffindbar in den Händen der Russen darauf warteten, mit dem Visum versehen zu werden. Weiterhin sah sich Watson allerlei Schwierigkeiten wegen des Zuges gegenüber, in dem die Truppe nach Leningrad reisen sollte. Die Leitung hatte vier Schlafwagen angefordert. Die Russen hatten ziemlich kategorisch erklärt, daß sie nur drei Zweiterklasse-Wagen mit „Liegebetten"-Einrichtung zur Verfügung stellen könnten. Zusammen mit einem Wagen für das Gepäck und einem für die szenische Ausstattung würden diese dem Blauen Expreß angehängt, einem fahrplanmäßig zwischen Ostberlin und Moskau verkehrenden rus-

sischen Zug. Die Schwierigkeit für Watson bestand darin, daß er von den Russen keinen Plan der Liegewagen erhalten konnte und daher nicht in der Lage war, Arrangements für die Verteilung der Schlafplätze auszuarbeiten. Also stellte er sich im Zug eine groteske Walpurgisnacht vor: „Mehr Leiber als Betten." Auch war ihm noch nicht möglich gewesen zu erfahren, in welchen Hotels die Truppe jeweils in Leningrad oder Moskau untergebracht würde, neben anderen Details dieser Art. „Niemals sagen sie einem irgend etwas ganz. Nie alles auf einmal. Falls sie über A Bescheid sagen, tun sie es möglicherweise auch über B, aber zwischen beidem liegt eine ewig lange Warterei."
Anscheinend jedoch übten die Russen selbst sich nicht in der gleichen Geduld, die sie von anderen verlangten. Vor wenigen Stunden war ein Telegramm aus Moskau gekommen, das Watson mit unter die Gründe für sein Händezittern rechnete. BIS HEUTE ABEND ORCHESTERSTIMMEN BOTSCHAFT BERLIN ABGEBEN SONST PREMIERE LENINGRAD VERSCHOBEN UND HONORARABZUG. Die Sowjets hatten seit Wochen die Orchesterstimmen verlangt, weil ihre Musiker schon vor Eintreffen der Truppe proben sollten. Breen aber hatte sich aus Angst, die Orchesterstimmen – sein einziges Exemplar – könnten unterwegs verlorengehen, bisher geweigert, dem nachzukommen. Dieses telegrafische Ultimatum mit seinem schrecklichen letzten Wort schien ihn jedoch umgestimmt zu haben, und so war Watson jetzt unterwegs, um die Orchesterstimmen bei der Sowjetbotschaft abzuliefern.
„Keine Aufregung", sagte Watson und wischte sich die Schweißtropfen von der Oberlippe. „*Ich* rege mich ja auch gar nicht auf. Wir werden das alles schon hinkriegen."
„Entspannen", mahnte Dr. Schupper.

Wieder in meinem Hotel, dem Kempinski, angelangt, wo

ein großer Teil des Ensembles untergebracht war, ging ich bei Breens Appartement vorbei, um seine Frau Wilva zu besuchen. Sie war eben nach eintägiger Abwesenheit mit dem Flugzeug aus Brüssel zurückgekommen, wo sie einen Arzt hatte konsultieren müssen. Seit einiger Zeit unter Schmerzen am Blinddarm leidend, war sie tags zuvor in dem Bewußtsein nach Brüssel geflogen, daß sie möglicherweise sofort operiert werden müßte, wodurch ihre Teilnahme an der Rußlandreise hinfällig geworden wäre. Dabei war sie im vorigen Oktober zehn Tage in Moskau gewesen, um die Abmachungen über die Tournee mit dem Kulturministerium durchzusprechen, und dies „faszinierende" Erlebnis hatte sie begierig auf eine Wiederkehr in diese Stadt gemacht.

„Alles in Ordnung. Der Doktor sagt, ich kann fahren. Wieviel mir daran lag, wußte ich erst, als ich glaubte, es würde nichts werden", sagte sie und lächelte ihr Lächeln, das weniger Stimmungsausdruck als einfach Begleiterscheinung ihrer eifrig bemühten, es gern allen rechtmachenwollenden Persönlichkeit ist. Mrs. Breen hat Grübchen und große braune Augen. Ihr ahornbraunes Haar trägt sie hochgenommen und mit riesigen Nadeln festgesteckt, die als Waffe dienen könnten. Im Augenblick trug sie ein violettes Wollkleid, die vorherrschende Farbe in ihrer Garderobe: „Robert ist ganz vernarrt in Violett." Sie waren sich an der Universität von Minnesota begegnet, wo Breen und sie Theaterkunde als Hauptfach belegt hatten. Sie sind seit achtzehn Jahren verheiratet. Obgleich Mrs. Breen als Schauspielerin öffentlich aufgetreten ist – einmal als Shakespeares Julia –, gilt ihre volle Hingabe, nach den Worten einer ihrer Kolleginnen, eigentlich „Robert und Roberts Karriere. Wenn sie genug Papier finden könnte, würde sie die ganze Welt einpacken und ihm zu Füßen legen."

Oberflächlich betrachtet, dürfte ein Mangel an Papier wohl kaum zu Mrs. Breens Problemen gehören, denn sie reist

mit einem Gebirge aus Briefen, Zeitungsausschnitten und Akten. Die internationale Korrespondenz der Everyman Opera gehört zu ihren verantwortlichen Hauptaufgaben; dies und die Sorge dafür, daß die Theatertruppe bei „guter Laune“ gehalten wird. In dieser zweiten Eigenschaft hatte sie aus Brüssel einen Packen Spielsachen mitgebracht, die zu Weihnachten in Leningrad an die Kinder des Ensembles verteilt werden sollten. „Falls ich sie Robert lange genug wegnehmen kann, um sie wieder zusammenpacken zu können“, sagte sie, auf das Badezimmer zeigend, wo eine Armada aufziehbarer Schiffchen in der gefüllten Wanne herumschwamm. „Robert ist verrückt nach Spielzeug. Im Grunde“, seufzte sie, „ist der Gedanke entsetzlich, wie ich das alles in Koffer hineinkriegen soll.“ Einige der sichtbaren Gegenstände im Schlafzimmer und im Wohnraum, der gleichzeitig Büro war, boten offensichtliche Verpackungsschwierigkeiten dar, insbesondere ein an eine Wippe erinnernder großer Apparat, der als „Entspannungsbrett“ bekannt ist. „Ich weiß nicht, warum ich das nicht mit nach Rußland nehmen soll. Ich habe es überallhin mitgenommen. Es tut mir unbeschreiblich gut.“
Mrs. Breen erkundigte sich, ob ich mich auf die Fahrt mit dem Blauen Expreß freue, und war über alle Maßen glücklich zu hören, daß ich dies tue. „Oh, Robert und ich möchten um alles in der Welt diese Fahrt im Zug nicht missen! Jeder einzelne vom Ensemble ist derart reizend! Ich weiß, daß es so viel Spaß geben wird, von dem man später nie genug wird erzählen können. Aber“, sagte sie mit plötzlichem Kummer in der Stimme, der nicht ganz aufrichtig klang, „Robert und ich haben beschlossen, zu fliegen. Selbstverständlich werden wir euch hier auf dem Bahnhof verabschieden – und dort pünktlich auf dem Perron stehen, wenn ihr in Leningrad einrollt. Jedenfalls *hoffe* ich das. Nur kann ich es noch nicht glauben, daß das wirklich passieren soll.“ Sie stockte; einen winzigen Au-

genblick lang zerstörte ein Stirnrunzeln die Makellosigkeit ihrer Begeisterung. „Eines Tages werde ich Ihnen erzählen, was tatsächlich hinter allem steckt. Von den Leuten, die nicht wollten, daß es realisiert wurde! Oh, was haben wir für Schläge hinnehmen müssen.“ Sie schlug sich gegen die Brust. „Richtige schwere Nackenschläge. Und noch immer geht es damit weiter. Bis zur allerletzten Minute“, sagte sie und blickte zu dem Bündel Telegramme auf dem Schreibtisch.

Von dem Breenschen Kummer war einiges allerdings bereits bekannt. So schien es zwar beispielshalber – den Gerüchten und der Reklame um dies sowjetische Abenteuer nach – eine allenthalben feststehende Tatsache, daß die Russen aus eigener Initiative und inspiriert durch den Geist von Genf, *Porgy and Bess* zur Tournee in ihr Land eingeladen hätten. Nur hatte die Everyman Opera sich in Wahrheit selber eingeladen. Breen, der sich schon seit langem eine Reise nach Rußland als die logische Ausweitung für die „Tournee des guten Willens“ seiner Theatergesellschaft vorgenommen hatte, setzte sich hin und schrieb einen Brief an den sowjetischen Ministerpräsidenten Marschall Bulganin, der alles in allem besagte, daß *Porgy and Bess* sich freuen würden, die Reise zu unternehmen, falls die UdSSR sie haben wolle. Diese Anfrage muß auf Bulganin einen günstigen Eindruck gemacht haben, denn er gab den Brief an das Kulturministerium weiter, jenes Regierungsmonopol, das unter der Leitung von Nikolai Michailow jeden Aspekt künstlerischen Lebens innerhalb der Sowjetunion kontrolliert. Theater, Musik, Film, Verlagswesen, Malerei, jede Betätigung dieser Art untersteht der eingehenden, nicht immer milden Überwachung durch das Kulturministerium, dessen Hauptsitz sich in Moskau befindet. Daher begann das Ministerium, anscheinend mit Bulganins Segen, Verhandlungen mit der Everyman Opera, wenngleich dies keine lässig getroffene Entscheidung gewesen sein dürfte. Lässig, meine ich, wie dies die Entscheidungen etwa im Falle der Comédie Française – deren Truppe ein Jahr zuvor in Moskau aufgetreten war – oder bei einem britischen Gastspiel mit *Hamlet* gewesen sein mögen, dem im August 1955 eine Moskauer Premiere zugestanden wurde. Jede dieser beiden Truppen hatte sich eines rückhaltlosen Erfolges erfreuen dürfen. Doch vom Standpunkt der anreisenden Künstler ebenso wie von dem ihrer Gastgeber aus betrachtet, war das Risiko hierbei nur ein ästhetisches. Molière und Shakespeare geben nichts her für die heutigen Belange politischer Propaganda.

Das gleiche läßt sich von *Porgy and Bess* nicht sagen. Hier gab es allerhand auf beiden Seiten des Vorhangs, der amerikanischen wie der sowjetischen, was Sorgen machen konnte, denn, unter ein dialektisches Mikroskop geschoben, erweist sich die Gershwin-Oper als ein Reagenzglas, das von jener Sorte Bakterien überquillt, denen gegenüber das derzeitige russische Regierungssystem höchst allergisch ist. Sie ist hochgradig erotisch, ernstlicher Grund zur Bestürzung bei einer Nation, deren Gesetze so zimperlich sind, daß Menschen verhaftet werden können, weil sie sich in der Öffentlichkeit küßten. Sie ist gottesfürchtig; wieder und immer wieder betont sie die Notwendigkeit des Glaubens mehr an eine Welt über den Sternen als an jene unter ihnen; bekundet anschaulich in Lied und Dialog die Tröstungen, die aus dem religiösen Glauben erwachsen („dem Opium fürs Volk"). Weiterhin verbreitet sie sich auf unkritische Weise über das Thema des Aberglaubens, nämlich im „Buzzard Song". Als wären dies nicht fluchwürdige Themen genug, singt man auch noch laut heraus, daß die Menschen glücklich sein können mit „plenty of nothin'", wahrhaftig: eine unwillkommene Botschaft.

Sicherlich wird das Kulturministerium diese Übelstände in Rechnung gezogen und dann überlegt haben, daß zwar eine bittere Pille wohl vorhanden, diese aber wenigstens verzuckert ist. Schließlich könnte, trotz aller Betonung vergnüglichen Volkslebens, die Situation der amerikanischen Neger, wie sie in *Porgy and Bess* dargestellt ist: als ausgebeutete Rasse auf Gnade und Ungnade den grausamen Weißen der Südstaaten preisgegeben, in drückender Not und abgesondert im Getto der Catfish Row lebend, nicht passender erdacht sein, wenn das Kulturministerium einen seiner eigenen Autoren mit der Aufgabe betraut hätte. Und so informierte denn das Ministerium Mitte des Sommers 1955 die Everyman Opera, daß man bereit sei, die roten Empfangsteppiche zu entrollen.

Derart gesichert, in Rußland willkommen zu sein, sah sich Breen nunmehr dem Problem gegenüber, wie er dorthinkommen würde, denn dazu brauchte man Geld, schätzungsweise hundertfünfzigtausend Dollar. Die ersten Zeitungsankündigungen über die an *Porgy and Bess* ergangene russische „Einladung“ ließ mehr oder weniger durchblicken, daß das State Department nicht allein die Seele dieses „nochniedagewesenen Projekts“ – wie Breen es bei Gelegenheit nannte –, sondern auch sein finanzielles Rückgrat sein würde. Breen glaubte dies, und zwar mit gutem Grund. Während der letzten paar Jahre hatte das State Department allgemein hohes Lob eingesteckt für seine moralische und finanzielle Unterstützung von *Porgy and Bess,* das unter anderem auch in der *New York Times* häufig kurz zusammenfassend als der „beste Gesandte“ bezeichnet wurde, den das State Department je hinausgeschickt habe. Allein nach einer Reihe von Bettelreisen nach Washington entdeckte Breen sehr bald, daß er sich nicht länger auf die Protektion seiner Freunde am Potomac verlassen konnte. Offensichtlich fanden sie sein Projekt etwas allzu „niedagewesen“ oder, nach ihrer eigenen Formulierung, „politisch verfrüht“. Mit anderen Worten: nicht einen Cent.

In New Yorker Theaterkreisen ging die Theorie um, das

State Department habe seine Unterstützung zurückgezogen, weil man befürchtete, die Oper biete zu viel Angriffsflächen für die Zwecke der Sowjetpropaganda. Diejenigen, die sich für die Unternehmung einsetzten, sahen diese Haltung als unsinnig an. Ihrer Meinung nach stand eben die Tatsache, daß derlei sozialkritische Aspekte, wie sie die Oper enthielt, frei und offen auf der amerikanischen Bühne dargestellt werden konnten, den Möglichkeiten einer wirksamen Propaganda in dieser Richtung durchaus entgegen. Weiterhin argumentierte man, daß allein schon die Anwesenheit des Negerensembles in Rußland, ihr wohlhabendes Auftreten, ihre so offensichtlich nicht unter Druck gesetzte Offenheit, ihr gebildetes, ja weltläufiges Benehmen („Nun ja", sagte Mrs. Breen, „einige aus dem Ensemble sprechen drei oder vier Sprachen. Perfekt.") dem russischen Volk ein anderes Bild vom amerikanischen Neger vor Augen führen könne als das Klischee, das noch immer Harriet Beecher Stowe bei den Sowjets zu einer Bestseller-Autorin macht.

Die offizielle Theaterzeitschrift *Variety* verbreitete als Gerücht eine andere, sehr offene Erklärung für den Umfall des State Departments. Ihmzufolge sollte sich das Internationale Austauschprogramm, Unterabteilung des American National Theatre and Academy (kurz ANTA genannt, dessen Ratschlägen in Theaterdingen man in Washington viel Gewicht beilegt), ablehnend geäußert haben mit der Begründung, daß das State Department bereits genug Gelder für *Porgy and Bess* ausgegeben habe und der ihm zur Verfügung stehende Fonds gleichmäßiger verteilt werden solle, um damit einen größeren Auswahlkatalog kultureller Austauschprogramme zu ermöglichen.

Dessenungeachtet wünschten ANTA und State Department der Everyman Opera viel Glück. Sie rückten ja nicht ab von ihr, sondern enterbten sie nur. Doch Glückwünsche erhöhten kaum Breens Bankguthaben, und während er

noch die Möglichkeiten erwog, den notwendigen Betrag durch private Subskriptionen aufzubringen, kam es zu einer unerwarteten Entwicklung. Die Russen traten vor und erboten sich, die ganze Rechnung zu bezahlen. Obgleich auch der schwächste Linguist noch die Bedeutung dieser Geste unschwer zu übersetzen vermochte, als genau dazu bestimmt, das State Department in Verlegenheit zu setzen, begrüßten die amerikanischen Anhänger des Breenschen Abenteuers sie eben um dieses Grundes willen, den sie damit bot. Sie hatten das Gefühl, diese Beschämung würde Washington eine weniger knauserige Haltung einnehmen lassen. Sie waren im Irrtum.
Da die Zeit drängte, blieb Breen daher nur die Wahl, entweder seinen Plan ganz aufzugeben oder eben die Sowjets Kapital daraus schlagen zu lassen. Ein Vertrag unterm Datum des 3. Dezembers 1955 wurde in Moskau aufgesetzt zwischen dem Kulturministerium der UdSSR („nachstehend als ‚Ministerium' bezeichnet") und der Everyman Opera, Inc. („nachstehend als ‚Gesellschaft' bezeichnet"). Der Vertrag besteht aus drei-einhalb engzeilig getippten Seiten und enthält einige seltsame Einzelheiten – so erklärt sich das Ministerium bereit, ein russisches Ensemblemitglied zu stellen, nämlich „eine zahme Hausziege". Am schwersten jedoch wiegt der Artikel 5. Wenn man die gewundenen Formulierungen dieser langatmigen Klausel entwirrt, geht daraus hervor, daß die Theatergesellschaft für die Dauer ihres Aufenthaltes in der Sowjetunion wöchentliche Zahlungen von sechzehntausend Dollar erhalten soll, eine Summe, die erheblich unter ihren üblichen Gagen liegt, insbesondere da die Auszahlung „zur Hälfte in US-Dollar per Bankscheck auf New York, der Rest bar in Rubeln zum offiziellen Kurs" zu erfolgen habe. (Wie jedermann weiß, ist der offizielle Kurs willkürlich auf vier Rubel per Dollar festgesetzt. Die Meinungen darüber, was ein fairer Kurs sein würde, schwanken, doch ist es auf dem

Moskauer Schwarzen Markt möglich, zehn für eins zu bekommen, und wenn jemand bereit wäre, das Risiko der Mitnahme von Bargeld ins Ausland auf sich zu nehmen – wofür ihm ein Zwangsaufenthalt in Sibirien droht –, würde er in der Schweiz nur einen Dollar für ganze fünfzehn Rubel erhalten können.) Zusätzlich zu diesen geldlichen Abmachungen versprach der Artikel 5 noch, das Ministerium werde die Gesellschaft versorgen mit „freier Unterkunft und Verpflegung in erstklassigen Hotels oder, auf der Fahrt, mit Schlafgelegenheiten und Verpflegung in einem Speisewagen. Fernerhin wird festgelegt und zugestanden, daß das Ministerium sämtliche Reisekosten für alle Mitglieder der Gesellschaft und den Transport der Bühnenausstattung auf dem Wege in und durch die Sowjetunion sowie zurück bis an eine europäische Grenze der Sowjetunion trägt."

Alles in allem investierten die Russen ungefähr einhundertfünfzigtausend Dollar. Dies sollte jedoch nicht als kulturelle Philantropie gedeutet werden. Tatsächlich war es für sie ein gesundes Geschäft. Wenn jede Vorstellung ausverkauft war, was nahezu als sicher angenommen werden durfte, würde das Ministerium seine Investition verdoppeln, nämlich eine totale Gesamteinnahme im Gegenwert von dreihunderttausend Dollar haben. Wohingegen es sich auf der Basis des „Ministerium-Gesellschaft"-Vertrages und bei ordnungsmäßiger Gegenüberstellung von Einkommen und Betriebsunkosten errechnen ließ, daß die Everyman Opera rund viertausend Dollar pro Woche zusetzen würde. Wahrscheinlich hatte Breen ein Rezept ausgeknobelt, um einen solchen Verlust tragen zu können. „Aber was das ist, müssen Sie *mich* nicht fragen, Darling", sagte Mrs. Gershwin. „Das ist ein völliges Mysterium."

Während Mrs. Breen noch immer bei dem Thema „Nakkenschläge" war, kam ihr Mann aus dem Studio zurück, wo er nach der diplomatischen Instruktionsstunde noch

mit dem Ensemble geprobt hatte. Sie erkundigte sich, ob er einen Drink haben wolle. Er sagte ja, dringend. Kognak pur bitte.
Breen ist um die Fünfundvierzig, mittelgroß und hat eine blendende Figur, die einem durch den Sitz seiner Garderobe ständig vor Augen gehalten wird, da er eine besondere Vorliebe für diese adretten Eisenhower-Jackets und knappsitzende sehr enggeschnittene uniformähnliche Hosen hat. Er trägt eigens für ihn angefertigte Hemden, am liebsten in den Farben schwarz oder violett. Er hat schütteres blondes Haar und ist, drinnen wie draußen, selten ohne eine schwarze Baskenmütze zu sehen. Sein Gesicht – blaß und von glatter Magerkeit der Struktur – läßt je nach dem Ausdruck, ob ernst oder lächelnd, auf zwei völlig entgegengesetzte Persönlichkeiten schließen. In seinen ernsten Momenten, die Stunden dauern können, trägt er eine Maske reservierten Grübelns zur Schau, als posiere er vor einem Fotografen, der ihn ermahnte, nicht einen Muskel zu bewegen. Unweigerlich wird man erinnert, daß Breen, genau wie seine Frau, Shakespeare gespielt hat – und zwar die Rolle des Hamlet, in einer Theatertruppe, die kurz nach dem Kriege auf Europatournee ging – und sogar in Helsingör damit auftrat. Wenn aber Breen sich entspannt oder irgend etwas sein Interesse zu fesseln vermag, ist da ein geradezu physischer Wechsel zu außergewöhnlicher Lebendigkeit hin und einer jungenhaft grinsenden Nettigkeit. Schüchternheit, ein dünnhäutiges Ausgeliefertsein tritt anstelle der geistesabwesenden scheinbaren Selbstsicherheit. Dies Dualistische an Breens Erscheinung mag erklären, wieso sich Angestellte der Everyman Opera in einem Atem beschweren konnten: „Man weiß nie, wie man mit Mr. Breen dran ist“ und gleich drauf: „Den kann jeder ausnutzen. Er ist eben viel zu gutmütig.“
Breen trank einen Schluck Kognak und winkte mich dann ins Badezimmer, wo er mir zeigen wollte, wie eines der

Spielzeugschiffchen funktionierte. Es war ein Blechkanu mit einem aufziehbaren Indianer, der paddelte. „Ist das nicht wunderbar?“ sagte er, als der Indianer in der Wanne vor- und rückwärtspaddelte. „Haben Sie so was schon mal gesehen?“ Er hat die geschulte Stimme des Schauspielers, die in einem derart tiefen Register „sitzt“, daß sie ungewollt bombastisch klingt, und beim Sprechen bewegen sich seine manikürten Hände zu den einzelnen Worten, nicht aufgeregt nach Art der lateinischen Rasse, sondern in anmutig langsamer, feierlicher Weise, fast als zelebriere er eine Messe. Tatsächlich *hatte* Breen zuallererst kirchliche Ambitionen. Ehe sein Interesse sich der Bühne zuwandte, ging er ein Jahr lang auf die Priesterschule.

Ich fragte ihn, wie die Probe gegangen sei. „Nun ja, es ist ein gutes Ensemble“, sagte er. „Aber sie sind ein bißchen verwöhnt, sie nehmen es als zu selbstverständlich hin. Die Hervorrufe und Ovationen. Hingerissene Kritiken. Ich predige ihnen ständig, sie sollten begreifen, daß diese Rußlandfahrt nicht einfach irgendein Engagement ist. Wir müssen besser sein, als wir je zuvor gewesen sind.“

Wenn Breen erwartete, daß sich der in diesem letzten Satz enthaltene Wunsch bewahrheiten sollte, dann hatte er, nach Schätzung so mancher Beobachter, ein gut Stück Arbeit vor sich. Als Breen und sein Koproduzent Blevins Davis 1952 die Gershwin-Oper zu neuem Leben erweckten, die bei ihrer Uraufführung durch die Theatre Guild 1935 geldlich und auch eigentlich den Kritiken nach ein Mißerfolg gewesen war, hatten sie auf ihrer Besetzungsliste William Warfield als Porgy, Leontyne Price als Bess und Cab Calloway als Sportin' Life. Seit damals waren nun diese Stars ersetzt worden und selbst dieser Ersatz ersetzt, nicht immer durch Künstler von annähernd gleicher Qualität. Einen hohen Aufführungsstandard beibehalten ist das, was dem Leiter eines jeden Serienerfolges am meisten Kopfschmerzen verursacht; und dies noch einmal so stark, wenn das Stück auf Tournee geht, wo die Anstrengung der nächtlichen Weiterreisen, das traumartige Vorübergleiten der Hotelzimmer und Restaurants, das elektrisch geladene Gefühlsklima um solche Gruppen, die ständig miteinander leben und arbeiten, alles zusammengenommen Faktoren sind, die eine zusätzliche Ermüdung schaffen, was sich häufig genug in der Aufführung widerspiegelt. Horst Koegler, ein Berliner Theaterkritiker, der, als er drei Jahre zuvor *Porgy and Bess* besprochen hatte – das damals im Rahmen der Berliner Festspiele in Deutschland erschien –, derart hingerissen gewesen war, daß er fünfmal hineinging, hatte jetzt, als er es wieder sah, das Gefühl, es sei „noch immer voll lebendiger Kraft und Charme, wenngleich die Aufführung wesentlich schlechter geworden ist". In der vergangenen Woche hatte Breen seine Leute proben lassen bis zur Grenze dessen, was die Schauspielergewerkschaft noch gestattet; aber mochte es nun möglich sein, die Show zu einer erstklassigen Darbietung hochzupeitschen oder nicht, in bezug auf deren Aufnahme bei der Leningrader Premiere war Breen bar jeglichen Zweifels. Es würde einschlagen „wie eine Bombe"! Die Russen würden „wie vor den Kopf geschlagen" sein! Und – eine unwiderlegbare Voraussage: „Sie werden noch nie etwas Ähnliches gesehen haben!"

Als Breen eben seinen Kognak austrank, rief seine Frau aus dem Nebenzimmer: „Du wirst dich fertigmachen müssen, Robert. Um sechs wollen sie dasein. Ich habe ein privates Eßzimmer reservieren lassen."

„Vier Russen von der Botschaft", erklärte Breen, während er mich zur Tür begleitete. „Wir haben sie zum Abendessen eingeladen. Bißchen Freundschaft schließen, nicht? Auf die kommt's an, auf die Freundschaft."

Als ich wieder mein eigenes Zimmer im Kempinski betrat, fand ich auf meinem Bett ein dickes Paket, in einfaches braunes Packpapier gehüllt. Mein Name stand darauf, der Name des Hotels und die Zimmernummer, doch nichts sonst, was den Absender erkennen ließ. Es enthielt ein halbes Dutzend dicke antikommunistische Broschüren und eine handgeschriebene Karte ohne Unterschrift, auf der stand: „Sehr geehrter Herr, davor können Sie bewahrt bleiben." Bewahrt, wie man annehmen mußte, vor den Schicksalen, die in der beigelegten Literatur beschrieben waren, wobei zumeist versichert wurde, es handle sich um echte Fälle, bei denen Menschen – in der Hauptsache Deutsche – hinter den Eisernen Vorhang gegangen waren, sei es freiwillig oder nach Gewaltanwendung – und man hatte nie wieder etwas von ihnen gehört. Es war alles so fesselnd, wie nur die Darstellung echter Fälle sein kann, und ich würde das Ganze hintereinanderweg verschlungen haben, hätte nicht das Telefon geklingelt.

Der Anrufer war Breens Sekretärin, Nancy Ryan. „Hören Sie zu", sagte sie, „wie fänden Sie das, wenn wir miteinander schlafen würden? Im Zug, meine ich. Wie sich jetzt herausstellt, sind wohl jedesmal vier in einem Abteil, so daß wir es machen müssen wie die Russen, fürchte ich. Die legen immer Männlein und Weiblein zusammen. Wie dem auch sei, ich helfe mit bei der Bettenverteilung, und bei all den Freundschaften und Reibereien und denen, die zusammen fahren wollen und denen, die ganz entschieden *nicht* mit jemand wollen – also wirklich, es ist gräßlich! Nun würde es die Situation etwas vereinfachen, wenn Sie und ich uns in ein Abteil mit den Turteltauben teilen!"

Die sogenannten „Turteltauben" waren Earl Bruce Jackson, einer der drei alternierenden Darsteller des Sportin'-Life, und Helen Thigpen, eine Sopranistin, die die Rolle der Serena spielt. Jackson und Miss Thigpen waren schon seit Monaten verlobt. Laut ausgegebenen Pressemeldungen der Everyman Opera planten sie, in Moskau zu heiraten.

Ich sagte Miss Ryan, dies Arrangement klänge ganz zufriedenstellend. „Das ist großartig“, sagte sie. „Schön, sehen wir uns also auf der Fahrt. Wenn unsere Visa überhaupt noch mal kommen sollten ...“

Am Montag, dem 19. Dezember, waren Pässe und Visa uns noch immer nicht zugestellt. Dessenungeachtet begann an jenem Nachmittag gegen drei Uhr ein Trio gemieteter Busse in Berlin herumzufahren, um aus den Hotels und Pensionen, wo sie untergebracht gewesen waren, die Mitglieder der Everyman Opera einzusammeln und zu jenem Bahnhof in Ostberlin zu bringen, wo der Sowjetzug Blauer Expreß fahrplanmäßig um vier oder sechs Uhr oder Mitternacht abgehen sollte. Niemand schien Genaueres zu wissen.

Eine kleinere Gruppe, von der Warner Watson als von „unseren distinguierten Gästen“ sprach, wartete gemeinsam in der Halle des Hotels Kempinski. Die distinguierten Gäste waren Persönlichkeiten, die eigentlich nichts mit *Porgy and Bess* zu tun hatten, aber dennoch von der Leitung eingeladen worden waren, die Truppe nach Rußland zu begleiten. Zu ihnen zählten: Herman Sartorius, ein New Yorker Bankier und guter Freund der Breens; ein Star-Kolumnist, Leonard Lyons, der den Sowjets im offiziellen Aktenstück über die Everyman Opera als deren „Historiograph“ bezeichnet worden war, wobei man nur zu erwähnen vergaß, daß er seine Histörchen an die *New York Post* schicken würde; sowie ein weiterer Journalist, der Pulitzerpreisträger Ira Wolfert, in Begleitung seiner Frau Helen. Wolfert gehört zum Redaktionsstab von *Reader's Digest,* und die Breens, die umfangreiche Einklebbücher führen, hofften, daß er für diese Zeitschrift einen Artikel über ihr russisches Abenteuer schreiben würde. Mrs. Wolfert ist ebenfalls Schriftstellerin, Lyrikerin. „Eine *moderne* Lyrikerin“, betonte sie.

Lyons durchmaß die Halle mit ungeduldigen Schritten, auf

den Bus wartend. „Ich bin so aufgeregt. Ich kann gar nicht schlafen. Kurz bevor ich aus New York fortfuhr, rief mich Abe Burrows an. Wir wohnen im gleichen Haus. Er sagte: weißt du, wie kalt es in Moskau ist? Er hatte am Radio gehört, es sei vierzig Grad unter Null. Das war vorgestern. Haben Sie Ihre langen Unterhosen an?“ Er lüpfte sein Hosenbein, um einen Streifen roter Wolle aufblitzen zu lassen. Für gewöhnlich ein adrettgekleideter Mann mit durchschnittlicher Figur, hatte Lyons sich derart gut auf die Kälte vorbereitet, daß er im Schmucke einer Pelzkappe und des pelzgefütterten Mantels mit ebensolchen Handschuhen und Schuhen aufgebauscht schien wie ein Ladendieb. „Meine Frau, Sylvia, hat mir drei Paar davon gekauft. Von Saks. Sie kratzen nicht.“

Herman Sartorius, der Bankier, mit Tagesanzug und konservativem Überzieher angetan, als sei er im Begriff, sich in die Wallstreet zu begeben, sagte darauf nein, er habe keine langen Unterhosen angezogen. „Ich hatte keine Zeit, irgend etwas einzukaufen. Außer einer Landkarte. Haben Sie je versucht, eine Karte von Rußland zu kaufen? Na, das ist wohl eine verflucht schwere Angelegenheit. Ich habe in New York das Unterste zuoberst kehren müssen, bis ich eine gefunden habe. Wird uns auf der Fahrt nützlich sein. Um zu wissen, wo wir sind.“

Lyons stimmte zu. „Aber“, sagte er mit gedämpfter Stimme und ließ seine flinken schwarzen Augen rasch nach allen Seiten schießen, „lassen Sie sie lieber nicht sehen. Die werden das vielleicht nicht mögen. Eine Karte.“

„Hmm“, machte Sartorius gedehnt, als vermöge er den Gedankengängen von Lyons nicht ganz zu folgen. „Na schön, ich werde dran denken.“ Sartorius hat graues Haar, die Größe, das Gewicht und die vornehme Reserviertheit, um jene Art von Vertrauen einzuflößen, die für einen Bankier so erwünscht ist.

„Ich habe einen Brief von einem Freund erhalten“, fuhr

Lyons fort. „Präsident Truman. Er schreibt, daß ich mich in Rußland lieber vorsehen solle, da er nicht länger in der Lage sei, mich aus dem Gefängnis herauszuholen. Rußland! Das ist wie eine Datumsgrenze!“ sagte er und blickte sich um, als suche er nach einer Bestätigung, daß seine gehobene Stimmung von anderen geteilt würde.
Mrs. Wolfert sagte: „Ich habe Hunger.“
Ihr Mann klopfte ihr beruhigend auf die Schulter. Die Wolferts, Eltern erwachsener Kinder, ähneln einander mit ihren gleichen rosigen Wangen und dem silbrigen Haar, ihrer langverheirateten, zur Ruhe gekommenen Gelassenheit. „Schon gut, Helen“, sagte er und zog dabei an seiner Pfeife. „Sobald wir im Zug sind, gehen wir gleich in den Speisewagen.“
„Klar“, sagte Lyons. „Kaviar und Wodka.“
Nancy Ryan kam durch die Halle gerannt, mit fliegendem Blondhaar und flatterndem Mantel. Haltet mich nicht auf! Es ist was passiert!“ Natürlich blieb sie von selber stehen und genoß es anscheinend, die schlimme Nachricht weitergeben zu können: „*Jetzt* sagen sie uns das erst! Zehn Minuten vor der Abfahrt! Daß es keinen Speisewagen im Zug gibt. Und es wird keiner angehängt, ehe wir nicht an der russischen Grenze sind. Dreißig Stunden!“
„Ich habe Hunger“, versetzte Mrs. Wolfert klagend.
Miss Ryan eilte weiter. „Wir tun, was wir können.“ Womit sie meinte, daß die Leitung der Everyman Opera unterwegs sei, die Delikatessenläden Berlins zu plündern.

Es fing an zu dunkeln, Regenschleier sickerten durch die Straßen, als der Bus eintraf und mit einer vergnügt durcheinanderschreienden vollen Ladung Passagiere davonratterte, durch Westberlin auf das Brandenburger Tor zu, wo die kommunistische Welt beginnt.
Im Bus saß ich hinter einem Paar, sie ein junges hübsches Mitglied des Ensembles und er ein ausgemergelter Jüng-

ling, der angeblich ein Westberliner Journalist war. Sie waren einander in einem Berliner Jazzkeller begegnet, vermutlich hatte er sich verliebt, jedenfalls begleitete er sie jetzt zum Abschiednehmen, unter Flüstern, Tränen und unterdrücktem Gelächter. Als wir uns dem Brandenburger Tor näherten, beteuerte er, daß er aussteigen müsse. „Es wäre gefährlich für mich, Ostberlin zu betreten.“ Was, in der Rückschau, eine recht interessante Bemerkung war. Denn sollte da nicht einige Wochen später in Rußland ausgerechnet dieser gleiche junge Mann auftauchen, grinsend und schwänzelnd und ohne irgendeine stichhaltige Erklärung dafür, wie ihm das gelungen sei, noch immer mit der Behauptung, er sei Westdeutscher, Journalist und verliebt!

Jenseits des Brandenburger Tores fuhren wir vierzig Minuten lang durch die düsteren Bezirke des ausgebombten Ostberlins. Die beiden anderen Busse, mit dem Rest der Truppe, waren schon vor uns am Bahnhof eingetroffen. Wir gesellten uns zu den andern auf dem Bahnsteig, wo der Blaue Expreß wartend stand. Mrs. Gershwin war da und überwachte das Einladen ihres Gepäcks in den Zug. Sie trug einen Nutriamantel und über dem Arm einen Nerzmantel in Plastikhülle mit Reißverschluß. „Oh, der Nerz ist für Rußland, Darling. Darling“, sagte sie, „warum nennen sie den Blauer Expreß? Wenn er doch überhaupt nicht blau ist?“

Er war grün, eine glänzende Ansammlung dunkelgrüner Wagen, die an eine Diesellokomotive angehängt waren. Die Buchstaben CCCP waren in Gelb auf die Seite eines jeden Wagens gepinselt und darunter in mehreren Sprachen die Bestimmungsorte des Zuges: Berlin–Warschau–Moskau. Sowjetische Zugbeamte, elegant ausstaffiert mit schwarzen Persianerkappen und Mänteln in glockiger Prinzeßform, waren am Eingang eines jeden Wagens postiert. Schlafwagenschaffner, schlichter gekleidet, standen neben ihnen. Beamte wie Schaffner rauchten Zigaretten aus langen Zigarettenspitzen à la Vamp. Während sie die Konfusion um sich herum betrachteten, das aufgeregte Durcheinanderwirbeln der Truppe, brachten sie es fertig, steinerne Uninteressiertheit zu wahren, ungeachtet der auffälligen Wißbegier jener Amerikaner, die sich ihnen näherten und sie anstarrten, als seien sie erstaunt – und sozusagen gekränkt – bei der Entdeckung, daß Russen zwei Augen am normalen Fleck haben.

Ein Schauspieler ging auf einen der Beamten zu. „Sagen Sie mal, mein Junge", sagte er und deutete auf die Buchstaben an der Seite des Zuges, „was bedeutet denn das, CCCP?"

Der Russe zeigte mit der Zigarettenspitze auf den Mann. Stirnrunzelnd fragte er: „Sie sind Deutsch?"

Der Schauspieler lachte. „Komisch würde ich aussehen als Deutscher. Scheint mir jedenfalls so."

Ein zweiter Russe, ein Schaffner, sagte nun: „Sind Sie nicht Deutsch?"

„Mann", sagte der Schauspieler, „wollen den Quatsch mal klären." Er sah sich auf dem Bahnsteig um und winkte Robin Joachim, einem jungen russischsprechenden New Yorker, den Everyman Opera engagiert hatte, als Dolmetscher diese Reise mitzumachen.

Die beiden Russen strahlten vor Vergnügen, als Joachim mit ihnen in ihrer eigenen Sprache zu reden begann; das Vergnügen machte Erstaunen Platz, da er ihnen erklärte, die Passagiere, die ihren Zug bestiegen, seien keine Deutschen, sondern „Amerikanski" auf dem Weg nach Leningrad und Moskau zwecks Aufführung einer Oper.

„Ist das nicht eigenartig?" wandte sich Joachim an eine Gruppe Zuhörer, zu denen auch Leonard Lyons gehörte. „Niemand hat ihnen auch nur ein Wort davon gesagt, daß wir im Zug sein würden. Sie haben noch nie etwas von *Porgy and Bess* gehört."

Lyons, der erste der Amerikaner, der sich vom Schock dieser Nachricht erholte, zerrte geschwind Notizbuch und Bleistift heraus. „Schön, was meinen sie dazu? Wie reagieren sie darauf?"
„Oh, die könnten gar nicht glücklicher sein", sagte Joachim. „Sie sind außer sich vor Freude."
Tatsächlich nickten und lachten die Russen. Der Beamte gab dem Schaffner einen herzhaften Klaps auf den Rücken und schrie einen Befehl.
„Was hat er gesagt?" erkundigte sich Lyons mit gezücktem Bleistift.
Joachim sagte: „Er hat ihm befohlen, Tee in den Samowar zu tun."
Eine Bahnhofsuhr wies auf fünf nach sechs. Es kam zu Anzeichen der Abfahrt, Gepfeife, zuschlagende Türen. In den Zugkorridoren begann ein Radio martialische Musik erdröhnen zu lassen, und die Truppe, nun alle eingestiegen, hing aus den Fenstern, um niedergeschlagenen deutschen Gepäckträgern zuzuwinken, von denen keiner die „kapitalistische Beleidigung" – als was die Volksdemokratie es bezeichne, wie man uns vorher warnend einschärfte – eines Trinkgelds erhalten hatte. Plötzlich ertönte an jedem Fenster ein Hurraschrei. Das galt den Breens, Robert und Wilva, die auf dem Bahnsteig dahergestürzt kamen, gefolgt von einer Wagenladung Lebensmittel: Pappkartons voll Bier und Wein, Würstchen, Semmeln und Kuchenbrötchen, kaltem Aufschnitt, Äpfeln und Orangen. Es war eben nur noch Zeit, die Kartons in den Zug zu schieben, als die militärischen Fanfaren im Radio auch schon ihr Crescendo erreichten und die Breens mit tapferem Elternlächeln zusahen, wie ihr „nochniedagewesenes Projekt" von ihnen fort in die Nacht hinausglitt.

Der Raum, den ich zugewiesen erhielt, war in Wagen 2, Abteil 6. Es schien mir größer als ein gewöhnliches Schlafwagenabteil und hatte etwas Anheimelndes an sich, trotz dem leider vorhandenen Radiolautsprecher, der nicht gänzlich abgestellt, und einer blauen Notlichtbirne, die in einer blauen Decke brannte und niemals ausgemacht werden konnte. Die Wände waren blau, die Fenster von blauen Plüschvorhängen umrahmt, zu denen die Polsterung der Sitze paßte. Es gab ein kleines Tischchen zwischen den Sitzen und darauf eine Lampe mit rosaseidenem Schirm.

Miss Ryan machte mich mit unseren Gefährten im Abteil 6 bekannt, Earl Bruce Jackson und seiner Braut Helen Thigpen, denen ich vorher noch nicht begegnet war.

Jackson ist groß und mager, energiegeladen, mit schrägstehenden Augen und einem melancholischen Gesicht. Er prangt in einem Spitzbärtchen, und seine Hände blitzen von Ringen mit Brillanten, Saphiren und Rubinen. Wir gaben uns die Hand. „Frieden, Bruder, Frieden. Das ist die Losung", sagte er und fuhr mit dem Schälen seiner Apfelsine fort, wobei er die Schale auf den Fußboden fallen ließ.

„Nein, Earl", erklärte Miss Ryan, „das ist *nicht* die Losung. Die Losung ist: Ordnung halten. Tun Sie Ihre Apfelsinenschalen in den Aschbecher. Schließlich", meinte sie mit einem Blick aus dem Fenster, wo die einsamen letzten Lichter von Ostberlin verglommen, „wird dies hier unser Zuhause sein für eine verteufelt lange Zeit."

„Stimmt, Earl. Unser Zuhause", sagte Miss Thigpen.

„Frieden, Bruder, Frieden. Das ist die Losung. Muß man den Jungen daheim in New York erzählen", sagte Jackson und spuckte ein paar Kerne aus.

Miss Ryan begann einen Teil des von den Breens in letzter Minute angebrachten Mundvorrats zu verteilen. Mit einem Seufzer wies Miss Thigpen eine Flasche Bier und einen Salami-Sandwich zurück. „Ich weiß nicht, was ich essen soll. Nichts davon paßt in meine Diät. Seit ich Earl begegnet bin, habe ich mit Diät begonnen und einundfünfzig Pfund

abgenommen. Fünf Eßlöffel Kaviar sind zusammen hundert Kalorien."
„Lieber Gott noch mal, das hier ist doch kein Kaviar", sagte Miss Ryan, mit vollem Mund an ihrem Salamibrot kauend.
„Ich denke eben an die Zukunft", sagte Miss Thigpen düster. Sie gähnte. „Jemand was dagegen, wenn ich meinen Morgenrock anziehe? Wir können's uns ebensogut gemütlich machen."
Miss Thigpen, Konzertsängerin, bis sie sich vor vier Jahren dem *Porgy-and-Bess*-Ensemble anschloß, ist eine kleine rundliche Person, verschwenderisch gepudert. Sie trägt die höchsten Hacken, die riesigsten Hüte und ist freigebig besprüht mit Joy („Der Welt kostbarstem Parfum").
„He du, Hübsche", sagte Jackson, indem er die Anstrengungen seiner Braut, es sich gemütlich zu machen, bewunderte. „Da muß man sieben sieben drei ausspielen, und Frieden ist die Losung. Olala!"
Miss Thigpen ignorierte seine Komplimente. „Earl", sagte sie, „es war doch São Paulo, Süßer?"
„War was?"
„War wo wir uns verlobt haben."
„Ja. São Paulo. Brasilien."
Miss Thigpen schien erleichtert. „Das habe ich auch Mr. Lyons erzählt. Er wollte es nämlich wissen. Das ist der, der für die Zeitung schreibt. Kennst du ihn schon?"
„Ja", sagte Jackson. Hab diesem Kerl eben mal die Pfote gegeben."
„Vielleicht haben Sie's schon gehört?" sagte Miss Thigpen und schaute mich an. „Daß wir in Moskau heiraten werden. Earls Idee. Ich habe nicht mal gewußt, daß wir verlobt sein sollten. Ich habe einundfünfzig Pfund abgenommen, aber wußte nicht, daß wir verlobt waren, bis Earl diese Idee hatte, wir sollten in Moskau heiraten."
„Muß ja 'ne Sensation sein", sagte Jackson, und obgleich

er mit seinen ringglitzernden Fingern schnippte, war sein Ton doch ernst, sprach er langsam, als stelle er dazu ausgedehnte Betrachtungen an. „Das erste amerikanische Neger-Brautpaar, das in Moskau heiratet. Das gibt Titelseiten. Das gibt Fernsehen." Er wandte sich an Miss Thigpen. „Und ich möchte nicht, daß du noch weiter diesem Kerl, dem Lyons, was darüber erzählst. Erst wenn wir wissen, daß da die Wellenlänge stimmt. Bei so einer Riesensache muß man erst genau spüren, ob die Wellenlänge stimmt."
Miss Thigpen sagte: „Sie müßten Earls Hochzeitsanzug sehen. Den hat er sich in München machen lassen."
„Doll, Mann, ganz doll", sagte Jackson. „Brauner Frack mit champagnerfarbenem Seidenrevers. Dazu passende Schuh, buh. Und über dem Ganzen habe ich einen brandneuen Überzieher mit einem – wie heißt das Zeug – Persianerkragen. Aber Mann, da kriegt niemand auch nur was von fern zu sehen, nicht vor dem großen Tag."
Ich erkundigte mich, wann das sein würde, und Jackson gab zu, daß noch kein genaues Datum bestimmt sei. „Mr. Breen wird die ganze Sache arrangieren. Er redet mit den Russen darüber. Wird für die ja auch 'ne große Sache sein."
„Sicher", sagte Miss Ryan, Apfelsinenschalen vom Boden aufsammelnd. „Macht Rußland zum Weltgespräch."
Miss Thigpen legte sich lang in ihrem Morgenrock und machte sich daran, eine Partitur zu studieren; schien jedoch beunruhigt, unfähig, sich zu konzentrieren. „Mich quält daran nur, daß es nicht legal ist. Bei uns daheim wird das in einigen Staaten nicht für gültig angesehen, wenn jemand in Rußland geheiratet hat."
„*Welchen* Staaten?" fragte Jackson in einem Ton, als nehme er nur erneut ein lästiges Streitgespräch mit ihr auf.
Miss Thigpen überlegte. „Verschiedenen", sagte sie schließlich.

„In Washington, D. C., ist es gültig", erklärte er ihr. „Und das ist deine Heimatstadt. Wenn's also in deiner Heimatstadt gültig ist, was mußt du dich aufregen?"

„Earl", sagte Miss Thigpen müde, „warum siehst du nicht nach, wo deine Freunde sind, und spielst mit ihnen Tonk?"

Tonk, bei gewissen Elementen des Ensembles sehr beliebt, ist eine mit fünf Blatt gespielte Abart des gewöhnlichen Rummy. Jackson klagte, daß es sinnlos sei, wenn er ein Spiel zustande zu bringen suchte. „Wir können nirgends spielen. Die Hasardeure sind alle mit lauter Spießbürgern zusammen ins Abteil gestopft worden."

Unsere Abteiltür stand offen, und draußen kam Ducky James vorbei, ein knabenhafter blonder Engländer, der Requisiteur der Tournee war und in seinem Cockneyakzent ausrief: Wenn einer was zu trinken will, wir haben bei uns 'ne Bar eingerichtet. Martinis ... Manhattans ... Whisky ..."

„Dieser Ducky!" meinte Miss Thigpen. „Wenn das kein Glückspilz ist! Wundert mich nicht, daß er ausschenkt. Wissen Sie, was dem passiert ist? Gerade als wir in den Zug gestiegen sind, kriegt er doch kurz vorher noch dieses Telegramm. Seine Tante ist gestorben. Hat ihm neunzigtausend Pfund hinterlassen."

Jackson stieß einen Pfiff aus. „Wieviel ist das in richtigem Geld?"

„Zweihundertsiebzigtausend Dollar ungefähr", sagte Miss Thigpen. Dann, als ihr zukünftiger Gatte aufstand, um das Abteil zu verlassen: „Wohin gehst du, Earl?"

„Mir ist nur eingefallen, ich wollte mal sehen, ob Ducky Tonk spielt."

Gleich drauf hatten wir Besuch von Twerp, einem reinweißen Boxerbaby, das in unser Abteil getrottet kam und sich prompt als nicht stubenrein erwies. Die kleine Dame gehörte der Garderobiere unserer Gesellschaft, einer jungen Frau aus Brooklyn namens Marilyn Putnam. Miss Putnam erschien denn auch rufend: „Twerp! Twerp! Ach, da bist du, du kleines Mistvieh. Ist sie nicht ein kleines Mistvieh?"

„Ja", sagte Miss Ryan, auf allen vieren am Boden, den Teppich mit zerknülltem Zeitungspapier abreibend. „Wir müssen hier drin nämlich leben, Himmel noch mal."

„Den Russen macht das nichts", verteidigte sich Miss Putnam, schaufelte ihr kleines Hundevieh hoch und gab ihm einen Kuß auf die Stirn. „Twerp hat sich den ganzen Korridor 'rauf und 'runter schlecht benommen – was, Engelchen? Die Russen lächeln bloß. *Die* verstehen, daß sie eben ein Baby ist." Sie wandte sich ab, um hinauszugehen, und stieß in der Tür fast mit einem Mädchen zusammen, das da heulend stand. „Mein je, Delirious", sagte sie zu dem Mädchen, „Schätzchen, was ist denn los – bist du krank?"

Das Mädchen schüttelte den Kopf. Ihr Unterkiefer bebte, in ihren großen Augen zitterten erneut die Tränen.

„Delirious, Liebchen, gräm dich nicht so", sagte Miss Thigpen. „Setz dich hin. Erzähl, was los ist."

Das Mädchen setzte sich. Sie hieß eigentlich Dolores Swann, hatte aber, wie viele vom Ensemble, einen Spitznamen bekommen, der im Fall dieses kleinen Wirrkopfes recht bezeichnend war: Delirious. Sie singt im Chor und hat rotes Pudelschnitt-Haar. Ihr blaßgoldenes Gesicht ist so rund wie ihre Augen und hat den gleichen naiven Revuegirl-Ausdruck. Sie schluckte heftig und jammerte: „Ich habe meine beiden Mäntel verloren. Alle beide. Meinen Pelz und den blauen dazu. Ich habe sie auf dem Bahnhof gelassen. Und ohne Versicherung oder irgendwas."

Miss Thigpen kluckte besorgt mit der Zunge. „So was kann auch nur dir passieren, Delirious."

„Aber ich kann nichts dafür", sagte Miss Swann. „Ich hatte doch solche Angst. Ich war nämlich nicht mitgenommen worden. Ich hatte den Bus verfehlt. Und es war entsetzlich, 'rumrennen zu müssen auf der Suche nach einem Taxi, das mich zum Bahnhof bringen würde. Weil keiner von denen nach Ostberlin fahren wollte. Na und dieser Mensch sprach dann schließlich englisch, und ich tat ihm leid, und er sagte, er würd's tun. Na, war das gräßlich! Weil uns immerzu die Polizei anhielt und Fragen stellte und Ausweise sehen wollte und – ach, ich war überzeugt, daß ich da in Nacht und Dunkelheit steckenbleiben würde mit lauter Polizei und Kommunisten und sonstwas. Ich war überzeugt, daß ich keinen von euch je wiedersehen würde."

Das Nacherleben dieser bittern Prüfung brachte neue Tränen zum Vorschein. Miss Ryan schenkte ihr einen Kognak ein, und Miss Thigpen nahm beruhigend ihre Hand: „Ist ja alles gut, Liebchen."

„Aber ihr könnt euch vorstellen, wie mir zumute war, wie erleichtert ich war, als ich auf dem Bahnhof kam – und da wart ihr alle. Ihr wart nicht ohne mich fortgefahren. Ich wollte am liebsten jeden einzelnen umarmen. Ich legte meine Mäntel aus der Hand, um Ducky zu umarmen. Ich hab' dann Ducky umarmt und dabei ganz meine Mäntel vergessen. Bis vor einer Sekunde."

„Du mußt es so ansehen, Delirious", sagte Miss Thigpen, und mühte sich um einen Satz, der trösten konnte, „denk immer dran, daß du der einzige Mensch bist, der jemals nach Rußland ohne Mantel gereist ist."

„Ich weiß etwas noch viel Einzigartigeres, auf das wir *alle* Anspruch erheben können", sagte Miss Ryan. „Nicht nur einzigartig, sondern glatt verrückt. Ich meine: da sind wir nun allesamt und rattern los nach Rußland: ohne Paß. Keinen Paß, kein Visum, kein gar nichts."

Eine halbe Stunde drauf stimmte dieser von Miss Ryan erhobene Anspruch nicht mehr so ganz, denn als der Zug in

Frankfurt an der Oder hielt, Kennzeichen der deutsch-polnischen Grenze, bestieg eine Gruppe Beamter den Zug und kippte – im wahrsten Sinne des Wortes – die langvermißten Pässe der Truppe in Warner Watsons Schoß.

„Ich versteh das nicht", sagte Watson, als er durch den Zug wanderte, um die Pässe ihren Eigentümern auszuhändigen. „Noch heute morgen hat mir die Russische Botschaft mitgeteilt, die Pässe seien nach Moskau gegangen. Jetzt tauchen sie plötzlich an der polnischen Grenze auf."

Miss Ryan durchblätterte rasch den ihren und fand eine große Leere auf den Seiten, wo die Russen das Visum eingestempelt haben sollten. „Um Gottes willen, Warner, da ist doch gar nichts."

„Sie haben ein Sammelvisum erteilt. Sie haben schon oder sie werden erst – fragen Sie mich nicht, was", sagte Watson, wobei seine schüchterne, müde Stimme zu einem heiseren Flüstern abrutschte. Er war grau im Gesicht, und die violetten Schatten der Erschöpfung unter seinen Augen waren wie aufgesetzte Farbkleckse.

„Aber Warner ..."

Watson winkte protestierend ab. „Ich bin kein Mensch mehr", sagte er. „Ich muß mich hinlegen. Ich werde mich hinlegen und liegenbleiben, bis wir nach Leningrad kommen."

„Na ja, schade", sagte Miss Ryan, während Watson floh, „es ist wirklich ein Jammer, daß wir keinen Stempel in unsere Pässe kriegen. Ich mag solche Souvenirs."

Dem Fahrplan nach sollte der Zug an der Grenze vierzig Minuten Aufenthalt haben. Ich beschloß auszusteigen und mich umzusehen. Am Ende des Wagens fand ich die Zugtür offen und begab mich die schmalen Eisenstufen hinunter, die zu den Geleisen führten. Weit voraus konnte ich die Lichter eines Bahnhofs erblicken und eine dunstige rote Laterne, die vor und rückwärts schwankte. Aber es war dunkel, wo ich war, bis auf die gelben Lichtquadrate, die

die Zugfenster warfen. Ich wanderte an den Geleisen entlang, genoß das erfrischende Gefühl der Kälte und überlegte vor mich hin, ob ich wohl in Deutschland oder Polen sei. Plötzlich bemerkte ich auf mich zurennende Gestalten, eine Reihe Schatten, die sich beim Näherkommen als drei Soldaten erwiesen, blasse plattgesichtige Menschen mit unbequemen knöchellangen Mänteln und Bajonetten an den um die Schulter geschnallten Gewehren. Schweigend starrten sie mich an. Dann zeigte einer von ihnen auf den Zug; er knurrte etwas und bedeutete mir, daß ich dorthin zurückmüßte. Wir marschierten zusammen los, wir vier, und ich sagte auf Englisch, es tue mir leid, ich habe nicht gewußt, daß Passagieren das Aussteigen nicht erlaubt sei. Es kam keine Antwort, nur erneutes Knurren und Antreiben. Ich kletterte die Stufen hinauf und wandte mich zurück, um ihnen zu winken. Sie winkten nicht wieder.

„Schätzchen, Sie sind doch nicht etwa draußen gewesen?" sagte Mrs. Gershwin, an deren Abteil ich auf dem Rückweg vorüberkam. „Also das sollten Sie lieber nicht tun. Das ist gefährlich." Mrs. Gershwin war die eine der beiden Personen, die ein Abteil für sich allein hatten. (Das andere hatte Leonard Lyons, der diese Abgeschiedenheit dadurch erreichte, daß er auszusteigen drohte, falls seine vorgesehenen Abteilgenossen, Herman Sartorius und Warner Watson, nicht ausquartiert würden. „Das hat gar keine persönlichen Gründe", sagte er, „aber ich bin ein arbeitender Mensch, Ich muß tausend Worte pro Tag produzieren. Ich kann nicht schreiben, wenn da lauter Wesen um mich 'rumsitzen." Sartorius und Watson waren also gezwungen gewesen, sich mit den Wolferts zusammenzutun. Mrs. Gershwin hingegen war zu ihrer Solo-Situation einfach gekommen, weil sie – nach Ansicht der Tournee-Leitung – „es eben verdient. Sie ist doch eine Gershwin.") Ohne ihre Brillanten abzulegen, hatte sich Mrs. Gershwin unterdes

Hosen und Pullover angezogen, sich ein Band ins Haar geflochten und die Füße in etwas Federleichtes, Winziges gesteckt. „Es muß doch eisig draußen sein. Ich sehe Schnee auf dem Boden. Sie sollten heißen Tee trinken. Mmmmm, der ist köstlich", sagte sie und schlürfte den dunklen, fast schwarzen Tee aus einem hohen Glas in silbernem Halter mit silbernem Griff. „Dieser reizende kleine Mensch da draußen braut ihn auf seinem Samowar."

Ich ging auf Suche nach dem Teekoch, der Schaffner in Wagen 2 war; doch als ich ihn, am Ende des Korridors, fand, schlug er sich mit mehr als nur dem brodelnden Samowar herum. Twerp, der kleine Boxer, kläffte zwischen seinen Füßen und schnappte nach seinen Hosenbeinen. Außerdem mußte er noch einem eingehenden Interview standhalten, bei dem ihm Lyons die Fragen stellte und Robert Joachim als Dolmetscher fungierte. Der kleine, hagere Russe hatte ein eingedrücktes Pekinesengesicht, von Falten durchzogen, die eher auf schlechte Ernährung als Alter hinzudeuten schienen. Sein Mund war voller Stahlplomben, und die Augenlider sackten ihm herunter, als sei er im Begriffe, einzuschlafen. Zwischen dem Teeausschenken und Abwehren von Twerp beantwortete er das Maschinengewehrfeuer von Lyons' Fragen wie eine verblühte Hausfrau dem Sittenrichter. Er sagte, er sei aus Smolensk. Er sagte, seine Füße täten ihm weh, sein Rücken tue ihm weh, und er habe ständig Kopfschmerzen vor Überarbeitung. Er sagte, er verdiene nur zweihundert Rubel im Monat und fände, er sei unterbezahlt. Er sagte ja, er würde sehr gern ein Trinkgeld nehmen.

Lyons hielt in seinen Notizen inne und meinte: „Ich wußte nicht, daß sie sich überhaupt beklagen dürfen. Nach allem, was er da sagt, habe ich den Eindruck, daß dieser Bursche unzufrieden ist."

Der Schaffner gab mir meinen Tee und bot mir gleichzeitig aus einem zerknüllten Päckchen eine seiner eigenen Ziga-

retten an. Sie bestand zu zwei Dritteln aus Filter und einem Drittel Tabak, genug für sieben bis acht mühsame Züge, wenngleich ich nicht einmal in den Genuß von so vielen kam, denn als ich mich eben wieder meinem Abteil zuwenden wollte, zog der Zug mit einem so unvermittelten Ruck an, daß mir Tee wie Zigarette entflogen.
Marilyn Putnam steckte den Kopf auf den Gang hinaus. „Heiliger Himmel", sagte sie mit einem Blick auf das angerichtete Unheil, „hat das Twerp gemacht?"

In Abteil 6 waren die Betten für die Nacht hergerichtet – genauer gesagt für die ganze Reise, denn sie wurden nie wieder angerührt. Ein sauberes grobes Laken, ein knisterndes Kopfkissen, das nach Heu roch, eine einzige dünne Decke. Miss Ryan und Miss Thigpen hatten sich schon zum Lesen ins Bett gelegt, nachdem sie das Radio so leise gestellt hatten, wie es nur ging, und das Fenster einen Fingerbreit geöffnet.
Miss Thigpen gähnte und fragte mich: „Haben Sie Earl gesehen, Herzchen?"
„Allerdings", versicherte ich. „Er bringt Ducky Tonk bei."
„Oh", gickerte Miss Thigpen verschlafen, „dann wird Earl nicht vor Morgengrauen eintrudeln."
Ich streifte meine Schuhe ab und legte mich auf mein Lager, mit dem Vorsatz, daß ich mich in Kürze vollständig ausziehen wollte. Von oben her, aus dem Bett über dem meinen, hörte ich ein Gemurmel von Miss Ryan, als lese sie halblaut vor sich hin. Es stellte sich heraus, daß sie Russisch lernte und zu diesem Zwecke einen alten englisch-russischen Sprachführer benutzte, der von der amerikanischen Armee seinerzeit im Kriege für ihre Soldaten herausgegeben worden war, falls sie in Kontakt mit den Russen kommen würden.
„Nancy", sagte Miss Thigpen wie ein Kind, das um eine

Gutenachtgeschichte bettelt, „Nancy, sagen Sie uns was auf russisch."

„Das Einzige, was ich bisher kann, ist *War-ga-ny ranen ...*" Miss Ryan stockte und holte tief Luft. „... *W-pala-vyje.* Puh! Ich wollte ja auch nur das Alphabet lernen. Damit ich die Straßenschilder lesen kann."

„Aber das klang hübsch, Nancy. Was heißt es denn?"

„Das heißt ‚ich bin am Geschlechtsteil verwundet'."

„Also hören Sie, Nancy", sagte Miss Thigpen verwirrt, „wozu um Himmelswillen machen Sie sich die Mühe, so was auswendigzulernen?"

„Schlafen wir", sagte Miss Ryan und machte ihr Leselämpchen aus.

Miss Thigpen gähnte wiederum und zog sich die Decke bis ans Kinn. „Ich bin schon ziemlich im Begriff."

Als ich so dalag, spürte ich bald die Stille greifbar durch den Zug wandern, in die Abteile sickernd wie das frostige Licht der blauen Notbeleuchtung. An den Fensterwinkeln bildete sich Reif; es war wie ein umgekehrtes Netzeweben. Aus dem abgedämpften Radio kam die zitterige Musik eines Balalaika-Orchesters; wie ein seltsamer, verlorener Kontrapunkt dazu spielte irgendwo in der Nähe irgend jemand Akkordeon.

„Hört ihr?" machte uns Miss Thigpen flüsternd auf die Akkordeonklänge aufmerksam. „Das ist Junior", erklärte sie und meinte damit Junior Mignatt, ein blutjunges Ensemblemitglied, noch keine zwanzig. „Könnt ihr verstehen, daß der Junge Heimweh hat? Der ist aus Panama. Er hat noch niemals Schnee gesehen."

„Schlafen wir", sagte Miss Ryan. Das Fauchen des Nordwinds vorm Fenster schien ein Echo ihres Befehls. Kreischend fuhr der Zug in einen Tunnel. Für mich, der ich völlig angezogen in Schlaf gesunken war, währte der Tunnel die ganze Nacht.

Kälte weckte mich. Schnee wehte durch den winzigen offenen Fensterspalt. Am Fußende meines Lagers hatte sich genug gesammelt, daß ich einen Schneeball zusammenscharren konnte. Ich stand auf, froh, mit den Kleidern ins Bett gegangen zu sein, und schloß das Fenster. Es war gänzlich vereist. Ich putzte eine Stelle frei, bis ich hinausschauen konnte. Am Rande des Himmels deutete sich der Sonnenaufgang an, doch war es noch immer dunkel und die Spuren morgendlichen Lichtes wie Goldfische, die in Tinte schwammen. Wir befanden uns in den Außenbezirken einer Stadt. Ländliche lampenbeleuchtete Häuser machten Betonklötzen mit elenden gleichaussehenden Etagenhäusern Platz. Der Zug rumpelte über eine Brücke, die eine Straße überspannte; unten kielholte eine gebrechliche Straßenbahn, gepackt voll Menschen auf dem Weg zur Arbeit, wie ein wackliger Rennschlitten um eine Kurve. Sekunden später fuhren wir in einen Bahnhof ein, der, wie mir jetzt klarwurde, Warschau sein mußte. Auf einem düsteren, tiefverschneiten Bahnsteig standen dicht zusammengedrängte Menschenhorden, mit den Füßen stampfend und die Hände gegen die Ohren schlagend. Ich sah, wie unser Schaffner, der Teekoch, sich zu einer dieser Gruppen gesellte. Er wies gestikulierend auf den Zug und sagte etwas, das sie lachen machte. Eine Explosion von Atemrauch erfüllte die Luft. Noch immer lachend, näherten sich einige Männer dem Zug. Ich schlüpfte ins Bett, weil sie offensichtlich durch die Fenster hereinspähen wollten. Ein verzerrtes Gesicht nach dem andern preßte sich gegen das Glas. Gleich darauf hörte ich einen kurzen Aufschrei. Er kam von einem weiter vorn liegenden Abteil und klang wie Dolores Swann. Ihr Schreien war begreiflich, wenn sie aufgewacht war, um eine dieser vereisten Masken sich undeutlich am Fenster abzeichnen zu sehen. Wenngleich keiner meiner eigenen Gefährten davon aufgestört wurde, horchte ich doch in Erwartung einer Aufregung irgendwo im

Wagen, aber wieder kehrte nur Stille ein, bis auf Twerp, der in so regelmäßigen Abständen zu bellen anfing, daß ich davon neuerlich in Schlaf versank.
Als ich um zehn die Augen aufmachte, waren wir in einer kristallenen Einöde aus gefrorenen Flüssen und Feldern von Schnee. Hier und da, wie Druckerschwärze auf Papier, unterbrach Nadelgehölz streckenweise die weiße Fläche. Krähenflüge schienen über einem Himmel Schlittschuh zu laufen, der hart und glänzend war wie Eis.
„Mann", sagte Earl Bruce Jackson, der eben erwacht war und sich verschlafen kratzte, während er zum Fenster hinausstarrte, „ich kann da nur sagen: bei denen hier wachsen keine Orangen."

Der Waschraum in Wagen 2 war ein ungeheiztes und unfreundliches Gemach. Es gab ein rostiges Waschbecken mit den üblichen zwei Hähnen, heiß und kalt. Unglücklicherweise tröpfelte aus beiden nur ein kaltes Rinnsal. An jenem ersten Morgen wartete eine lange Schlange Männer an der Waschraumtür, in einer Hand die Zahnbürste, in der anderen Rasierzeug. Ducky James hatte die Idee, den Schaffner, der geschäftig in seinem kleinen Kohlenfeuer unter dem Samowar herumstocherte, zu bitten, sich von einem Teil seines Teewassers zu trennen und „uns armen Kerlen 'ne Chance für eine anständige Rasur zu geben". Jedermann hielt das für einen glänzenden Gedanken bis auf den Russen, der, als man ihm dies Verlangen übersetzt hatte, seinen Samowar ansah, als blubberten in ihm zerschmolzene Diamanten. Dann tat er etwas Merkwürdiges. Er trat auf jeden einzelnen zu und fuhr ihm mit den Fingerspitzen über die Wangen, um die Bartstoppeln zu prüfen. Es lag eine Zärtlichkeit in dieser Bewegung, die sie denkwürdig machte. „Junge", sagte Ducky James, „der ist aber rührend."

Aber der Schaffner schloß seine Nachforschungen mit einem Kopfschütteln ab. Ganz entschieden nein, *njet*, er würde es nicht weggeben, sein heißes Wasser. Der Zustand der Bärte der Herren rechtfertige ein solches Opfer nicht, und überdies sollte ein „realistischer“ Mann auf Reisen erwarten, unrasiert bleiben zu müssen. „Mein Wasser ist für Tee“, sagte er. „Heiß und süß und den Geist belebend.“
Ein dampfendes Glas davon ging mit mir in den Waschraum. Ich benutzte den Tee zum Zähneputzen und verwandelte ihn, mit Seife kombiniert, zu Rasiercreme. Ziemlich klebrig, aber keineswegs schlecht.
Im Vollgefühl meiner Sauberkeit begann ich daraufhin eine Besuchsrunde. Der Insasse von Abteil 1, Leonard Lyons, hatte ein berufliches Tête-à-tête mit Earl Bruce Jackson. Klar, daß Jackson seine Furcht überwunden hatte, Lyons könne nicht die richtige „Wellenlänge“ besitzen, denn er war dabei, ihm die Einzelheiten seiner bevorstehenden Moskauer Hochzeit zu schildern.
„Großartig. Einfach großartig, Jackson“, sagte Lyons und kritzelte eifrig. „Brauner Frack. Champagnerfarbene Seidenrevers. So – wer wird Ihr Brautführer sein?“
Jackson berichtete, daß er Warner Watson aufgefordert habe, ihm diesen Dienst zu erweisen. Lyons schien nur widerstrebend diese Wahl gutzuheißen. „Hören Sie“, sagte er und tippte Jackson gegen das Knie, „haben Sie noch nie daran gedacht, eine – nun ja, bedeutende Persönlichkeit zu bitten?“
„Wie Sie, meinen Sie?“
„Wie Chruschtschow“, sagte Lyons. „Wie Bulganin.“
Jackson kniff die Augen zusammen, als müsse er erst einmal nachdenken, ob Lyons’ Vorschlag ernst gemeint war oder er ihn auf den Arm nehmen wollte. „Aber ich habe ja Warner schon gebeten. Doch es könnte sein, unter diesen Umständen ...“

„Klar“, sagte Lyons. „Warner würde Verständnis haben.“ Trotzdem verblieb Jackson noch die Spur eines letzten Zweifels. „Sie meinen, Breen kann das arrangieren, mir einen von diesen Burschen zu beschaffen?“
„Er könnte es versuchen“, sagte Lyons. „Und das bloße Versuchen allein könnte Sie auf die Titelseite bringen, nicht?“
„C'est olala“, sagte Jackson und blickte Lyons mit restloser Bewunderung an. „Einfach doll, Mann. Ganz große Masche.“

Weiter unten im Gang besuchte ich die Wolferts, die ihr Abteil mit Herman Sartorius und Warner Watson teilten, dem Paar, das Lyons vertrieben hatte, letzteren sogar in mehr als einem Falle. Indes schlief Watson noch, nichts ahnend von seiner bevorstehenden Absetzung als Jacksons Brautführer. Sartorius und Ira Wolfert saßen nebeneinander, eine riesige Landkarte über beider Schoß hinweg ausgebreitet, und Mrs. Wolfert hockte, dick eingemummelt in einen Pelzmantel, über einem Manuskript. Ich erkundigte mich, ob sie ein Tagebuch führe.
„Allerdings. Nur ist dies hier ein Gedicht. Ich arbeite daran seit Januar. Ich habe gedacht, ich könnte es vielleicht auf der Fahrt fertigmachen. Aber so wie ich mich fühle ...“, sagte sie unglücklich. „In der Nacht habe ich kein Auge zugetan. Meine Hände sind eiskalt. Mir schwirrt der Kopf von all den Eindrücken. Ich weiß kaum mehr, wo ich bin.“
Sartorius ließ seinen sorgfältig wählenden Finger auf einem Punkt der Karte ruhen. „Ich werde Ihnen sagen, wo wir sind. Wir haben Siedlce hinter uns. Jetzt haben wir noch etwa fünf Stunden weiter in Polen bis Brest Litowsk.“
Brest Litowsk sollte die erste Station in Rußland sein. Dort waren allerhand Ereignisse vorgesehen. Das Räderwerk des Zuges würde ausgewechselt werden, um der grö-

ßeren Spurbreite der Geleise in Rußland zu entsprechen; ein Speisewagen würde angehängt und – als Wichtigstes – Vertreter des Kulturministeriums sollten dort der Truppe entgegenkommen und sie auf der Fahrt nach Leningrad begleiten.

„Wißt ihr, woran mich das erinnert?“ sagte Ira Wolfert und deutete mit der Pfeife auf die strenge Landschaft draußen. „Gegenden in Amerika. Westen.“

Sartorius nickte. „Wyoming im Winter.“

Wieder im Gang draußen, begegnete ich Miss Ryan, noch immer in ihrem Nachtkostüm, einem roten Flanellnachthemd. Sie hopste auf einem Fuß, da der andere mit einem Musterbeispiel von Twerps unschicklichem Betragen in Berührung gekommen war.

Ich sagte: „Guten Morgen.“

Sie sagte: „Reden Sie mich nicht an!“ und hopste weiter zum Waschraum.

Als nächstes besuchte ich Wagen 3, wo die Familien, die Kinder mit ihren Eltern, installiert waren. Eben war die Schule zu Ende; das heißt, daß die Kinder ihre morgendlichen Unterrichtsstunden hinter sich hatten und daher zu allerhand Späßen aufgelegt waren. Gekniffte Papierflugzeuge segelten durch die Luft. Männerchen wurden mit den Fingern an die vereisten Fenster gemalt. Der russische Schaffner, der noch kummervoller und geplagter als sein Kollege aus Wagen 2 aussah, war so sehr ständig auf dem Sprunge, sowjetisches Staatseigentum zu retten, daß er nicht gemerkt hatte, was mit seinem Samowar passierte. Zwei kleine Jungen hatten sich seiner bemächtigt und brieten sich Würstchen darauf. Der eine von ihnen, Davy Bey, ließ mich einen Probebiß tun. „Gut, was?“ Ich versicherte, ich fände sie großartig. Na, sagte er, wenn sie mir derart gut schmecke, könne ich den Rest haben, er habe bereits fünfzehn gegessen.

„Haste die Wölfe gesehn?“ fragte er.
Eine etwas ältere Freundin von ihm, Gail Barnes, wies ihn zurecht: „Erzähl doch keine Geschichten, Davy. Das waren keine Wölfe. Das waren ganz gewöhnliche Hunde.“
„Doch Wölfe“, erklärte Davy, der mit seiner Stupsnase und den etwas schrägstehenden Augen ziemlich frech aussieht. „Haben ja alle gesehen. Aus’m Fenster. Die sahen bloß ähnlich aus wie Hunde. Wie Polizeihunde, bloß’n bißchen kleiner. Aber wie die’s getrieben haben: immer so im Kreis ’rum sich gejagt, im Schnee. Als ob’s ihnen richtig Spaß machte. Ich hätte glatt einen abknallen können. Wöööölfe“, heulte er und knuffte mir mit seinem Cowboyrevolver gegen den Magen.
Gail sagte, ich verstünde das hoffentlich. „Davy ist ja noch ein Kind.“ Gail, deren Vater, Irving Barnes, in der Rolle des Porgy alterniert, ist mit ihren elf Jahren das älteste unter den sechs Kindern der Truppe, von denen die meisten in kleineren Rollen mitspielen. Ihres Alters wegen hat sie den anderen Kindern gegenüber so etwas wie das Verantwortungsgefühl der großen Schwester entwickelt und behandelt sie mit so überlegener Gutmütigkeit und fester Freundlichkeit, daß sich jede Gouvernante daran ein Beispiel nehmen könnte. „Verzeihen Sie“, sagte sie mit einem Blick den Gang hinunter, wo einige der ihr Anvertrauten, die es fertiggebracht hatten, ein Fenster zu öffnen, einen Schwall arktischer Luft hereinließen. „Dem werde ich leider ein Ende setzen müssen.“
Aber noch ehe sie ihre Aufgabe erfüllen konnte, wurde Gail selber wieder fortgerissen von ihrem eigenen Kindsein. „O schaut doch“, rief sie und hing zu eben dem Fenster hinaus, das sie hatte schließen wollen, „schaut, Kinder ... Menschen!“
Die „Menschen“ waren zwei kleine Kinder, die am Rande eines weißverschneiten Waldes auf dem langen Band eines Teiches Schlittschuh liefen. Sie liefen so schnell sie

konnten bei dem Versuch, mit dem Zug auf gleicher Höhe zu bleiben, und als er ihnen enteilte, streckten sie die Arme aus, als suchten sie die grüßenden Zurufe, die Kußhände von Gail und ihren Freunden zu erhaschen.
Unterdessen hatte der russische Schaffner Rauchschwaden an seinem Samowar entdeckt. Er raffte verkohlte Würstchen vom Fenster und warf sie auf den Boden. Und während er seine verbrannten Finger in den Mund steckte und einen Wortschatz benutzte, der, seinem Ton nach zu schließen, nicht weniger hitzig war, stürzte er herzu, um die Kinder vom Fenster wegzudrängen, das er mit einem Knall schloß.
„Och, sei doch kein Spielverderber", sagte Davy zu ihm. „Wir haben doch bloß unsern Spaß."

Überbleibsel von Käse und Obst, unserem Mittagsimbiß, waren auf dem Tisch und Teppich von Abteil 6 verstreut. Die Strahlen der ersten Nachmittagssonne erglänzten in dem Glas Chiantiwein, das Miss Ryan zwischen ihren Fingern drehte. „Ich liebe Wein", versicherte sie voller Feuer. „Mit zwölf habe ich den zu trinken angefangen. Und heftig. Ein Wunder, daß ich kein Säufer geworden bin." Sie nahm einen Schluck und stieß einen tiefen Seufzer der Zufriedenheit aus, der die allgemeine Stimmung widerspiegelte. Miss Thigpen und ihr Verlobter, die ihren Anteil Chianti bereits in sich hatten, kuschelten sich eng beieinander in eine Ecke ihres Sitzes, wobei ihr Kopf auf seiner Schulter ruhte. Die schläfrige, verträumte Stimmung wurde durch ein Klopfen an der Tür unterbrochen, und jemand sagte: „Da hätten wir's also: Rußland."
„Auf die Plätze bitte", sagte Miss Ryan. „Der Vorhang geht auf."
Die ersten Anzeichen einer nahenden Grenze kamen ins Blickfeld: starke hölzerne Wachtürme, nicht unähnlich jenen, die wir rings um die Zuchthauslager in den Südstaa-

ten haben. In weiten Zwischenräumen aufgestellt, marschierten sie über die Einöde wie riesige Telefonmasten. In dem am nächsten gelegenen konnten wir einen Mann den Zug durchs Fernglas beobachten sehen. Bei einer Kurve verlangsamte der Zug seine Fahrt, bremste dann und hielt. Wir waren in einem Rangierbahnhof, umgeben von einem Gewirr von Geleisen und abgestellten Güterwagen. Es war die russische Grenze, vierzig Minuten vor Brest Litowsk. Längs der Geleise war eine Schar Frauen mit dick eingemummten Köpfen, wie eine wollene Abart des Purdah, damit beschäftigt, Hacken zu schwingen und Schnee zu schaufeln, einzig gelegentlich pausierend, um sich in die bloßen, rotgefrorenen Hände zu schneuzen. Die wenigen, die wirklich zum Blauen Expreß nur hinschauten, riskierten scharfe Blicke von den zahlreichen Milizsoldaten, die mit den Händen in den Manteltaschen herumlungerten.

„Ist das nicht ein Skandal?“, sagte Miss Thigpen. „Die Frauen tun die ganze Arbeit, während die Männer dabei nur herumstehen. Wie schändlich!“

„So ist das eben hier, Schätzchen“, sagte Jackson, einen seiner Rubinringe anhauchend, um ihn dann am Revers blankzureiben. „Jeder Mann ein Sportin' Life.“

„Ich möchte den sehen, der auch nur versuchen würde, *mich* so zu behandeln“, erwiderte Miss Thigpen warnend.

„Aber ich muß sagen“, erklärte Miss Ryan, „die Männer sind schon eigentlich himmlisch.“ Ihr Interesse galt zwei Offizieren, die unterm Fenster vorüberschritten, so der Typ: groß-stark-schweigend, mit schmalen Lippen und scharfgeschnittenen, wettergebräunten Gesichtern. Einer von ihnen schaute auf, und als er Miss Ryans blaue Augen und lange goldene Locken erblickte, kam er aus dem Gleichschritt. Miss Ryan wimmerte: „Oh, wär' das nicht schrecklich!“

„Was schrecklich, Liebchen?“ fragte Miss Thigpen.

„Wenn ich mich in einen Russen verliebte“, sagte Miss

Ryan. „Wäre das nicht absolut *la fin de tout?* Tatsächlich hat meine Mutter Angst, es könnte passieren. Sie hat gesagt, wenn ich mich in irgendwelche Russen verliebte, brauchte ich gar nicht erst wieder nach Hause zu kommen. Aber“, setzte sie hinzu und ihr Blick schweifte wieder zu dem Offizier, „wenn sie alle *so* sind ...“

Urplötzlich hatte Miss Ryans Bewunderer keine Zeit mehr zum Flirten. Er wurde Teil einer kleinen russischen Armee, die auf dem Platz draußen Robin Joachim herumjagte. Joachim, ein übereifriger Fotograf, hatte gegen die Vorschriften verstoßen, indem er ausgestiegen war und dann, als zusätzliches Vergehen, zu fotografieren versucht hatte. Jetzt rannte er im Zickzack über die Geleise, entkam mit knapper Not dem zornigen Schwung der Schaufel einer Arbeiterin, entwischte nur eben dem Griff einer der Wachen.

„Ich hoffe, sie kriegen ihn“, sagte Miss Ryan unfreundlich. „Ihn und seine verdammte Kamera. Ich wußte doch, daß er uns Schwierigkeiten machen würde.“

Joachim erwies sich indessen als ein junger Mann, der sich zu helfen wußte. Seinen Verfolgern entschlüpfend, warf er sich in den Zug, stürzte in ein Abteil, schmiß Mantel, Kamera und Kappe unter einen Sitz und riß, um sein Aussehen noch weiter zu verändern, seine dicke Hornbrille herunter. Sekunden später, als die aufgebrachten Sowjets in den Zug kamen, übernahm er in aller Ruhe seine Rolle als Dolmetscher der Truppe und half ihnen bei der Jagd nach dem Schuldigen, eine Suche, in die jedes Abteil einbezogen wurde. Warner Watson, aus seinem Schlummer gestört, war derjenige, den die Situation am wenigsten amüsierte. Er versprach, Joachim ordentlich die Leviten lesen zu wollen. „Dies ist nicht die richtige Art und Weise“, klagte er, „um einen Kulturaustausch zu beginnen.“

Der Zwischenfall verzögerte die Weiterfahrt um volle

fünfundvierzig Minuten und hatte noch weitere Rückwirkungen, deren eine Twerp miteinbezog, denn die Russen waren, im Verlauf ihrer Suche, von gewissen Zuständen im Wagen 2 schockiert gewesen, die man dem kleinen Hund zuschreiben mußte. Twerps Besitzerin, Marilyn Putnam, erzählte später: „Ich habe es ihnen aber gegeben. Ich habe gesagt, wenn wir nie Erlaubnis hätten, auszusteigen, was sie dann zum Teufel wohl anderes erwarten könnten? Das stopfte ihnen den Mund."

Wir erreichten Brest Litowsk in einem milchigweißen Zwielicht. Schon seit anderthalb Kilometern hatten uns längs der Geleise Standbilder politischer Heroen begrüßt, talmisilbern angepinselt wie die Souvenir-Figuren, die man bei Woolworth kaufen kann. Der Bahnhof lag leicht erhöht, so daß man einen Teil der Stadt überblicken konnte, die, verschwommen und blau, ganz in der Ferne von einer orthodoxen Kathedrale beherrscht wurde, deren Zwiebelkuppeln und Mosaiktürme uns auch noch im schwindenden Licht ihre orientalische Buntheit entgegenstrahlen.

In der Truppe war das Gerücht umgegangen, daß wir hier den Zug verlassen dürften und vielleicht die Erlaubnis zu einem Gang durch die Stadt erhalten würden, während man die Räder auswechselte und einen Speisewagen anhängte. Leonard Lyons lag ungemein viel daran. „Ich kann doch nicht täglich tausend Worte kabeln, wenn ich immer nur im Zug sitze. Ich brauche Aktion." Er war sogar so weit gegangen, mit dem Ensemble die Art der Aktion durchzusprechen, die er sich wünschte. Er wollte, daß sie durch Brest Litowsk spazieren und Spirituals singen sollten. „Das gibt eine gute Story und ist gute Reklame. Mich wundert, daß Breen nicht daran gedacht hat." Als der Zug hielt, gingen denn auch richtig die Türen auf, wurden aber gleich darauf wieder geschlossen, nachdem sie einer

fünfköpfige Delegation des Moskauer Kulturministeriums Einlaß gewährt hatten.
Unter diesen Abgesandten befand sich eine Frau mittleren Alters mit strähnig verwaschenem Haar und einem anscheinend freundlichen, mütterlichen Gesicht, bis auf ihre Augen. Diese Augen, von stumpfem Grau und milchigweißgefleckt, hatten einen mumienhaft verglasten Blick, der zu den munteren Linien ihrer Miene nicht recht passen wollte. Sie trug einen schwarzen Tuchmantel und ein bräunlich abgetragenes schwarzes Kleid, das vorn heruntersackte vom Gewicht einer elfenbeinernen Rosenbrosche. Als sie sich und ihre Kollegen vorstellte, plapperte sie die Namen so hastig und in einem einzigen Atemzug herunter, daß es wie der rasch gesprochene eingeschobene Zwischentext in einem Lied klang. „Darf ich bekannt machen: SaschaMenaschaTjomkinKerinskiIgorsIwanowitschNikolaiSawtschenkoPlesitskajaGrutschenkoRickiSomanenko ..."
Zu gegebener Zeit sollten sich die Amerikaner diese Namen auseinanderklauben und vereinfachen, bis ihre Träger allgemein als Miss Lydia, Henry, Sascha und Igor bekannt wurden; die letzten drei, junge Angestellte des Ministeriums, die, genau wie Miss Lydia, der Theatertruppe als Dolmetscher zugewiesen worden waren. Doch das fünfte Mitglied dieses Quintetts, Nikolai Sawtschenko, war nicht der Mensch, den man einfach Nick nannte. Als höherem Beamten des Ministeriums unterstand Sawtschenko die gesamte *Porgy-and-Bess*-Tournee.
Unter einem fliehenden Kinn, leicht vorquellenden Augen und einer Neigung zu Fettansatz leidend, war er dennoch eine eindrucksvolle Erscheinung – gut über einsachtzig groß, mit einer strengen, respektgebietenden Haltung und einem Händedruck wie ein Nußknacker. Neben ihm wirkten seine jungen Assistenten wie kränkliche Kinder, obgleich zwei von ihnen, Sascha und Igor, stämmige Burschen mit Schultern waren, die zu breit für ihre pelzbe-

setzten Mäntel schienen; und Henry, ein spinnendürres Kerlchen mit schon fast purpurroten Schlappohren, machte durch Lebhaftigkeit wett, was ihm an Wuchs abging.
Es schien nur natürlich, daß Miss Lydia und die jungen Männer auf diese, ihre erste, Begegnung mit Menschen aus dem Westen unbeholfen reagierten; verständlich, daß sie nur zögernd ihr Englisch ausprobierten, das sie so mühselig am Moskauer Fremdspracheninstitut erlernt, doch nie zuvor wirklichen Ausländern gegenüber angewendet hatten; verzeihlich also, daß sie statt dessen uns Amerikaner anstarrten, als seien wir Bauern in einer Schachaufgabe. Aber auch Sawtschenko machte den Eindruck, als fühle er sich nicht sonderlich wohl, als zöge er wahrhaftig eine Zeit der Haft in der Lubjanka seiner gegenwärtigen Aufgabe vor. Nun, auch das war entschuldbar, wenngleich ein wenig seltsam angesichts der Tatsache, daß er während des Krieges zwei Jahre als Botschaftsrat an der Sowjetbotschaft in Washington verbracht hatte. Ungeachtet dessen schien er uns Amerikaner als ein derart zungenlähmendes Novum zu empfinden, daß er im ersten Moment vorgab, kein Englisch zu sprechen. Er gab eine kurze Willkommensrede in barschem Russisch von sich, die er dann von Miss Lydia übersetzen ließ. „Wir hoffen, daß Sie allesamt eine gute Reise hatten. Bedauerlich, daß Sie uns im Winter besuchen. Es ist keine gute Jahreszeit. Aber wir haben ein Sprichwort: ‚Besser heute als nie.‘ Ihr Besuch ist ein Schritt voran auf dem Marsch zum Frieden. Wenn die Kanonen sprechen, schweigen die Musen; wenn die Kanonen schweigen, sprechen die Musen."
Die Musen-Kanonen-Metapher, die sich als Sawtschenkos Lieblingsspruch und krönender Schlußsatz aller späteren Reden erweisen sollte, kam bei seinen Hörern sofort ausgezeichnet an („Schön gesagt." „Einfach großartig, Mr. Sawtschenko." „Das haut aber genau hin, Mann."), und erwärmt durch seinen Erfolg, begann Sawtschenko, sich zu

entspannen, und entschied, daß vielleicht doch kein Grund bestehe, die Truppe im Zug eingesperrt zu lassen. Ob wir nicht auf den Bahnsteig hinausgehen und beim Radwechsel zusehen wollten?

Draußen warb Lyons bei der Truppe darum, ein Gesangsfest zu versuchen. Allein die Temperatur, dreiundzwanzig unter Null, verführte nicht zu musikalischen Ausbrüchen. Überdies war ein erheblicher Prozentsatz all derer, die so dankbar für das Entkommen aus dem Blauen Expreß gewesen waren, bereits nach dem kürzesten Luftschnappen dabei, sich gegenseitig wieder hineinzudrängen. Die Ausdauernden, die draußen blieben, sahen bei sinkender Dunkelheit zu, wie Bahnarbeiter, beiderlei Geschlechts, die Wagen auseinanderkuppelten und jeweils mit Winden auf Mannshöhe hochwuchteten. Dann wurden die alten Radgestelle, funkensprühend, unter dem Zug fortgerollt, während von der entgegengesetzten Richtung die neuen Räder mit der größeren Spurbreite an ihre Stelle glitten. Ira Wolfert bezeichnete dies Verfahren als „eine tüchtige Leistung“; Herman Sartorius fand es „höchst eindrucksvoll“; aber Miss Ryan meinte, es sei „eine verdammt langweilige Geschichte“, und setzte hinzu, daß sie mir einen Wodka spendieren würde, wenn ich sie zum Bahnhofsgebäude begleitete.

Niemand hielt uns an. Wir überquerten an die hundert Meter Geleise, gingen die dreckige Durchfahrtgasse zwischen Speicherhäusern entlang und kamen auf einem Mittelding zwischen Parkplatz und Markt heraus. Hellerleuchtete Buden umkränzten ihn wie brennende Kerzen eine Geburtstagstorte. Verwirrend wirkte die Entdeckung, daß jede der Buden die gleiche Ware verkaufte: Dosen mit Lachs „Roter Stern“, Sardinen „Roter Stern“, verstaubte Flaschen mit „Kreml“-Parfum, verstaubte Schachteln mit „Kreml“-Konfekt, sauer eingelegte Tomaten, ungeräucherte Speckscheiben mit Borsten zwischen dicken Schnitten von schwärzlichgrauem Brot, seltsam aussehende Liköre, Karfreitagssemmeln ohne das eingekerbte Kreuz, die den Eindruck machten, als seien sie schon vor Monaten gebacken. Und obgleich an den Buden lebhaft gekauft wurde, gab es die am meisten begehrte Ware doch in keiner von ihnen. Die befand sich allein in den Händen eines fliegenden Händlers, eines ältlichen Chinesen, der ein Brett mit Äpfeln vor sich hertrug. Die Äpfel waren ebenso zusammengeschrumpelt und winzig wie er selbst, aber die Schlange der wartenden Kunden schien untröstlich, als der letzte von ihnen dahingeschwunden war. Am äußersten Ende des Platzes führte eine Freitreppe zum Haupteingang des Bahnhofs, und der Chinese wanderte, seinen leeren Bauchladen zusammenklappend, darauf zu, um sich neben einen Freund zu setzen. Dieser Freund war ein Bettler, in einen alten Soldatenmantel gehüllt, der ein Paar Krücken zu beiden Seiten von sich streckte wie die Flügel eines verwundeten Vogels. Jeder dritte oder vierte, der vorüberkam, ließ eine Münze in seine Hand fallen. Auch der Chinese gab ihm etwas. Einen Apfel. Er hatte einen für den Bettler aufgehoben und einen für sich selbst. Die beiden Freunde kauten an ihren Äpfeln und saßen eng aneinandergelehnt in der schneidenden Kälte.

Das fortwährende langgezogene Pfeifen des Zuges schien die Apfelesser und die Buden und das fledermausartige Vorüberhuschen pelzverschatteter Gesichter zu einem verräucherten Abbild seines jammervollen Klanges zusammenzuschweißen. „Ich habe noch nie Heimweh gehabt. Nie in meinem Leben“, informierte mich Miss Ryan. „Aber manchmal“, sagte sie, während sie die Stufen hinauflief und die Tür zum Bahnhof aufstieß, „fühlt man sich so weit *weg* von zu Hause.“

Da Brest Litowsk einer der wichtigsten Eisenbahn-Knotenpunkte Rußlands ist, besitzt es einen der größten Bahnhöfe des Landes. Auf der Suche nach einem Ort, wo wir etwas zu trinken kaufen könnten, durchstreiften wir hohe Korridore und eine Reihe von Wartesälen, von denen der Hauptraum mit hübschen Eichenbänken ausgestattet war, besetzt von vielen Passagieren mit sehr wenig Koffern. Sie hatten Kinder und papierumhüllte Packen auf dem Schoß. Der steinerne Fußboden, naß von schwärzlichgeschmolzenem Schnee, machte das Gehen rutschig, und in der Luft hing ein Geruch, der sie so schwer durchtränkte, daß man ihn fast als einen Druck empfand. Venedigreisenden fallen oft als besonders bemerkenswert die ausgeprägten Gerüche dieser Stadt auf. In den öffentlichen Gebäuden Rußlands, in Bahnhöfen und Warenhäusern, Restaurants und Theatern ist auch ein solcher Geruch, den man sofort wiedererkennt. Und als Miss Ryan ihn zum erstenmal in die Nase kriegte, sagte sie: „Junge, Junge, von dem Parfum keine Flasche voll für mich. Alte Socken und millionenmal Gähnen."

Auf der Suche nach einem Ausschank begannen wir aufs Geratewohl Türen zu öffnen. Miss Ryan segelte durch eine hinein und gleich wieder heraus. Es war eine Herrentoilette. Dann entdeckte sie ein paar Stockbetrunkene, die aus einer kleinen roten Tür hervortorkelten, und entschied: „Da ist der Ort, nach dem wir suchen." Die rote Tür führte in ein ungewöhnliches Restaurant. Groß wie ein Turnsaal, wirkte es, als sei es von einem ausschmückenden Komitee mit viktorianischem Geschmack für ein Schulfest hergerichtet worden. Rote Plüschdraperien waren an den Wänden gerafft. Lüster aus dem vorigen Jahrhundert verströmten tropisch grelles Licht, das auf einen Dschungel aus borschtschbefleckten Tischtüchern und verdorrten Gummibäumen niederstach. Der Oberkellner schien dieser Atmosphäre schäbiger Eleganz angemessen. Er war min-

destens achtzig Jahre alt, ein weißbärtiger Patriarch mit grimmem Blick, der uns durch einen seemannskneipendicken Zigarettenqualm beäugte, als stelle er unsere Berechtigung zur Anwesenheit in Zweifel.
Miss Ryan lächelte ihn an und sagte: „Wodka, *pojalista.*"
Der alte Mann starrte sie eher noch feindseliger als verstehend an. Sie versuchte es mit verschiedener Aussprache: „Wedka ... Wadka ... Wudka ..." und spielte sogar pantomimisch das Gläserkippen vor. „Der arme Kerl ist taub", sagte sie und schrie: „Wodka, zum Donnerwetter."
Obgleich sein Gesichtsausdruck nach wie vor keine Erleuchtung zeigte, winkte uns der Alte und folgte der russischen Sitte, Fremde zusammenzusetzen, indem er uns an einen Tisch zu zwei Männern brachte. Beide tranken Bier, und der Alte zeigte wie fragend darauf, ob es dies sei, was wir haben wollten? Resignierend nickte Miss Ryan.
Unsere Tischgenossen waren zwei sehr verschiedene Menschentypen. Der eine, ein fleischiger Bursche mit kahlgeschorenem Kopf, der irgendeine verschossene Soldatenuniform trug, war auf dem besten Wege zu völliger Trunkenheit – ein Zustand, den er mit einer erstaunlichen Menge der zumeist männlichen Gäste des Restaurants teilte, von denen viele entweder unmäßig lärmten oder sich, vor sich hinmurmelnd, über ihren Tisch gelümmelt hatten. Der zweite Mann war uns ein Rätsel. Der äußeren Erscheinung nach hätte er ein Wallstreet-Partner unseres Herman Sartorius sein können, ein Mensch, den man sich eher beim Dinner im „Pavillon" als biertrinkend hier in Brest Litowsk vorstellen konnte. Sein Anzug war gebügelt, und man sah wohl, daß er nicht selbergeschneidert war. Er hatte goldene Manschettenknöpfe in seinem Hemd und war der einzige Mann im ganzen Raum, der eine Krawatte trug.
Nach einer Weile sprach der kahlgeschorene Soldat Miss

Ryan an. „Ich spreche leider nicht russisch", erklärte sie ihm. „Wir sind Amerikaner. *Amerikanski.*" Ihre Erklärung hatte eine ziemlich ernüchternde Wirkung. Seine geröteten Augen erfaßten langsam wenigstens halbwegs wieder seine Umgebung. Er wandte sich an den gutgekleideten Mann und hielt ihm eine lange Rede, nach der ihm der Mann mit einigen scharfen, unfreundlich klingenden Sätzen antwortete. Es kam darauf zwischen ihnen zu einem heftigen Wortwechsel, dann ergriff der Soldat sein Bier und stolzierte an einen anderen Tisch, von wo er uns böse Blikke zuwarf. „Na ja", meinte Miss Ryan, die bösen Blicke erwidernd, „nicht *alle* Männer hier sind attraktiv, das ist nun mal sicher." Jedoch musterte sie kurz unseren offensichtlichen Ritter, den gutgekleideten Mann: „*Sehr* attraktiv. Sieht aus wie Otto Krüger. Komisch, daß ich immer schon für ältere Männer was übrig hatte. Lassen Sie das Anstarren. Der merkt sonst, daß wir von ihm reden. Sagen Sie mal", fragte sie, nachdem sie mich auf sein Oberhemd, die Manschettenknöpfe und seine sauberen Fingernägel aufmerksam gemacht hatte, „glauben Sie, daß es so was gibt wie einen russischen Millionär?"
Das Bier kam. Eine Viertelflasche und zwei Gläser. Der Ober schenkte einen Zentimeter hoch Bier in mein Glas und wartete dann gespannt. Miss Ryan begriff eher als ich. „Er will, daß Sie kosten, wie beim Wein." Indem ich das Glas hob, überlegte ich, ob das Bier-Kosten eine sowjetische Sitte sei oder ob es eine Zeremonie von einst war, irgendeine verworrene Champagner-Erinnerung aus der Zarenpracht, die der alte Mann wiederaufleben ließ, um auf uns Eindruck zu machen. Ich nippte, nickte, und stolz füllte der Alte unsere Gläser mit einem warmen und schaumlosen Gebräu. Aber plötzlich sagte Miss Ryan: „Nicht anrühren! Das ist ja scheußlich!" Ich erklärte, daß ich es *so* schlecht gar nicht finden könne. „Ich meine, wir sind in einer scheußlichen Lage", sagte sie. „Lieber Gott, ich meine: wir können

das gar nicht bezahlen. Ich habe ja vollständig vergessen: wir haben doch keinen einzigen Rubel!"

„Darf ich Sie bitten, meine Gäste zu sein?" fragte eine halblaute Stimme in ausgezeichnetem Englisch. Es war der gutgekleidete Mann, der gesprochen hatte, und obgleich sein Gesicht unbeweglich blieb, bildeten sich um seine lichtblauen Nordlandaugen kleine amüsierte Fältchen, mit denen er unser Unbehagen deutlich quittierte. „Ich bin kein russischer Millionär. Die existieren zwar wirklich – ich kenne immerhin einige –, doch es wird mir ein Vergnügen sein, Ihr Bier zu bezahlen. Aber ich bitte Sie, Sie brauchen sich wirklich nicht zu entschuldigen", wehrte er Miss Ryans gestotterte Bemühungen ab und lächelte nun geradeheraus, „es hat mir ungeheuren Spaß gemacht. Höchst ungewöhnlich. Höchst ungewöhnlich, in diesem Teil der Welt auf Amerikaner zu treffen. Sind Sie Kommunisten?"

Nachdem Miss Ryan ihm diese irrige Vorstellung ausgetrieben hatte, erzählte sie, wohin wir wollten und zu welchem Zweck. „Sie haben Glück, daß Sie zuerst nach Leningrad gehen. Eine wunderschöne Stadt", sagte er, „so ruhig, richtig europäisch, der einzige Ort in Rußland, wo ich leben könnte; nicht daß ich es etwa tue, aber immerhin ... Jaja, ich liebe Leningrad. Es ist so gar nicht wie Moskau. Ich bin auf dem Weg nach Warschau, aber ich habe zwei Wochen Moskau hinter mir. Das ist so viel wie zwei Monate irgendwoanders." Er erzählte uns, daß er Norweger sei und aus Geschäftsgründen – er handele mit Holz – sich einige Wochen jeden Jahres in der Sowjetunion aufhalten müsse und dies, bis auf eine Unterbrechung während des Krieges, bereits seit 1931. „Ich spreche ziemlich gut russisch und habe nichts dagegen, daß ich in meinem Bekanntenkreis als Rußlandkenner gelte. Ehrlich gestanden aber kann ich nicht von mir sagen, heute mehr von diesem Land zu verstehen als 1931. Immer wenn ich Ihre Heimat besuche – ach, ich bin dort wohl etwa ein halbes dutzendmal gewesen –, dann fällt mir doch jedesmal auf, daß die Amerikaner die einzigen Menschen sind, die mich an die Russen erinnern. Es macht Ihnen hoffentlich nichts aus, wenn ich das sage? Amerikaner sind so weitherzig. Tatkräftig. Und unter all diesem Kraftprotzentum steckt bei ihnen der Wunsch, geliebt zu werden; sie wollen gehätschelt werden wie Hunde und Kinder, und man soll ihnen sagen, daß sie genauso gut, wenn nicht besser sind als wir andern alle. Nun neigen die Europäer durchaus dazu, ihnen darin recht zu geben, aber sie wollen das einfach nicht glauben. Das geht bei ihnen immer so weiter mit dem Gefühl der Inferiorität und des Isoliertseins. Verlassen und allein. Wie die Russen. Genauso."

Miss Ryan wollte von ihm den Inhalt seines Gesprächs mit dem Soldaten wissen, der vom Tisch aufgestanden war. „Ach, dummes Zeug", sagte er. „Betrunkene Prahlerei. Aus irgendeinem verrückten Grunde glaubt er, Sie hätten ihn beleidigt. Ich habe ihm gesagt, er sei *nje kulturnyj.* Merken Sie sich das: *nje kulturnyj.* Es wird sich als äußerst nützlich erweisen, denn wenn solche Burschen unverschämt werden und Sie das Gefühl haben, ihnen eins aufs Dach geben zu müssen, macht es denen nicht das geringste, Bastard oder Hundesohn genannt zu werden, aber wenn man einem sagt, er sei *unkultiviert,* das trifft ihn tief."

Miss Ryan wurde unruhig wegen der Zeit. Wir bedankten uns, abschiednehmend, mit einem Händedruck für das Bier. „Sie sind sehr *kulturnyj* gewesen", sagte sie. „Nebenbei gesagt finde ich auch, daß Sie *noch* attraktiver sind als Otto Krüger."

„Das werde ich bestimmt meiner Frau erzählen", grinste er. *„Doswidanje.* Und viel Glück!"

Eine Stunde hinter Brest Litowsk erfolgte der erste Aufruf zum Speisewagen. Es war dies ein Ereignis, dem die Truppe mit einem Appetit entgegengesehen hatte, aufgeputscht von echtem Hunger wie von der Überzeugung, daß die sowjetischen Gastgeber unbedingt aus diesem ersten russischen Mahl der Truppe einen „richtiggehenden Schmaus" machen würden, oder, wie ein anderer aus dem Ensemble es drastischer ausdrückte, eine „Völlerei".

Miss Thigpens Wünsche waren bescheidener. „Fünf Löffel Kaviar und ein Stück trockner Toast. Das sind hundertdreißig Kalorien." Kalorien waren das letzte, worum sich Mrs. Gershwin Sorgen machte. „Denken Sie nur nicht, daß ich nicht einhauen werde in den Kaviar, Liebchen. Der kostet in Beverly Hills fünfunddreißig Dollar das Pfund." Leonard Lyons' Wunschträume konzentrierten sich auf heißen Borschtsch mit saurem Rahm. Earl Bruce Jackson hatte sich vorgenommen, sich mit Wodka „aufzupumpen" und mit Schaschlik „vollzuschlagen". Marilyn Putnam hoffte, daß jeder einen kleinen Leckerbissen für Twerp übrig haben würde.

Der erste Mittagstisch, fünfzig an der Zahl, marschierte in den Speisewagen und nahm an den leinengedeckten Tischen Platz, die, jeweils für vier Personen, zu beiden Seiten längs des Mittelgangs plaziert waren. Das Gedeck bestand aus weißem Steingutgeschirr und abgegriffenem Tafelsilber. Der Speisewagen selber schien ebenso alt wie das Silber, und der Essensgeruch von einem halben Jahrhundert hing als sozusagen sichtbarer Dunst in der Luft. Sawtschenko fehlte, aber Miss Lydia und die drei jungen Leute vom Ministerium spielten Gastgeber an verschiedenen Tischen. Die jungen Männer sahen sich ständig nacheinander um, als sendeten sie stumme Hilferufe aus von ihren abgetrennten Inseln der Verbannung und Not.

Miss Lydia saß mit Lyons, Miss Ryan und mir an einem Tisch. Man spürte, wie für diese ältliche Frau, die gesagt hatte, daß sie im gewöhnlichen Leben Artikel übersetzte und in Moskau in einem Zimmer lebe, dies einzigartige Erlebnis, das Röte auf ihre Wangen zauberte, nicht so sehr das war, daß sie mit Ausländern sprach, sondern daß sie im Speisewagen in einem fahrenden Zug saß. Es war sichtlich etwas an diesem Silber und dem sauberen Tischtuch und einem Körbchen mit verschrumpelten Äpfeln gleich jenen, die der Chinese verkauft hatte, das sie an ihrer Elfenbeinrose herumfingern und die losen Strähnen ihres Haares glattstreichen ließ. „Ah, wir essen!" sagte sie, ihre Blicke einem Quartett stämmiger Serviererinnen zuwendend, die mit Tablettladungen des ersten Ganges den Mittelgang heruntergewatschelt kamen.

Jene, deren Gaumen sich bereits auf geeisten Kaviar und gekühlte Wodkakaraffen eingestellt hatten, waren leicht bekümmert, als sie sahen, wie man Joghurt vor sie hinsetzte, zusammen mit Flaschen voll Himbeerbrause. Miss Thigpen, die hinter mir saß, war die einzige, die Enthusiasmus laut werden ließ: „Ich könnte sie abküssen! Mehr Proteine als ein Steak und nur halbsoviel Kalorien." Auf der anderen Seite des Ganges aber warnte Mrs. Gershwin Miss Putnam davor, sich damit nicht den Appetit zu verderben. „Essen Sie das nicht, Herzchen, ich bin sicher, daß der Kavi als nächstes kommt." Der nächste Gang bestand indessen aus steifen Nudeln, die wie versunkene Baumstrünke in einer wässerigen Brühe lagen. Das folgende Zwischengericht stellten panierte Kalbskoteletten mit gekochten Kartoffeln dar, und grüne Erbsen, die wie Schrot auf dem Teller klapperten; um dies hinunterzuspülen gab es eine weitere Zuteilung von Himbeerbrause. Miss Putnam sagte zu Mrs. Gershwin: „Es ist ja nicht *mein* Magen, um den ich mir Sorgen mache. Sondern der von Twerp", und Mrs. Gershwin, an ihrem Kotelett herumsäbelnd, meinte: „Halten Sie es für möglich, daß sie den Kavi zum Nachtisch aufsparen? Mit so kleinen Eierkuchen, wissen Sie?"

Miss Lydias Backen blähten sich, ihre Augen traten vor, ihre Kiefer arbeiteten wie Kolben auf und nieder, Schweißtröpfchen rannen ihr den Hals herunter. „Essen Sie, essen Sie“, drängte sie, „es ist gut, nicht?“ Miss Ryan erklärte ihr, es sei wunderbar, und Miss Lydia, die ihren Teller mit einem Viertellaib dunklen Brotes sauberwischte, nickte heftig: „Sie werden nicht einmal in Moskau etwas Besseres bekommen.“

Während der Pause zwischen diesem Gericht und dem Nachtisch betätigte sie sich weiter an dem Korb mit Äpfeln; während die Kerngehäuse sich häuften, hielt sie gelegentlich inne, um Fragen zu beantworten. Lyons wollte unbedingt wissen, in welchem Hotel die Truppe in Leningrad untergebracht sein würde. Miss Lydia war erstaunt, daß er dies nicht wußte. „Im Astoria. Seit Wochen sind die Zimmer reserviert“, sagte sie und fuhr fort mit der Beschreibung des Astoria als „sehr altmodisch, aber ausgezeichnet“. „Schön“, sagte Lyons, „wie steht's mit dem Nachtleben in Leningrad, ist da was los?“ Miss Lydia beantwortete dies, indem sie sagte, ihr Englisch sei wohl doch nicht ganz auf der Höhe, und fuhr dann fort, von ihrem moskowitischen Standpunkt aus über Leningrad zu reden, wie ein New Yorker etwa über Philadelphia; es war „altmodisch“, es war „provinziell“, es war „nicht so wie Moskau.“ Am Schluß dieser langen Aufzählung meinte Lyons säuerlich: „Klingt mir mehr nach Kurzgastspiel.“ Miss Ryan kam der Gedanke, zu fragen, wann Miss Lydia zum letztenmal in Leningrad gewesen sei? Miss Lydia zuckte die Lider. „Zum letztenmal? Niemals. Ich bin niemals dort gewesen. Es wird interessant sein, es kennenzulernen, nicht?“

Gleich darauf hatte sie selbst eine Frage. „Ich würde Wert darauf legen, wenn Sie mir etwas erklären könnten. Warum gehört Paul Robeson nicht mit zu dem Ensemble? *Er* ist doch ein Farbiger, nicht wahr?“

„Ja“, sagte Miss Ryan und ebenso, fügte sie hinzu, sechzehn Millionen weiterer Amerikaner. Miss Lydia könne doch sicherlich nicht erwarten, daß *Porgy and Bess* die alle beschäftige?

Miss Lydia lehnte sich in ihrem Stuhl mit einem schlauen Ich-lasse-mich-nicht-für-dumm-verkaufen-Ausdruck zurück. „Das kommt nur daher, weil *Sie*", sagte sie, Miss Ryan anlächelnd, „*Sie* ihm den Paß verweigern."

Der Nachtisch erschien. Es war Vanille-Eis und ganz ausgezeichnet. Hinter mir sagte Miss Thigpen zu ihrem Verlobten: „Earl, Süßer, rühr das nicht an. Vielleicht ist es nicht pasteurisiert." Jenseits des Ganges bemerkte Mrs. Gershwin zu Miss Putnam: „Meiner Theorie nach schicken sie alles nach Kalifornien. Fünfunddreißig Dollar kostet er in Beverly Hills."

Kaffee folgte und mit ihm ein Wortwechsel. Jackson und seine Freunde hatten sich eines Tisches bemächtigt und gaben Karten zu einem Spiel Tonk aus. Die beiden am kräftigsten gebauten jungen Männer vom Ministerium, Sascha und Igor, liefen auf die Kartenspieler zu und teilten ihnen mit, heftig um einen festen Ton in der Stimme bemüht, daß „Spielen" in der Sowjetunion verboten sei. „Mann", sagte einer der Spieler, „hier spielt doch keiner. Wir müssen uns doch irgendwie *beschäftigen*. Wir machen gar kein freundschaftliches Spielchen, wir ärgern uns nur gegenseitig." Sascha blieb fest. „Es ist verboten. Nicht erlaubt." Die Männer warfen ihre Karten hin, und Jackson murrte, während er sie wieder ins Etui steckte: „Spießbürgernest! Können sich nur tote Katzen wohlfühlen. Null ist Trumpf hier. Werd' ich den Burschen zu Hause in New York erzählen."

„Sie sind unglücklich. Wir bedauern es wirklich", sagte Miss Lydia. „Aber wir müssen an unsere Restaurantwerktätigen denken." Ihre kurzfingrige dicke Hand deutete mit eleganter Geste auf die Serviererinnen, deren einfältig derbe Gesichter von Schweiß glänzten, während sie sich mühselig den Gang hinunterbewegten, beladen mit an die hundert Pfund schmutzigem Geschirr. „Sie begreifen. Es wäre nicht gut für sie, mitansehen zu müssen, wie gegen das Gesetz verstoßen wird.“ Sie raffte die wenigen letzten Äpfel zusammen und stopfte sie in ihre Stoffhandtasche. „So“, sagte sie munter, „jetzt gehen wir träumen. Trennen wir die Maschen unserer Kümmernisse auf.“

Am Morgen des 21. Dezember befand sich der Blaue Expreß vierundzwanzig Stunden vor Leningrad, einen Tag und eine Nacht noch, obgleich der Unterschied zwischen beidem, je tiefer nach Rußland hinein der Zug dahinkroch, geringfügig genug schien, so wenig tat die Sonne dazu – die sich geisterhaft grau gegen zehn erhob und um drei wieder in ihr Grab sank –, sie voneinander zu scheiden. Diese jämmerliche Spanne Tageslicht enthüllte obendrein einen Winter in seiner unerbittlichsten Härte: Birken, deren Zweige unter der Last des Schnees gebrochen waren; ein Blockhüttendorf, keine Seele zu erblicken und die Dächer mit Eiszapfen behangen, schwer wie Elefantenstoßzähne. Einmal ein Dorffriedhof, armselige Holzkreuze, windschief und fast versunken. Doch hie und da bewiesen Heustadel, die auf verlassenen Feldern standen, daß selbst dieser harte Boden im fernen Frühjahr wieder würde grünen können.
Unter den Passagieren im Zuge war das Pendel der Gefühle auf jenem Nullpunkt zwischen den Aufregungen der Abfahrt und der Hochspannung einer Ankunft angelangt. Ein zeitloses Nirgendwo verharrte, das man hinnahm, als könne es ewig dauern, wie der Wind, der ein Kesseltreiben weißsprühenden Schnees gegen den Zug veranstaltete. Endlich entspannte sich sogar Warner Watson. „Tja“, meinte er, als er mit kaum zitternden Händen eine Zigarette entzündete, „mir scheint, ich habe wohl meine Nerven soweit hingekriegt.“ Twerp hielt ein Schläfchen auf dem Gang, den rosigen Bauch nach oben und die Pfötchen von sich ge-

streckt. In Abteil 6 – unterdes ein heilloses Durcheinander von ungemachten Betten, Apfelsinenschalen, verschüttetem Puder und Zigarettenstummeln, die in kaltem Tee herumschwammen – übte sich Jackson im Kartenmischen, während seine Braut sich die Nägel polierte und Miss Ryan im weiteren Verfolg ihrer russischen Sprachstudien einen neuen Satz aus dem alten Soldatenleitfaden auswendiglernte: „*Slu-schai-sja i-li bu-du stra-ljatj!* Stehenbleiben oder ich schieße!" Lyons allein blieb den Forderungen eines Arbeitsalltags treu. „Vom Gegendbesehen allein rutscht man nicht in meine Einkommensteuerklasse", sagte er, mit ernster Miene die Überschrift für einen neuen Artikel tippend: „Theaterzug nach Leningrad."

Um sieben Uhr abends, als die andern zur dritten Tagesrunde mit Joghurt und Himbeerbrause aufgebrochen waren, blieb ich im Abteil und dinierte mit einem Schokoladenriegel. Ich war der Meinung, daß Twerp und ich den Wagen für uns allein hätten, bis ich merkte, wie einer der ministeriellen Dolmetscher, Henry, der kindliche Jüngling mit den großen Ohren, an meiner Tür vorbeiging, dann wieder vorüberkam, wobei er mir jedesmal einen Blick zuwarf, in dem die Neugier zitterte. Es war, als wollte er mich ansprechen, doch Vorsicht und Schüchternheit hielten ihn davon ab. Als er schließlich nach einem erneuten Erkundungsgang zu mir ins Abteil kam, war die Art der Annäherung, für die er sich entschlossen hatte, amtlich.

„Geben Sie mir Ihren Paß", sagte er mit jener Schroffheit, die schüchterne Menschen leicht annehmen.

Er setzte sich auf Miss Thigpens Lagerstatt und studierte den Paß durch eine Brille, die ihm ständig auf die Nasenspitze rutschte; wie alles andere, was er trug, vom glänzenden schwarzen Anzug mit den weiten Hosenbeinen bis zu den braunen abgetragenen Schuhen war auch sie viel zu groß für ihn. Ich sagte, wenn er mir erklären wollte, was er suche, könne ich ihm eventuell behilflich sein. „Es ist notwendig“, murmelte er, und seine roten Ohren brannten wie Kohlenglut. Der Zug muß einige Kilometer zurückgelegt haben, während er den Paß durchblätterte wie ein Junge, der sich in ein Briefmarkenalbum vertieft; und wenngleich er die Andenken, die auf seinen Seiten von Einwanderungsbehörden hinterlassen wurden, sorgfältig studierte, verweilte er doch am aufmerksamsten bei den Angaben, die den Beruf konstatieren, Größe und Haarfarbe, Geburtsdatum.

„Hier dies korrekt?“ sagte er, auf mein Geburtsdatum weisend. Ich bestätigte dies. „Wir sind drei Jahre auseinander“, sagte er. „Ich bin jüngster – *jünger?* – ich bin jünger, danke. Aber Sie haben viel gesehen. Nun, ich habe Moskau gesehen.“ Ich fragte ihn, ob er gern reisen würde. Seine Antwort begann als Gebärdenspiel, als eine seltsame Folge von Achselzucken und Herumgeflattere, einem Zusammenschrumpfen in seinem Fettkloß-Anzug, das ja und nein zu bedeuten schien oder vielleicht. Er schob seine Brille hoch und sagte: „Ich habe nicht die Zeit. Ich bin ein Werktätiger wie der und jener. Drei Jahre, es könnte sein, mein Paß auch viele Stempel haben könnte. Aber ich bin zufrieden mit Szene – nein, Szenerie – Szenerie von Seele. Die Welt ist die gleiche, aber hier“, er tippte sich gegen die Stirn, nein, er schlug förmlich dagegen, *„hier“*, er legte die Hand auf sein Herz, „sind veränderlich. Was ist richtig: Veränderung oder veränderlich?“ Ich sagte eines wie das andere; je nach Anwendung ergebe beides einen Sinn.

Die Anstrengung, diese Sätze zu formen, sowie das Übermaß des Gefühls, das hinter ihnen stand, hatten ihm den Atem benommen. Er stützte sich auf den Ellbogen und verschnaufte ein Weilchen, ehe er unvermittelt bemerkte: „Sie ähneln Schostakowitsch. Ist das so richtig?“ Ich erklärte ihm, daß ich das nicht gedacht hätte, nicht nach den

Fotografien, die ich von Schostakowitsch gesehen hätte. „Wir haben es diskutiert. Mr. Sawtschenko hat auch diese Meinung“, sagte er, als sei dies endgültig, denn wer waren wir schon, ein jeder von uns, um gegen Sawtschenko aufzustehen? Schostakowitschs Name führte zur Erwähnung von David Oistrach, dem großen sowjetischen Geiger, der kürzlich in New York und Philadelphia in Konzerten gespielt hatte. Er lauschte meinem Bericht von Oistrachs amerikanischen Triumphen, als preise ich ihn selbst damit, Henry; seine zusammengesunkenen Schultern strafften sich, er schien mit einemmal seinen schlotternden Anzug zu füllen, und die Hacken seiner Schuhe, die an der Seite des Bettes herunterbaumelten, schwangen gegeneinander und klickten, klickten und schwangen wie bei einem munteren Volkstanz. Ich fragte ihn, ob er glaube, daß *Porgy and Bess* in Rußland einen Erfolg haben würde, der sich mit Oistrachs Aufnahme in Amerika könnte vergleichen lassen. „Es ist nicht meine Fähigkeit, dies zu sagen. Aber wir vom Ministerium hoffen mehr, als Sie hoffen. Kein Kinderspiel für uns, dies *Porgy-Bess.*“ Er berichtete, daß es das erste Mal sei, obgleich er beim Ministerium seit fünf Jahren arbeite, daß ihn sein Dienst aus Moskau geführt habe. Gewöhnlich, sagte er, verbringe er sechs Tage der Woche am Schreibtisch im Ministerium. („Ich habe dort mein eigenes Telefon“), und an den Sonntagen bleibe er lesend daheim. („Unter Ihren Schriftstellern der gewaltige ist A. J. Cronin. Aber Scholochow ist gewaltiger, nicht?“) Sein Heim war eine Etagenwohnung am Stadtrand von Moskau, wo er bei seiner Familie wohnte und, da er unverheiratet war („Mein Gehalt entspricht noch nicht den Aspirationen“), ein Schlafzimmer mit seinem Bruder teilte.

Die Unterhaltung floß mit zunehmender Leichtigkeit dahin; er aß ein Stück Schokolade, er lachte, seine Hacken klickten; und dann bot ich ihm ein paar Bücher an. Sie lagen gestapelt auf dem Tisch, und seine Blicke wanderten ständig zu ihnen, einer kunterbunten Sammlung von Fünfundzwanzig-Cent-Krimis gemischt mit Edmund Wilsons *To the Finland station*, einer Geschichte vom Aufstieg des Sozialismus, und Nancy Mitfords Biografie der Pompadour. Ich erklärte, er könne sie haben, wenn er wolle.

Zuerst war er erfreut. Dann, als er nach den Büchern griff, zögerten seine Hände unversehens, zogen sich zurück, und sein eigentümlicher Tick setzte wieder ein; erneutes Schulterzucken, ein In-sich-Zusammenziehen, bis er wiederum von der Weite seiner Sachen übergeschluckt war. „Ich habe nicht die Zeit", sagte er bedauernd. Danach blieb anscheinend nichts mehr zu sagen übrig. Er teilte mir mit, daß mein Paß in Ordnung sei, und ging.

Zwischen Mitternacht und zwei Uhr morgens stand der Blaue Expreß auf einem Seitengleis unweit Moskaus. Die Kälte von draußen hatte sich in die Wagen hereingeschlichen und bildete bereifte Gucklöcher an der Innenseite der Fensterrahmen; schaute man hinaus, sah man nichts als diffuses Licht, als sei das Sehvermögen von Grauem Star getrübt. Sobald der Zug Moskau verlassen hatte, ging eine Welle der Unruhe durch die Abteile; jene, die geschlafen hatten, erwachten und begannen herumzuflattern wie Hühner, die von einer vorgespiegelten Dämmerung betrogen wurden. Die Aufgebliebenen gossen sich noch einmal ein und hatten wieder neuen Wind in den Segeln. Schon schlug das Pendel nach der Hochspannung der Ankunft aus.

Miss Thigpen erwachte mit dem Ruf „Earl! Earl!", als habe sie einen bösen Traum gehabt.

„Weg", sagte Miss Ryan, die in ihrem Bett zusammengekringelt lag, an einem Brandy suckelte und Mickey Spillane las. „Er ist dabei, dem Gesetze Trotz zu bieten. Irgend

jemand hat im nächsten Wagen ein Schmuggler-Tonk aufgezogen."
„So was sollte man nicht tun. Earl müßte seine Ruhe haben", sagte Miss Thigpen mißgestimmt.
„Stauchen Sie ihn doch zusammen", riet ihr Miss Ryan; „Er *muß* Sie ja nun heiraten."
„Nancy, *quelle heure est-il*?"
„Zwanzig vor vier." Um vier erkundigte sich Miss Thigpen erneut nach der Zeit, und dann wieder zehn Minuten später. „Himmeldonnerwetter, Helen, entweder besorgen Sie sich eine Uhr oder nehmen 'ne Schlafpille."

Miss Thigpen stieß ihre Decken beiseite. „Es hat keinen Zweck. Besser, wenn ich mich anziehe." Sie brauchte eine Stunde und fünfundzwanzig Minuten dazu, ihre Garderobe zu wählen und die richtige Dosierung von Kosmetika und Parfum anzuwenden. Fünf Minuten nach halb sechs krönte sie ihr Haupt mit einem Federhut und Schleier und setzte sich auf ihr Bett, vollständig angezogen bis auf Schuh und Strümpfe. „Ich bin halbtot vor Sorge, was ich an den Beinen anziehen soll. Ich will mich doch nicht vergiften", sagte sie. Ihre Ängste gründeten sich auf ein Merkblatt, das die Russen den Damen des Ensembles mit Bezug auf Nylon-Wäsche ausgegeben hatten. Unter dem Einfluß strenger Kälte, verkündeten sie, habe Nylon die Neigung, sich zu zersetzen, was eine Nylonvergiftung hervorrufen könne. Miss Thigpen rubbelte sich die nackten Beine und stöhnte. „Was *ist* das bloß für eine Gegend, wohin wir kommen? Wo einer Dame die Strümpfe auf der Straße in Stücke zerfallen und sie möglicherweise umbringen?"
„Vergessen Sie den Quatsch" sagte Miss Ryan.
„Aber die Russen ..."
„Woher zum Teufel sollen die das wissen? Die haben doch gar keine Nylons. *Darum* erzählen sie uns das."

Es war acht Uhr morgens, als Jackson von seinem Tonk-Spiel zurückkehrte. „Earl“, sagte Miss Thigpen, „soll das so weitergehen, wenn wir verheiratet sind?“
„Liebchen“, sagte er, müde ins Bett steigend, „der Löwe hat ausgebrüllt. Er ist Nullkommanull. Hat sich ausgeolalat.“
Miss Thigpen war bar des Mitgefühls. „Earl, wage es ja nicht, jetzt schlafen zu gehen. Wir sind gleich da. Wenn du dich für die kurze Zeit noch hinlegst, wirst du in einem scheußlichen Zustand aufwachen.“
Jackson murmelte etwas und zog sich die Decke über den Kopf.
„Earl“, sagte Miss Ryan mit sanfter Stimme, „ich glaube Sie wissen, daß sie Wochenschauaufnahmen auf dem Bahnhof machen wollen, nicht?“
Sehr kurze Zeit darauf war Jackson rasiert, hatte das Hemd gewechselt und hüllte sich in einen karamelfarbenen Pelzmantel. Er besaß einen Hut aus dem gleichen Fell, den er sich in der Form eines weichen Filzhuts hatte anfertigen lassen. Während er seine Hände in ein Paar Handschuhe mühte, die Löcher an den Fingern hatten, um seine Ringe sehen zu lassen, gab er seiner Braut Instruktionen, wie man mit den zu erwartenden Fotoapparaten zurechtkäme: „Paß auf, Süße, wir wollen uns nicht aufhalten lassen von einem Haufen einfacher Standfotografen. Das ist Zeitverschwendung, wenn die doch groß ’rauskommen mit der Flimmerkiste.“ Er kratzte mit seiner juwelenverzierten Faust am Fenster und spähte hinaus; es war fünf nach neun und noch stockdunkel, nicht gerade die ideale Beleuchtung zum Fotografieren. Doch eine halbe Stunde später war die Dunkelheit einem stahlgrauen Dunst gewichen und man konnte die Bläue eines leichten Schneetreibens erkennen.
Einer der Ministerialbeamten, Sascha, wanderte durch den Wagen, an die Abteiltüren klopfend. „Meine Damen und

Herren, in zwanzig Minuten wir kommen an Leningrad.“ Ich zog mich fertig an und quetschte mich durch auf den bevölkerten Gang, wo die Erregung von Minute zu Minute heftiger angetrieben wurde, genau wie die Räder des Zuges. Selbst Twerp war, schalumhüllt und von Miss Putnams Armen umhegt, zum Aussteigen bereit. Noch bereiter als Twerp war Mrs. Gershwin. Sie starrte vor Nerz, glitzerte von Brillanten, und ihre Locken lugten reizvoll unter einem üppigen weichen Zobelhut hervor. „Der Hut, Herzchen? Den habe ich in Kalifornien gekauft. Ich habe ihn mir als Überraschung aufgehoben. Wirklich, Schatz? Wie goldig von Ihnen, Darling. *Darling* ...“ sagte sie, und eine unversehene Stille gab ihrer Stimme Lautstärke, „wir sind *da*!“

Eine Sekunde überwältigter Ungläubigkeit, dann ein kollektiver Vorstoß gegen den Vorraum. Der bekümmertblickende Schaffner, der sich dort zur Trinkgeldentgegennahme aufgebaut hatte, sah sich nicht allein ignoriert, sondern auch gegen die Wand gequetscht. Wachsambehende wie Pferde am Starttor, suchten sich Jackson und John McCurry am Ausgang die beste Position zu sichern. McCurry ist der stämmigere von beiden, und als die Tür aufging, war er der erste draußen.

Er trat mitten unter eine graue Menge und das Aufzucken eines Blitzlichts. „Dank euch“, sagte McCurry, als Frauen wetteiferten, ihm Blumensträuße in die Hand zu drücken. „Gottes Segen über eure kleinen Spitzköpfe.“

„Als wir ankamen, flogen dort viele Vögel umher – schwarze und weiße“, schrieb Warner Watson, als er die Szene später in seinem Tagebuch aufzeichnete. „Die weißen waren *sakaros*. Ich schreibe dies nieder für meine vögelbeobachtenden Freunde. Wir wurden von vielen freundlichen Russen begrüßt. Den weiblichen und männlichen Mitgliedern (der Truppe) wurden Blumensträuße über-

reicht. Ich frage mich, wo sie die in dieser Jahreszeit herhatten. Rührende Sträußchen, wie Kinder sie machen."
Miss Ryan, die ebenfalls ein Tagebuch führte, schrieb: „Offizieller Empfang durch eine Schar von Riesenmännern und schäbig aussehenden Frauen, die eher so angezogen waren, als gingen sie zu einer Beerdigung statt zu einer Theatergruppe (schwarze Sachen, graue Gesichter), aber vielleicht *taten* sie das auch. Meine sinnlosen Plastiküberschuhe verlor ich ständig, weshalb mir nicht möglich war, mich ordentlich durchzuboxen durch das Gedränge der Mikrofone, Fotoapparate und derer, die zu ihnen gelangen wollten. Die Breens waren zur Stelle, Robert noch halb verschlafen, aber Wilva ein einziges Lächeln. Am Kopf des Bahnsteigs buchstabierte ich aus glanzlosen Blechbuchstaben *Leningrad* zusammen – und wußte nun erst, daß es tatsächlich stimmte."
Die Lyrikerin Helen Wolfert verfaßte für ihr Tagebuch eine langatmige Darstellung. Hier ein Auszug: „Als wir den Bahnsteig entlang dem Ausgang zustrebten, standen zu beiden Seiten Reihen beifallklatschender Menschen. Beim Erreichen der Straße umschloß uns die Menge der Schaulustigen. Polizisten drängten sie zurück, um uns durchzulassen, aber die Menschen drängten mit gleicher Heftigkeit wieder dagegen. Die Schauspieler reagierten auf die Herzlichkeit, das Getöse und die Bewillkommnung mit Dankbarkeit, Liebenswürdigkeit, Überschwang und Temperament. Wenn die Russen sie dafür ins Herz schlossen, so waren sie nicht die einzigen. Ich selber schloß sie in mein Herz."
Vielleicht sollten diesen Eintragungen einige Fußnoten beigegeben werden. Die Personen, die Miss Ryan mit „Riesenmännern und schäbig aussehenden Frauen" meint, waren hundert oder mehr der führenden Leningrader Bühnenkünstler, die man aufgeboten hatte, bei der Einfahrt des Zuges zugegen zu sein. Merkwürdigerweise hatte kei-

ner von ihnen vorher gewuß, daß *Porgy and Bess* nur Negerrollen hat, und ehe die Abordnung ihre verblüfften Gesichter in den Ausdruck der Willkommensfreude ummodeln konnte, war die Truppe schon halbwegs aus dem Bahnhof. Das „Gedränge der Schaulustigen", von Mrs. Wolfert notiert, bestand aus gewöhnlichen Bürgern der Stadt, deren Vorhandensein das Resultat einer Notiz im Lokalteil der *Iswestija* vom Vortag war. „Eine amerikanische Operngastspieltruppe wird morgen früh mit dem Zug in Leningrad eintreffen. Es steht zu erwarten, daß sie hier auftreten werden." Diese zwei Zeilen waren übrigens die erste öffentliche Erwähnung in der Sowjetpresse, die man Breens abenteuerlicher Unternehmung gewährte; doch ungeachtet dieser mageren Details hatte die Veröffentlichung sich als intrigierend genug erwiesen, um die mindestens tausend Leningrader herbeizulocken, die den Bahnhof säumten und sich als Wasserfall über die Treppe hinweg bis weit auf die Straße ergossen. Weniger bemerkte ich allerdings von „Herzlichkeit und Getöse", wovon Mrs. Wolfert beeindruckt war. Abgesehen von einem tröpfelnden Applaus erschien es mir, als betrachte sich die Menge das herausströmende Ensemble mit unendlicher Schweigsamkeit, geradezu einer seelischen Erstarrung, die wenig Anhaltspunkte dafür gab, was sie über den Vorbeizug der Amerikaner dachten: Mrs. Gershwin, beladen mit mehr Blumensträußen als eine Braut; der kleine Davy Bey, der einen improvisierten Negertanz aufführte; Jackson, der mit königlicher Gebärde winkte, und John McCurry beide Hände über dem Kopf zusammengeschlagen wie ein Preisboxer.

Mochte die Reaktion der Russen unergründbar gewesen sein, so hatte Leonard Lyons, der offizielle Historiograph, seinerseits eine sehr bestimmte Meinung. Mit professionellem Blick die Szene in Augenschein nehmend, schüttelte er den Kopf. „Das ist nicht richtig angepackt worden. Keine richtige Schau. Also wenn Breen was vom Geschäft verstünde", sagte er beim Durchschreiten der Bahnhofstür, „wären wir hier singend 'rausgekommen!"

## II
## Die Musen sprechen

Die Leningrader Premiere von *Porgy and Bess,* ein Ereignis, mit dem man internationales Aufsehen zu ernten gedachte, war für Montagabend, den 26. Dezember, geplant, was der Theatergesellschaft fünf Tage der Vorbereitung und Proben gab – eine ausreichende Zeit in Anbetracht dessen, daß man sich seit nahezu vier Jahren auf Gastspielreisen befand. Aber Robert Breen, der Regisseur dieser Aufführung, war entschlossen, daß die Zuhörer bei der Leningrader Premiere die denkbar beste Darstellung dieser Neger-Oper vorgesetzt bekommen sollten. Breen und seine tatkräftige Partnerin und Frau, Wilva, waren ebenso wie ihr erster Assistent, der liebenswürdige, aber übernervöse Warner Watson, überzeugt davon, daß die Russen „wie vor den Kopf geschlagen" sein würden von diesem folkloristischen Musical, daß sie „noch nie etwas Ähnliches gesehen haben" würden. Verschiedene, auch selbst wohlmeinende Beobachter waren sich dessen nicht ganz so sicher. Wie man es indes auch ansah, von den Amerikanern wie von ihren russischen Gönnern aus versprach diese Erstaufführung doch eine der spannungsgeladensten der Theatergeschichte zu werden. Allein am Morgen unserer Ankunft lag dies Ereignis noch mehr als hundert Stunden fern; und nachdem die Truppe in bereitgestellten Bussen vom Bahnhof Leningrad zum Hotel Astoria gebracht worden war, konzentrierte sich ihre ganze Spannung auf die Unterbringung.

Das Astoria, an der eindrucksvollen Weite des Isaaks-Platzes gelegen, ist ein Intouristhotel, was bedeutet, daß es jenem staatlichen Betrieb untersteht, der alle Hotelunterkünfte für ausländische Reisende mit Aufenthaltsgenehmigung kontrolliert. Das Astoria erhebt mit Recht Anspruch darauf, das beste Haus in Leningrad zu sein. Manche halten es für das Ritz von ganz Rußland. Aber es macht nur wenig Konzessionen an westliche Begriffe eines Luxus-Etablissements. Eine derselben ist ein von der Hotelhalle abgehender Raum, der sich als ein *Institut de Beauté* anpreist, wo für die Gäste *Pedicure, Manicure* und ein *Coiffeur pour Madame* bereit sind. Das *Institut* mit seiner fleckigen Weißgekalktheit, seinem peinigenden Zubehör erinnert an eine Armenklinik unter Obhut einiger nicht eben peinlich hygienischer Krankenschwestern, und die *Coiffure,* die Madame dort erhält, wird ihr Haar leicht in einen Zustand versetzen, der es ausgezeichnet als Topfkratzer verwendbar macht. Dann sind da, im gleichen Geschoß gelegen, drei Restaurants, eins ins andere übergehend, ein Höhlentrio, das etwa so viel Frohsinn verbreitet wie ein Flugzeugschuppen. Das mittlere ist Leningrads elegantestes Restaurant, und abends von acht bis Mitternacht spielt dort ein Orchester russischen Jazz für die lokale *haut monde,* die selten tanzt, sondern grämlich herumsitzt und die Bläschen in klebrigen Gläsern mit süßem Krimsekt zählt. Das Intouristbüro des Hotels befindet sich in der Haupthalle hinter einer niederen Theke, deren zwölf Pulte so arrangiert sind, daß die Angestellten jeweils einen guten Überblick haben, was ihre Aufgabe, das Kommen und Gehen der Gäste zu überwachen, wesentlich erleichtert. Es ist dies noch einfacher, ja sozusagen narrensicher gemacht worden, indem man eine Art Hausdame auf jedem der für die Gäste bestimmten Stockwerke stationiert hat, Aufseherinnen, die von Morgendämmerung bis Morgendämmerung im Dienst sind und niemandem erlauben, sein

Zimmer zu verlassen, ohne daß er ihnen den Schlüssel abgibt, und die ständig, wie menschliche Kontrolluhren, das Ein und Aus in dicke Bücher einzutragen haben. Vielleicht hätte Houdini ihnen entschlüpfen können, aber man kann sich nur schwer denken, wie er es fertiggebracht hätte, weil sie an Tischchen sitzen, die sowohl die Treppe vor sich haben wie den Fahrstuhl, einen veralteten Vogelkäfig, der an seinen Seilen quietscht. Nun gibt es tatsächlich eine unbewachte Hintertreppe, die die oberen Stockwerke mit einer abgelegenen unteren Halle verbindet, und für heimliche Besucher oder den Gast, der unbemerkt fortzugehen wünscht, wäre dies der ideale Weg. *Wäre*, hätte man sie nicht von oben bis unten mit hölzernen Gittern verbarrikadiert, die durch alte Sofas und Schränke noch verstärkt sind. Mag sein, daß die Hotelleitung keinen andern Platz zum Abstellen für diese Möbelstücke finden konnte. Ganz gewiß ist in den Zimmern kein Platz mehr dafür vorhanden. Denn der übliche Gastraum im Astoria sieht wie die Mansarde in einem viktorianischen Dachgeschoß aus, wo irgendeine arme Verwandte ihr Leben unter den abgelegten Sachen der Familie begräbt: im ungesunden Dunsthauch romantischer Marmorsäulen, trübbrennender Birnen unter Tüllampenschirmen wie Ballettröckchen, Tischen – gleich mehreren davon – mit Perserdecken, massenhaft Stühlen, Plüschsesseln, Schränken, die Platz für Schiffskoffer bieten würden, geblümten Tapeten an den Wänden, buntschillernd von goldgerahmten Früchtestilleben und idyllischen Landschaften, Betten, die hinter klammfeuchten Samtportieren in höhlenartigen Alkoven verborgen sind – all dies hineingestopft in einen grabesdunklen, ungelüfteten Raum (man kann die Fenster im Winter nicht öffnen und würde es auch nicht wollen, wenn es ginge), der viermal so groß wie ein Eisenbahnabteil ist. Das Hotel hat natürlich auch großartigere Unterbringungsmöglichkeiten, Appartements von fünf und sechs Zimmern,

aber die Innendekoration ist die gleiche, nur noch überladener.
Nichtsdestoweniger war die Mehrzahl unseres *Porgy-and-Bess*-Ensembles höchst einverstanden mit dem Astoria, meist weil sie „etwas so viel *Schlimmeres*“ befürchtet hatten und nun ihre Zimmer „gemütlich“ fanden, „gewisse Atmosphäre“ oder, wie der intellektualistische Publizist der Gastspieltruppe, Willem van Loon, es ausdrückte: „So viel Jugendstilnippsachen. Nein wirklich!“ Doch als die Truppe die Halle des Hotels betrat, wo bereits chinesische Würdenträger und Kosaken in hohen Russenstiefeln herumquirlten, war, zunächst jedenfalls, die tatsächliche Einweisung in diese Zimmer in einigen Fällen noch weit entfernt und fragwürdig.
Beim Astoria schien die Zuweisung der Räume, vor allem der Appartements, von einem Protokoll – oder eher einem Fehlen desselben – diktiert, das in erheblich vielen von uns bittere Gefühle auslöste. Nancy Ryan offerierte die Theorie, daß die Russen zu ihrem System der Zimmerverteilung unter Zuhilfenahme der Gagenlisten unserer Everyman Opera gekommen sein müßten: „Je weniger einer kriegt, desto mehr geben sie ihm.“ Was auch immer der Grund sein mochte, fanden es doch einige der Starmitglieder und der mitreisenden prominenten Gäste der Truppe „grotesk“ und „verrückt, Mann, verrückt“, daß Requisiteure und Garderobieren, Bühnenarbeiter und Beleuchter geradeswegs zu den Luxusappartements geführt wurden, während von ihnen, den „eigentlichen“, verlangt wurde, daß sie sich mit dem übriggebliebenen Abschaum des Hotels zufriedengeben sollten. „Machen die Witze?“ sagte Leonard Lyons. Ein anderer Gast der Truppe, Herman Sartorius, hatte wirklich Grund zur Klage: ihm hatte man überhaupt kein Zimmer zugewiesen. Ebensowenig Mrs. Gershwin, die auf ihren Koffern in der Halle saß und von Wilva Breen und Warner Watson besänftigt wurde.

„Keine Sorge, Baby“, sagte Mrs. Breen, die am Abend zuvor mit dem Flugzeug angekommen war und mit ihrem Mann zusammen sich in sechs Räumen Astorianischen Prunkes barg. „Die Russen mögen langsam sein, sie mögen die Dinge ein bißchen durcheinanderbringen, aber zum Schluß kommt alles in die Reihe. Denkt doch dran, was mir passiert ist, als ich in Moskau war“, fuhr sie fort und meinte damit ihren Besuch in Moskau vom Oktober, zur Vorbereitung der Tournee. „Neun Tage habe ich gebraucht für ganze zwei Stunden wirklicher Arbeit. Aber alles ist prächtig ausgegangen.“

„Bestimmt, Lee“, sagte Warner Watson und strich sich erregt mit der Hand über die graumelierte Bürste seiner Haare. „Bestimmt, Herzchen, wir kriegen diese Zimmersache schon hin.“

„Aber Darling, ich bin ja restlos glücklich, Darling“, versicherte ihnen Mrs. Gershwin. „Ich finde es doch so herrlich, daß wir *da* sind.“

„Ja, daß wir es tatsächlich geschafft haben!“ sagte Mrs. Breen und schaute sich strahlend um. „Und was für goldige, nette, hinreißende Menschen. Waren sie nicht hinreißend, als der Zug ankam?“

„Hinreißend“, sagte Mrs. Gershwin und schaute auf die Unmenge welkender Blumensträuße, die man ihr auf dem Bahnhof überreicht hatte.

„Und das Hotel ist doch einfach bildschön, nicht?“

„Ja, Wilva“, erwiderte Mrs. Gershwin lustlos, als beginne sie die Begeisterung ihrer Freundin langsam zu ermüden.

„Sie werden ein schönes Zimmer bekommen, Lee“, versicherte Mrs. Breen, und Warner Watson setzte hizu: „Wenn es Ihnen nicht gefällt, können Sie wechseln. Was immer Sie wollen, Lee, werden wir schon hinkriegen.“

„Aber ich bitte Sie, Darling. Das ist doch nicht wichtig, nicht im geringsten. Wenn sie mich nur *irgendwo* unterbringen würden, denke ich doch nicht daran, umzuziehen“, sagte Mrs. Gershwin, der es bestimmt war, im Verlauf der paar folgenden Tage dreimal darauf zu bestehen, ihre Unterkunft wechseln zu müssen.

Die Delegation des Kulturministeriums unter Nikolai Sawtschenko, dem sachlichen, eindrucksvollen Einsachtziger, sah sich in einem Wirbel des Beruhigenmüssens, Inordnungbringens und der Versicherungen an jeden, daß er das Zimmer erhalten würde, das ihm zustehe. „Geduld", flehte eine von ihnen, die ältliche Dolmetscherin Miss Lydia. „Vergrößern Sie nicht noch diese Unannehmlichkeit. Wir haben genügend Zimmer. Niemand wird durch die Straßen irren müssen." Nancy Ryan erklärte, es würde ihr nichts ausmachen, durch die Straßen zu irren, und schlug mir vor, ob wir nicht durch einen Spaziergang der Konfusion in der Hotelhalle entfliehen sollten.

Der Isaaks-Platz wird an einer Seite von einem Kanal begrenzt, der von der Newa abzweigt, einem Fluß, der die Stadt im Winter durchzieht wie eine gefrorene Seine, und an der gegenüberliegenden Seite erhebt sich die Isaaks-Kathedrale, die heute ein atheistisches Museum ist. Wir wanderten auf den Kanal zu. Der Himmel war lichtlos grau und Schnee in der Luft, leichte Stäubchen, Spielzeug, das aufschäumte und herumstob wie die Flocken in einer gläsernen Kindermurmel. Es war Mittag, aber es gab kaum mehr modernen Verkehr auf dem Platz als ein oder zwei Autos und einen Bus mit brennenden Scheinwerfern. Da und dort jedoch glitschten Pferdeschlitten über das verschneite Pflaster. Am Uferkai der Newa sah man lautlos auf Skiern dahingleitende Gestalten, und Mütter fuhren ihre Kleinen auf kleinen Schlitten spazieren, die sie hinter sich herzogen. Gleich herumschwirrenden Amseln liefen überall dazwischen auf den Bürgersteigen Schulkinder in schwarzen Pelzen Schlittschuh. Zwei von ihnen blieben stehen, um uns zu beäugen. Es waren Zwillinge, Mädchen von neun oder zehn Jahren; sie trugen graue Kaninmäntelchen und blaue Samtkapuzen. Sie hatten ein Paar Schlittschuhe unter sich aufgeteilt, aber indem sie die Hände verschränkt hatten und sich gleichzeitig abstießen, kamen sie auf je einem recht gut vorwärts. Sie schauten uns mit ihren hübschen braunen fragenden Augen an, als überlegten sie, was uns so anders machte: unsere Kleidung? Miss Ryans Lippenstift? Die weichen Wellen in ihrem losen Blondhaar? Die meisten Fremden in Rußland sind bald daran gewöhnt: an das leichte Zusammenziehen der Brauen bei einem Passanten, dem irgend etwas auffällt, das er nicht ohne weiteres näher definieren kann, und der nun stehenbleibt, einen anstarrt, sich immer wieder umdreht, ja sich oft gezwungen sieht, einem zu folgen. Die Zwillinge liefen uns nach auf die Fußgängerbrücke über die Newa und beobachteten uns, als wir stehenblieben, um den Ausblick zu genießen.

Der Kanal, kaum mehr als ein verschneiter Graben, war ein Tummelplatz der Kinder, deren kreischendes Gelächter sich mit dem Tönen der Glocken mischte, beide Klänge davongetragen vom starken, frostkalten Wind, der vom Finnischen Meerbusen herüberwehte. Baumgerippe, in Eis gehüllt, glitzerten vor der strengen Front der Paläste, die den Kai säumten und sich bis zum fernen Newski-Prospekt erstreckten. Leningrad, heute eine Viermillionenstadt, die zweitgrößte und nördlichste Metropole der Sowjetunion, ist für den Geschmack der Zaren erbaut worden, und Zarengeschmack war die französische und italienische Architektur, was nicht allein den Stil sondern auch die Färbung der Paläste längs der Newa und in anderen alten Stadtgegenden erklärlich macht. Pariserisches Schwarz und Grau herrscht vor, urplötzlich aber mischt sich die kräftigere italienische Palette dazwischen: ein scharfgrüner Palast, ein glänzend ockerfarbener, einer von hellem Blau, Orange. Einige dieser Paläste sind in Einzelwohnungen aufgeteilt worden, die meisten enthalten Ämter. Peter der Große, der

vom derzeitigen Regime hochgeschätzt wird, weil er die Wissenschaften nach Rußland brachte, würde wahrscheinlich die unzähligen Fernsehantennen, die sich auf den Dächern seiner einst Kaiserlichen Stadt wie ein metallener Insektenschwarm niedergelassen haben, beifällig ansehen.
Wir überschritten die Brücke und wanderten durch die offenen Gittertore in den verlassenen Vorhof eines blauen Palastes. Das war der Anfang eines Labyrinths, einer arktischen Kasba, wo ein Hof in den anderen führte, durch Bogengänge und Tunnel und enge Straßen, schneegedämpft und still bis auf das Hufgestampf der Schlittenpferde, einen verschwebenden Glockenklang, hie und da Gekicher von den Zwillingen, die noch immer hinter uns herliefen.
Die Kälte war wie ein Betäubungsmittel, nach und nach waren meine Glieder fühllos genug, um eine größere Operation durchstehen zu können. Doch Miss Ryan weigerte sich, umzukehren. Sie erklärte: „Mein Himmel noch mal, dies hier ist Petersburg. Wir laufen doch nicht einfach irgendwo spazieren. Ich will davon sehen, soviel ich nur kann. Und das habe ich wohl auch mehr als notwendig. Denn wo werde ich von nun an stecken? Abgeschlossen in irgendeinem Zimmer, um allerlei Quatsch für die Breens zu tippen." Aber ich sah, daß sie es nicht viel länger aushalten würde; ihr Gesicht, säuferrot, zeigte an der Nasenspitze einen weißen, erfrorenen Fleck. Minuten später, als sie dessen erstes Kribbeln verspürte, war sie bereit, das Astoria aufzusuchen.
Das Schwierige daran war nur, daß wir uns verirrt hatten. Es amüsierte die Zwillinge ungemein, uns immer rundum durch die gleichen Straßen und Höfe irren zu sehen. Sie quiekten vor Vergnügen, einander umschlungen haltend, als wir auf einen alten Mann stießen, der Holz hackte, und ihn nach der Richtung fragten, indem wir unsere Arme wie Kompaßnadeln herumschwenkten und dazu *Astoria! Astoria!* riefen. Der Holzhacker begriff nicht; er legte seine

Axt nieder und begleitete uns an eine Straßenecke, wo uns bedeutet wurde, unsere Pantomime für drei schwärzlichbraune Freunde von ihm zu wiederholen, von denen keiner verstand, worum es sich handelte, doch winkte man uns nichtsdestoweniger weiter in eine andere Straße. Auf dem Wege schlossen sich uns aus reiner Neugier ein schlaksiger junger Mann mit einem Geigenkasten unterm Arm und eine Frau an, wohl eine Schlächtersfrau, denn sie trug über ihrem Mantel eine blutbespritzte Schürze. Die Russen schwatzten und diskutierten miteinander; wir kamen zu dem Schluß, daß sie uns nun auf eine Polizeiwache brachten, doch das kümmerte keinen von uns beiden, solange die nur geheizt war. Unterdes war mir die Feuchtigkeit in der Nase gefroren, und meine Augen waren blind von der Kälte. Immerhin konnte ich noch so viel erkennen, daß wir unversehens wieder an der Fußgängerbrücke über die Newa angelangt waren. Ich wollte Miss Ryans Hand pakken und losrennen. Aber sie hatte das Gefühl, daß die Treue unseres Gefolges verdiente, es die Lösung des Rätsels mitansehen zu lassen. Vom Holzhacker bis zum Geigenspieler, angeführt von den schlitternden Zwillingen wie von Rattenfängern, geleitete uns der feierliche Zug über den Platz und genau vor den Eingang zum Astoria. Während sie eine der Intourist-Limousinen umringten, die vor dem Hotel parkten, und den Fahrer über uns auszufragen begannen, liefen wir hinein, sanken auf eine Bank nieder und schnappten nach der warmen Luft wie Taucher, die zu lange unter Wasser gewesen sind.

Leonard Lyons kam an uns vorüber. „Sieht so aus, als wärt ihr draußen gewesen?“ sagte er. Miss Ryan nickte, und Lyons erkundigte sich mit gedämpfter Stimme: „Jemand Ihnen gefolgt?“

„Ja“, sagte Miss Ryan, *„Massen.“*

Von der Direktion der Opera wurde in der Hotelhalle ein Schwarzes Brett angebracht. Dort angekündigt waren der

Probenplan der Truppe und eine Liste der Veranstaltungen, die von ihren sowjetischen Gastgebern vorgesehen waren, so für die Tage vor der Premiere unter anderem Ballett- und Opernabende, eine Fahrt mit der neuen Leningrader Untergrundbahn, ein Besuch des Eremitage-Museums und eine Weihnachtsfeier. Unter der Überschrift *pünktlich* waren auch die Essenszeiten angegeben, und auf Grund der Tatsache, daß in Rußland Matinées mittags um zwölf und die Abendvorstellungen um acht Uhr abends beginnen, stand da zu lesen: Frühstück neun Uhr dreißig, Lunch elf Uhr, Dinner fünf Uhr, Abendimbiß elf Uhr dreißig.

Aber um fünf Uhr an diesem ersten Spätnachmittag genoß ich mein heißes Bad viel zu sehr, um mich wegen des Dinners zu inkommodieren. Das Badezimmer, das zu dem mir zugewiesenen Zimmer im dritten Stock gehörte, hatte schweflig abblätternde Wände, einen kalten Heizkörper und eine gesprungene Toilette, die wie ein Gebirgsbach rauschte. Die Wanne selbst, Modell 1900, war mit Roststellen übersät, und das Wasser, das aus den Hähnen floß, braun wie Jod; aber es war heiß und entwickelte einen prächtigen Dampf, und ich aalte mich darin, faul vor mich hin überlegend, ob man unten im düsteren Speisesaal die Gesellschaft nun endlich mit Kaviar und Wodka, Schaschlik, Bliny und saurem Rahm traktieren würde. (Die Ironie des Schicksals hielt für sie, wie ich später erfuhr, das gleiche Menü bereit, das man uns bei jeder Mahlzeit im Speisewagen vorgesetzt hatte: Joghurt und Himbeerbrause, Brühe, panierte Kalbskoteletten, Karotten und Erbsen.) Mein floßhaftes Vormichhindämmern wurde unterbrochen, als das Telefon im Zimmer nebenan läutete. Ich ließ es eine Weile klingeln, wie man das bei sich zu Hause tun mag, wenn man im Bad sitzt. Dann wurde mir klar, daß ich nicht zu Hause war, und mir fiel ein, wie ich kurz zuvor beim Anblick des Telefons gedacht hatte, was für ein totes

Ding es für mich in Rußland sei, nicht weniger sinnlos als wenn seine Drähte überhaupt gekappt wären. Nackt und tropfnaß hob ich den Hörer ab um die Dolmetscherin Miss Lydia melden zu hören, daß für mich ein Anruf aus Moskau dasei. Das Telefon stand auf einem Schreibtisch unweit des Fensters. Unten auf der Straße marschierte eben ein Regiment Soldaten vorbei und sang ein Marschlied; als Moskau am Apparat war, konnte ich kaum etwas verstehen, so kräftig schallten ihre Stimmen. Der Anrufer war jemand, dem ich noch nie begegnet war: Henry Shapiro, Korrespondent der *United Press.* Er sagte: „Was gibt's dort? Irgendwelches Material für 'ne Story?" Er erklärte mir, daß er eigentlich habe nach Leningrad fahren wollen für „*die* Sensation", die *Porgy-and-Bess*-Premiere, aber nun könne er nicht, weil er „eine andere Eröffnungsvorstellung" wahrnehmen müsse, des Obersten Sowjets nämlich, der am gleichen Abend in Moskau zusammentreten sollte. Er würde daher sehr dankbar sein, wenn er am Montag nach der Premiere nochmals bei mir anrufen dürfe, damit ich ihm berichten könne, „wie alles gegangen ist, und was sich tatsächlich dabei ereignet hat". Ich sagte: Schön, ich würde es versuchen. Der Anruf und der Schock des unbekleideten Herumstehens in einem kalten Raum hatten mich wieder zum Leben erweckt. Die Gesellschaft wurde bei einem Ballettabend erwartet, und so begann ich mich dafür anzuziehen. Dabei gab es allerdings ein Problem. Die Breens hatten ausgegeben, daß die Herren mit schwarzem Binder und die Damen im kurzen Abendkleid kommen sollten. „Es ist höflicher so", sagte Mrs. Breen, „und außerdem möchten Robert und ich alles gern in Gala haben." Es gab eine oppositionelle Clique, die das Gefühl hatte, diese Verlautbarung der Breens würde, falls man sie befolgte, sie alle „lächerlich" wirken lassen in einem Lande, wo sich kein Mensch bei irgendwelchen Gelegenheiten irgendwie formell anzieht. Ich versuchte es mit einem Kompromiß,

indem ich zum grauen Anzug eine schwarze Krawatte nahm. Ich spazierte während des Anziehens im Zimmer umher und rückte einige der Blumen- und Früchtestilleben wieder gerade, die an den Wänden klebten. Sie waren erheblich verrutscht, weil Leonard Lyons mich zwecks Inspizierung aufgesucht hatte, da er überzeugt war, daß die Zimmer im Astoria Abhörleitungen haben müßten. Lyons' Annahme wurde von den meisten geteilt, was nicht weiter erstaunlich war in Anbetracht der Tatsache, daß man der Truppe vor der Abreise aus Berlin durch zwei amerikanische Diplomaten der Moskauer Botschaft in einer Instruktionsstunde geraten hatte, „anzunehmen", daß während ihrer Rußlandreise die Hotelzimmer Geheimleitungen haben und die Briefe geöffnet werden würden. Selbst Breen, der diese diplomatischen Empfehlungen zur Vorsicht „eine Menge Unsinn" genannt hatte, förderte unbewußt das Mißtrauen der Truppe, indem er erklärte, daß er – ungeachtet dessen, was jeder einzelne fühlen möge – doch hoffe, sie würden in ihren Briefen lieber einfach nur schreiben, wie „interessant" Rußland sei, und wie „großartig" es ihnen dort ginge; einige wiesen darauf hin, daß dies ein Widerspruch sei, denn warum sollte Breen diese Aufforderung an sie richten, wenn er selber eben nicht auch glaubte, daß sie in einer Atmosphäre der Geheimmikrofone und der Wasserdampfkessel lebten?
Im Hinausgehen blieb ich am Etagenpult stehen und händigte meinen Schlüssel der Aufseherin aus, einer rundlichen blassen Frau mit einem Groteskpuppen-Lächeln, die in ihr Kontrollbuch einschrieb: 224 – 19.00 – die Nummer meines Zimmers und die Zeit meines Fortgehens.

Unten war ein Krach im Gange. Fertig angezogen und zum Fortgehen bereit, standen die Ensemblemitglieder in der Halle herum wie erstorbene Figuren in einem Gemälde, während einer von ihnen, John McCurry, ein handfester

Bulle von einem Mann, aufstampfend schnauzte: „Fällt mir nicht ein, verdammt noch mal! Ich denke nicht daran, irgendeinem gottverdammten Gauner sieben ganze Dollar fürs Babysitten bei irgend jemand zu geben.“ McCurry wehrte sich damit gegen den Preis, den ein russischer Babysitter für das Aufpassen bei seiner vierjährigen Tochter nehmen wollte, solange er selbst mit seiner Frau beim Ballettabend war. Zum Preis von dreißig Rubeln pro Sitter hatte Intourist einen entsprechenden Trupp für die Eltern unserer sechs Kinder geliefert; man hatte sogar an einen Betreuer für Twerp gedacht, den kleinen Boxer, der der Garderobiere unserer Gastspieltruppe gehörte. Dreißig Rubel sind bei einem Kurs von vier zu eins sieben Dollar fünfzig, immerhin eine erhebliche Taxe; doch haben diese dreißig Rubel für die Russen nur eine Kaufkraft von einem Dollar siebzig, und in Anbetracht dieses bescheidenen Lohns konnten die Russen eben einfach keinen Grund sehen für die Szene, die McCurry machte. Sawtschenko, Leiter der Delegation des Kulturministeriums, war rot vor Entrüstung, Miss Lydia weiß. Breen wies McCurry scharf zurecht, und dessen Frau, ein schüchternes Wesen mit fast ständig niedergeschlagenen Augen, sagte, er möge bitte nur ruhig sein, sie werde dann eben zu Hause bleiben bei dem Kind. Warner Watson und Miss Ryan drängten alle aus dem Hotel und in die beiden Busse, die für die Dauer unseres Leningrader Aufenthaltes gemietet waren.

Später entschuldigte sich Breen bei Sawtschenko für das „Benehmen“ einiger Mitglieder der Truppe. Diese Entschuldigung sollte sich auf mehr als nur den McCurry-Zwischenfall beziehen. So war Alkohol nicht mitinbegriffen in dem Kontrakt, der zwischen dem Kulturministerium und der Everyman Opera abgeschlossen wurde. Sawtschenko war unglücklich, weil sich einige von uns Getränke aufs Zimmer hatten bringen lassen und sich dann nicht nur weigerten, dafür zu zahlen, sondern auch mit den Kellnern argumentiert und sie beleidigt hatten. Ferner war es Sawtschenko zu Ohren gekommen, daß viele der Amerikaner von ihm und seinen Leuten als „Spionen" sprachen. Breen fand auch, daß dies „ungebührlich und beleidigend" sei, und Sawtschenko meinte in Erwiderung auf seine Entschuldigungen: „Nun ja, man muß natürlich bei einer Truppe von solchem Umfang darauf gefaßt sein, daß einige nicht den Anforderungen genügen."

Das Ballett tanzte im Marientheater, das man umgetauft hat in „das Kirow" – wenn auch niemand es so nennt –, nach dem alten Revolutionär und Freund Stalins, dessen Ermordung 1934 die ersten Moskauer Schauprozesse eingeleitet haben soll. Galina Ulanowa, die Primaballerina des Bolschoi, hatte ihr erstes Auftreten in diesem Theater, und das Leningrader Opernballett, das jetzt dort das Repertoire bestreitet, wird von sowjetischen Kritikern als erstrangig bezeichnet. Abgesehen vom Teatro Fenice in Venedig, dem es in Weiträumigkeit, Stil und Beheizung aus dem achtzehnten Jahrhundert stark ähnelt, halte ich es für das schönste Theater, das ich je gesehen habe. Unglückseligerweise hat man die alten Sitze durch solche aus Holz ersetzt, nicht unähnlich denen in einer Schulaula, und ihre strenge Naturfarbe bildet einen zu scharfen Kontrast gegen das weiche Grau und Silber des gemäßigten Rokoko-Interieurs dieses Marientheaters.

Ungeachtet der Kälte im Theater wurde verlangt, daß alle, auch die Damen, ihre Mäntel in der Garderobe lassen sollten; sogar Mrs. Gershwin zwang man, sich von ihrem Nerz zu trennen, weil es in Rußland als ungebildet, als aufs äußerste *nje kulturnyj* gilt, ein Theater, Restaurant, Museum oder einen ähnlichen Ort mit Mantel oder sonstiger Umhüllung zu betreten. Diejenige, die im Augenblick am meisten unter dieser Vorschrift zu leiden hatte, war Miss Ryan. Die Kurven dieser großen, auffallenden Blondine wurden durch ein schulterfreies Abendkleid geschickt unterstrichen; und als sie so durch den Mittelgang schwenkte, drehten sich die Männeraugen nach ihr wie Blumen nach der Sonne. Überhaupt verursachte die Ankunft des gesamten Ensembles allgemeines Aufsehen im dichtgedrängten Zuschauerraum. Die Leute standen auf, um die Amerikaner besser anschauen zu können, ihre schwarzen Binder, Seiden und Gefunkel. Viel von der Aufmerksamkeit konzentrierte sich auf Earl Bruce Jackson und seine Braut Helen Thigpen. Sie saßen in der Kaiserlichen Loge, wo ein Hammer- und Sichel-Emblem das Zarenwappen überdeckte. Jackson, der seine Hand über den Logenrand baumeln ließ, damit sein Schmuck, ein Ring auf jedem Finger, entsprechend gesehen werden konnte, neigte huldvoll sein Haupt nach links und rechts wie die Königin Viktoria.

„Ich würde glatt erfrieren, wenn ich mich nicht derart unbehaglich fühlte“, sagte Miss Ryan, als man ihr einen Platz angewiesen hatte. „Sehen Sie doch nur, die finden mich *unanständig.*“ Man konnte nicht leugnen, daß eine leise Kritik in den Blicken der umsitzenden russischen Frauen lag, die Miss Ryans nackte Schultern streiften. Mrs. Gershwin, in einem grünen Cocktailkleid, das ihr sehr gut stand, meinte: „Ich habe Wilva Breen doch gesagt, daß wir nicht in großer Toilette kommen sollten. Ich wußte, daß wir uns nur lächerlich machen würden. Na schön, Darling, es soll nicht wieder vorkommen. Immerhin aber: was *könnte* man denn anziehen?“ fragte sie und schaute sich um auf der Jagd nach Modetips aus der bedrückenden, formlosen Gewandung der Zuhörerschaft. „Ich habe doch nichts mit, was nicht *hübsch* ist.“

In der Reihe vor uns saß ein Mädchen, dessen Haar weder geflochten noch ein sauertöpfisches Büschel Strähnen war; sie hatte einen frechen Bubenkopf, der ihrem wißbegierigen kleinen Faunsgesicht gut stand. Sie trug einen schwarzen Pullover und eine Perlenkette. Ich machte Miss Ryan auf sie aufmerksam.

„Aber die kenne ich doch“, sagte Miss Ryan aufgeregt. „Die ist aus Long Island, wir waren zusammen in Radcliffe auf dem College! Priscilla Johnson“, rief sie, und das Mädchen wandte sich mit kurzsichtig zusammengekniffenen Augen um. „Um aller Heiligen willen, Priscilla, was *machst* du hier?“

„Jui! Da schau einer an! Nancy“, sagte das Mädchen und strich ihre Ponyfransen zurück. „Was machst *du* denn hier?“

Miß Ryan erklärte es ihr, und das Mädchen, das sagte, daß auch sie im Astoria wohne, berichtete, daß sie ein verlängertes Visum zum Aufenthalt in der Sowjetunion erhalten habe, um russisches Recht zu studieren, ein Thema, das sie seit Radcliffe schon interessierte, wo sie ja auch Russisch gelernt hatte.

„Aber Herzchen“, meinte Mrs. Gershwin, „wie kann jemand russisches Recht studieren? Wo es sich doch ständig ändert?“

„Jui – haha“, erwiderte Miss Johnson. „Nun, das ist ja auch nicht das einzige, was ich hier tue. Ich mache eine Art Kinsey-Bericht. Und jui, *das* macht Spaß.“

„Ich sollte doch meinen“, sagte Miss Ryan, „– diese Befragungen ...“

„Ach, das ist ganz einfach“, versicherte Miss Johnson. „Ich steure die Unterhaltung nur immer auf die sexuellen Dinge, und hast du nicht gesehen: du würdest staunen, was die Russen so darüber denken. Jui, Nancy, die Masse von Leuten, die Freundinnen haben! Oder wünschten, sie hätten eine. Ich schicke Artikel drüber an *Vogue* und *Harper's Bazaar.* Die sollten interessiert dran sein, denke ich.“

„Priscilla ist so eine Art Genie“, flüsterte mir Miss Ryan zu, als die Kronleuchter langsam erloschen und der Dirigent seinen Taktstock hob. Das Ballett mit seinen drei Akten und zwei Pausen dazwischen hieß *Der Korsar*. Gewöhnlich ist für das sowjetische Ballett das Tanzen weniger wichtig als die grandiose Aufmachung, und der *Korsar*, wenngleich ein weniger wichtiges Werk im Repertoire, verlangt ebensoviel Szenenwechsel wie die extravaganten Revuen in der Radio City Music Hall oder den Folies Bergères, zwei Theatern, in denen sich der *Korsar* ganz zu Hause fühlen würde, wenn auch die Choreographie und deren Darbietung nicht ganz den Standard des ersteren erreicht und das letztere niemals eine Szene mit bis an den Hals verhüllten tanzenden Sklavinnen zulassen würde. Die Handlung des *Korsars* ähnelt stark der *Fontäne von Bachtschissarai*, einer Ballade Puschkins, die das Bolschoiballett aufgegriffen und zu einem seiner prunkvollsten Schaustücke aufgebläht hat. In der *Fontäne* wird ein Mädchen aus adeligem Geblüt von einem barbarischen Tatarenhäuptling geraubt und in seinen Harem verschleppt, wo sie drei Akte lang mancherlei Schurkereien über sich ergehen lassen muß. Im *Korsar* erleidet der Zwilling dieses Mädchens etwa die gleichen Prüfungen; hier ist sie das Opfer eines Schiffsunglücks (fabelhaft echt auf der Bühne dargeboten mit Donner, Blitz und Wasserfluten, die gegen das lecke Schiff klatschen), von wo es von Piraten gekapert wird, und darauf drei Stunden lang siehe oben. Beide Geschichten spiegeln ebenso wie zahllose andere den Hang des zeitgenössischen Sowjettheaters zu phantastischen Geschehnissen und Legenden wider; es scheint danach fast, als könne der moderne Autor, der außerhalb des Gartens der Propaganda zu schweifen gedenkt, als einzig sicheren Pfad nur jenen betreten, der ihn in den Märchenwald führt. Allein selbst die Phantasie bedarf der realistischen Untermauerung, der Anhaltspunkte an Greifbares, Menschliches; ohne sie spürt man kein Leben dahinter und keine eigentliche Kunst, ein zwiefacher Mangel, dem man beim sowjetischen Theater allzu häufig be-

gegnet, wo die daran Beteiligten zu glauben scheinen, daß Trickeffekte und technischer Hokuspokus an ihre Stelle gesetzt werden können. Das Kulturministerium rühmt sich häufig, Rußland sei das einzige Land, dessen künstlerisches Leben *en rapport* mit seiner Bevölkerung sei. Die Reaktion des Publikums auf den *Korsar* strafte diese Behauptung nicht Lügen; jedes Szenenbild, jedes Solo brachte Beifallsstürme, die den Kronleuchter erzittern ließen.
Die Amerikaner waren ebenfalls begeistert. „Großartig, ein wahrer Traum", versicherte Mrs. Breen Mrs. Gershwin während der Pause im Café-Salon des Marientheaters. Ihrer Meinung pflichtete ihr Mann durchaus bei. Doch während er so dies Ballett lobte, hatte Breen, ein netter Mensch, dessen Gesichtsausdruck zwischen jungenhaftem Strahlen und Buster-Keaton-Sturheit wechselt, ein unruhiges Flackern in den Augen, als vergleiche er möglicherweise die üppige Aufmachung des *Korsars* mit dem einfachen dreimaligen Szenenwechsel bei *Porgy and Bess*. Wenn übermäßige Effekte das Kriterium der Wirkung waren, dann würden die sowjetischen Zuschauer von seiner Aufführung sicherlich enttäuscht werden.
„Also *mir* gefällt's nicht", rebellierte Mrs. Gershwin, als die Breens zu einer anderen Gruppe weitergegangen waren. „Ich schlafe fast ein. Und ich werde auch nicht sagen, daß es mir gefällt, wenn es doch nicht stimmt. Sie (die Breens) möchten einem das in den Mund legen, wenn sie nur irgend könnten." Das war nun einmal die Schwierigkeit für die Breens in ihrer Stellung. Wie Eltern, die ihre Kinder zu einem Besuch bei Nachbarsleuten mitgenommen haben, lebten sie in der ständigen Furcht vor *gaffes*, Kaputtmachen und schlechtem Benehmen.
An Erfrischungen gab es im Theaterrestaurant: Bier, Likör, Himbeerbrause, belegte Brote, Bonbons und Eiskrem. Earl Bruce Jackson sagte, er komme um vor Hunger: „Aber Mann, der Eiskrem kostet ja 'n Dollar für bloß ein-

mal lecken. Und was glauben Sie, was die für ein pizzikleines Stückchen Schokolade wollen, nicht größer als Ihre Zehe? Fünf-fünfzig." Eiskrem – von den Sowjets als eine Delikatesse eigener Erfindung angepriesen, begann seinen Siegeszug als nationale Leidenschaft in der UdSSR im Jahre 1939, als die Maschinen zu seiner Herstellung aus Amerika importiert wurden. Die meisten der dichtgedrängten Restaurantgäste standen da und löffelten es aus Papierbechern, wobei sie den Amerikanern zuschauten, die, rein privat, für Aufnahmen posierten, indem sie Bierflaschen auf der Stirn balancierten, Shimmy vorführten oder Louis Armstrong imitierten.

In der zweiten Pause hielt ich Ausschau nach Miß Ryan und fand sie in eine Ecke gelehnt, wo sie mit hochmütiger Miene eine Zigarette aus langer Spitze rauchte und bemüht war, zu tun, als sei sie nicht der Blickfang der versammelten pummeligen jungen Mädchen und glanzlosen Frauengesichter, die kichernde Bemerkungen über ihr enganliegendes Kleid und ihre nackten Schultern tauschten. Leonard Lyons, der neben ihr stand, sagte: „Sehen Sie, nun wissen Sie, wie es Marilyn Monroe zumute ist. Die würde ja hier Aufsehen machen! Sie sollte ein Visum beantragen. Ich werde ihr das sagen."

„Oooh!" stöhnte Miss Ryan, „wenn ich doch nur meinen Mantel kriegen könnte!"

Ein Mann von Ende Dreißig, glattrasiert, vornehm, eine sportliche Gestalt mit dem Gesicht eines studierten Mannes, trat auf Miß Ryan zu. „Ich möchte Ihnen gern die Hand drücken", sagte er respektvoll. „Sie sollen wissen, wie sehr meine Freunde und ich uns auf *Porgy and Bess* freuen. Es wird ein starkes Erlebnis für uns sein, kann ich Ihnen versichern. Einige von uns haben Karten für die Premiere erhalten. Ich", setzte er lächelnd hinzu, „gehöre zu diesen Glücklichen." Miss Ryan sagte, wie sehr sie sich freue, so etwas zu hören, und machte eine Bemerkung über sein ausgezeichnetes Englisch, was er durch die Mitteilung erklärte, daß er während des Krieges einige Jahre als Mitglied der Russischen Handelsdelegation in Washington gewesen sei. „Aber können Sie mich wirklich verstehen? Es ist so lange her, daß ich Gelegenheit zum Sprechen hatte – ich habe ordentlich Herzklopfen." Man spürte aus der heftigen Bewunderung, die in seiner Haltung Miss Ryan gegenüber lag, daß dies Herzklopfen nicht einzig vom Englischsprechen kam. Sein Lächeln wurde schwächer, als ein flackerndes Lichtzeichen das Ende der Pause verkündete, und er sagte in dringlichem Ton, wie getrieben von einem Impuls, dem er nicht zu widerstehen vermochte: „Bitte, ich möchte Sie wiedersehen. Ich würde Ihnen gern Leningrad zeigen." Die Einladung war an Miss Ryan gerichtet, schloß aber aus Höflichkeit gezwungenermaßen auch Lyons und mich mit ein. Miss Ryan sagte, er möge uns doch im Astoria anrufen, und er kritzelte unsere Namen auf sein Programm, dann schrieb er auch seinen eigenen Namen auf und überreichte ihn Miss Ryan.

„Stepan Orlow", las Miss Ryan, während wir uns zum letzten Akt hineinbegaben. „Er ist ganz goldig."

„Na ja", sagte Lyons. „Aber er wird nicht anrufen. Er wird sich's überlegen und Angst kriegen."

Es war vorgesehen, daß die Truppe hinter die Bühne gehen und dort mit den Ballettmitgliedern zusammentreffen sollte. Die Schlußszene des *Korsars* spielt teilweise auf Deck eines Schiffes mit einem Netzwerk aus Tauen, und als die Amerikaner nach Schluß der Vorstellung hinter den Vorhang kamen, herrschte ein derartiges Gedränge auf der Bühne, daß etwa die Hälfte der Tänzer auf dem Schiffsdeck stehen oder das Tauwerk erklettern mußten, um einen Blick auf die westlichen Kollegen zu erhaschen, deren Eintritt volle vier Minuten lang mit Zurufen und Applaus begrüßt wurde, ehe Ruhe genug eintrat, daß Breen seine Ansprache halten konnte, die begann: „*Wir* sind es ja, die *Ihnen* applaudieren sollten. Ihre erregende Kunst hat uns einen Abend beschert, den keiner von uns je vergessen wird, und wir wollen nur hoffen, daß wir am Montag abend ein wenig zurückzahlen können von dem Vergnügen, das Sie uns bereitet haben." Während Breen seine Ansprache beendete und der künstlerische Leiter des Marientheaters ebenfalls redete, schlichen sich die kleinen Ballerinen, denen der Schweiß durch die Schminke sickerte, näher an die amerikanischen Darsteller heran, ihre geschminkten Augen kullerten, ihre Lippen formten Oohs und Aahs, als sie die Schuhe der Besucher erblickten; schüchtern erst, dann kühner, befühlten sie die Kleider, prüften ein wenig von der Seide oder dem Taft zwischen ihren Fingern. Eine von ihnen streckte plötzlich den Arm aus und legte ihn einem Ensemblemitglied namens Georgia Burke um die Schulter. „Aber ja, Schätzlein", sagte Miss Burke, eine warmherzige, heitere Frau, „umarm du mich nur, soviel du willst. Es freut einen doch, wenn man sieht, daß einer einen gern hat."

Es ging schon eher auf ein Uhr zu, weit nach Mitternacht, als die Truppe die Rückfahrt ins Astoria antrat. Die Busse, Eisschränke auf Rädern, hatten die gleiche Sitzanordnung wie jene, die auf der Madison Avenue in New York verkehren. Ich saß hinten auf der langen Bank zwischen Miss Ryan und der Dolmetscherin Miss Lydia. Straßenlaternen, die den Schnee der leeren Straßen gelb überglänzten, zuckten an unseren Fenstern wie winterliche Leuchtkäfer vorüber, und Miss Ryan, die hinausschaute, meinte: „Die Paläste sind so schön im Lampenlicht."

„Ja", sagte Miss Lydia, ein verschlafenes Gähnen unterdrückend, „die Privathäuser sind schön." Doch wie plötzlich aufgewacht, setzte sie rasch hinzu: „Die *ehemaligen* Privathäuser."

Am nächsten Vormittag ging ich mit Lyons und Mrs. Gershwin zum Einkaufen auf den Newskij-Prospekt. Leningrads Hauptstraße, der Newskij, hat kaum ein Drittel der Länge der Fifth Avenue, ist aber doppelt so breit; die dahingleitenden Seitenschiffe des Verkehrs zu überqueren ist eine gefährliche Aufgabe und eine ziemlich sinnlose obendrein, denn die Läden auf beiden Seiten der Straße sind allesamt staatliche Warenhäuser, die, in ihrer verschiedenen Aufmachung, die gleiche Waren zum gleichen Preise verkaufen. Wer auf einen Gelegenheitskauf aus ist, auf der Suche nach „irgend etwas Apartem", wird das Einkaufen auf dem Newskij als entmutigende Erfahrung kennenlernen.
Lyons war losgezogen unter dem Hoffnungsstern, „ein hübsches Stück von Fabergé" aufpicken zu können, um es seiner Frau mitzubringen. Nach der Revolution hatten die Bolschewiken fast alles an juwelenbesetzten Eiern und Kästchen, was Fabergé zum kaiserlichen Vergnügen geschaffen hatte, an französische und englische Sammler verkauft; die wenigen bekannten Stücke von ihm, die in Rußland blieben, sind im Leningrader Eremitage-Museum und in der „Rüstkammer" des Kremls zur Schau gestellt. Heutzutage liegt der niedrigste Preis eines kleinen Fabergé-Kästchens auf dem internationalen Kunstmarkt bei über zweitausend Dollar. Nichts an dieser Information beeindruckte Lyons, der das Gefühl hatte, er würde seinen Fabergé rasch und ziemlich billig bei einem Kommissionsladen ausfindig machen. Was an sich nicht falsch gedacht war, denn falls es dergleichen überhaupt gab, würde ein solcher Altwarenladen, ein staatlich kontrolliertes Leihhaus, wo ein Genosse das letzte verborgengehaltene Erbstück unmittelbar in Bargeld umsetzen konnte, wahrscheinlich der einzige Ort sein, an dem man es entdecken könnte. Wir besuchten einige dieser zugigen Institute mit der traurigen Hin-ist-hin-Atmosphäre von Auktionsräu-

men. In einem davon, dem größten, erstreckte sich eine Vitrine durch die Länge des Raumes, und der Anblick, den ihr Inhalt bot, die Anhäufung so spukhaft verschiedenartiger Objekte, wirkte wie ein dadaistisches Experiment. Ganze Reihen von getragenen Schuhen, so ausgetreten, daß man die geisterhafte Fußform des früheren Besitzers auf erschütternde Weise darin wahrnehmen konnte, waren säuberlich hinter Glas nebeneinandergestellt worden wie Schätze, was sie denn auch waren mit ihren fünfzig bis hundertfünfundsiebzig Dollar pro Paar; eine Kollektion von Kopfbedeckungen flankierte die Schuhe, von Backfischglocken bis zu Samtwagenrädern; nach den Hüten bewegte sich die surrealistische Vielfalt und der Preis des ausgestellten Schrankinhalts in Spiralen: ein zerknickter Fächer (30 Dollar), eine verschmutzte Puderquaste (7 Dollar), ein Bernsteinkamm mit ausgebrochenen Zinken (45 Dollar), angelaufene Silbergeflechthandtaschen (100 Dollar und mehr), ein silberner Regenschirmgriff (340 Dollar), ein Satz durchschnittlicher Schachfiguren aus Elfenbein, dem fünf Bauern fehlten, (1450 Dollar), ein Zelluloidelefant (25 Dollar), eine angestoßene und rosig schilfrige Gipspuppe, die aussah, als habe sie im Regen draußen gelegen (25 Dollar). Alle diese Gegenstände und noch meterweise andere waren mit einer Sorgfalt arrangiert und numeriert, die an eine Ausstellung von Erinnerungsstücken denken ließ, die Besitztümer eines geliebten Toten, und es war eben dies, die Ehrfurcht der Schaustellung, die es so ergreifend machte. Lyons sagte: „Wer *kauft* denn wohl das Zeug?" Aber er brauchte sich nur umzuschauen, um zu sehen, daß es welche gab, die, in Ermanglung von irgend etwas anderem, den mottenzerfressenen Fächer und die silberne Schirmkrücke noch ansprechend fanden, noch begehrenswert, dem angegebenen Preis durchaus entsprechend. Dem russischen Kalender nach war es zwei Wochen vor Weihnachten, aber die Russen machen ihre Geschenke lieber zum neuen Jahr, und die Kommissionsläden waren, wie alle Geschäfte am Newskij-Prospekt, gepackt voll mit Geldausgebenden. Obgleich Lyons keinen Fabergé aufzustöbern vermochte, kam einer der Altwarenhändler mit einer einzigartigen Schnupftabaksdose aus dem neunzehnten Jahrhundert heraus, einem riesigen Topas, der ausgehöhlt und halb durchgeschnitten worden war. Aber der Preis von achtzigtausend Dollar war mehr, als der Kunde sich gedacht hatte.

Mrs. Gershwin, die jedem einzelnen Mitglied des *Porgy-and-Bess*-Ensembles ein „wirklich schönes" Weihnachtsgeschenk zu machen beabsichtigte („Schließlich ist es ja das vierte Weihnachten, Darling, das wir zusammen feiern, und ich möchte diesen Darlings meine dankbare Anerkennung zeigen"), hatte dafür noch immer ein paar Kleinigkeiten zu erledigen, obgleich sie bereits eine Wagenladung voller Geschenke aus Berlin mitgebracht hatte. Und so kämpften wir uns denn durch die Newskij-Massen („Man kann nicht leugnen, daß es hier ganz lebhaft zugeht", sagte Lyons) und betraten auch einen Kürschnerladen, wo der billigste Zobel ein kurzes Jäckchen war, das man zum Preise von elftausend Dollar verkaufte, oder vielmehr nicht verkaufte. Dann kamen wir zu einem Antiquitätengeschäft, das von Intourist als das „eleganteste" von Leningrad erklärt worden war. Die Antiquitäten dort erwiesen sich als gebrauchte Fernsehapparate, ein Eisschrank, ein alter amerikanischer Tischventilator, einige beschädigte Biedermeiermöbel und eine ungeheure Menge von Ölgemälden, die Szenen von historischem, wenn auch nicht künstlerischem Wert darstellten. „Was haben Sie denn erwartet, Darling?" meinte Mrs. Gershwin. „So etwas wie russische Antiquitäten gibt es doch nicht. Wenn es sie gibt, sind es französische." Auf der Suche nach Kaviar betraten wir zwei Delikatessenläden, sozusagen die lokalen „Vendômes"; da gab es Ananas aus Afrika, Orangen aus Israel, frische

Lichi-Früchte aus China, aber keinen Kaviar. „Also wo, *wo* habe ich denn nur die Idee her, daß er die Butter auf dem Brot der Arbeiter sei?“ lamentierte Mrs. Gershwin, die erklärte, sie wolle sich jetzt zu einer Tasse Tee niederlassen, ein Wunsch, der uns kurz darauf in die sowjetische Abart von Schraffts führte. Es war in einem Keller, ein Verlies, wo die Kellnerinnen in hohen Russenstiefeln und mit Diademen aus Tortenspitzenpapier über den naßglitschigen Fußboden watend Tabletts mit Eiskrem und unwahrscheinlichen Kuchen zu trübsinnig dasitzenden Gruppen ältlicher Frauen trugen. Aber Mrs. Gershwin mußte ohne ihren Tee auskommen, denn es war kein Tisch frei, ja nicht einmal Platz zum Stehen.

Bisher hatte noch niemand etwas gekauft. Mrs. Gershwin beschloß, es mit einem Warenhaus zu versuchen. Unterwegs blieb Lyons des öfteren stehen, um mit seiner Kamera Aufnahmen zu machen von Frauen und kirschenwangigen Mädchen, die paarweise Christbäume schleppten, einem Blumenstand an der Straßenecke, der im Winter künstliche Rosen verkauft und Papiertulpen, in Blumentöpfe gesteckt, als seien sie echt. Jeder seiner fotografischen Überfälle bewirkte eine Verkehrsstockung der Fußgänger, eine Galerie stummer Zuschauer, die lächelten und manchmal auch finstere Gesichter zogen, wenn er dann sie aufnahm. Bald fiel mir auf, daß sich ein Mann ständig wieder unter diesen Zuschauern zeigte, jedoch nicht zu ihnen zu gehören schien. Immer stand er im Hintergrund, ein stämmiger Mensch mit einer Hakennase. Er war in einen schwarzen Mantel gepackt, mit Astrachanmütze, und das Gesicht zur Hälfte verborgen hinter einer dunklen Schutzbrille, wie sie Skiläufer tragen. Ich verlor ihn aus den Augen, noch ehe wir beim Warenhaus angekommen waren.

Das Innere erinnerte an einen Jahrmarktaufbau, dieweil es aus Ladentheken und Einzelnischen bestand, deren Regale zumeist Schießbudenpreise anboten, die üblichen billigen Puppen, häßliche Krüge, Gipstiere, Toilettengarnituren in ein Gerüsche aus weißer Etuiseide gebettet. Mrs. Gershwin, die den schalen Leimgeruch nicht ertragen konnte, verspürte einen unwiderstehlichen Drang, die „Lederabteilung“ zu verlassen, einen noch viel zwingenderen, dem Parfumstand zu entfliehen. Eine Menschenmenge begann uns durch das Haus zu folgen, und als ich in einer Nische, die den Hüten reserviert war, Mützen aus Ersatzpersianer aufzuprobieren begann, scharten sich einige dreißig grinsende, einander wegdrängende Russen um uns und forderten mich auf, diese da zu kaufen oder auch jene, eigenhändig die Modelle herunterzerrend und andere mir auf den Kopf stülpend und dem Verkäufer befehlend, immer mehr und mehr zu bringen, bis sie von der Theke herunterkullerten. Irgend jemand bückte sich, um eine davon aufzuheben – es war der Mann mit der Skibrille. Bei der Kappe, die ich dann aufs Geratewohl aus Verzweiflung kaufte, erwies sich später, daß sie nicht paßte. Aus falschem Astrachan, kostete sie fünfundvierzig Dollar, und wegen der komplizierten Zahlweise, die in allen Sowjetläden – vom einfachsten Kaufmannsladen bis zu *gum's* in Moskau – herrscht, bedurfte es weiterer vierzig Minuten, um damit zu Rande zu kommen. Zunächst bekommt man vom Verkäufer einen Zettel über den Kauf, den man zu einem Kassenschalter trägt, wo man kalte Füße bekommen kann, während die Kassiererin ihre Kalkulationen an einem Rechenbrett anstellt, zweifellos eine wirksame Methode, dennoch sollte irgendein begabter Sowjetmensch die Registrierkasse erfinden; wenn man bezahlt hat, stempelt die Kassiererin den Kaufzettel, und diesen nimmt man nun zurück zu dem Verkäufer, der inzwischen fünf weitere Kunden bedient; bei Gelegenheit jedoch wird er den Zettel entgegennehmen, fortgehen, ihn nochmals mit der Kassiererin zu vergleichen, wieder zurückkommen, einem den erworbenen Gegenstand aushändigen und die Einpackabteilung zeigen, wo man sich wiederum anstellen muß. Als Abschluß dieses langwierigen Vorgangs wurde mir dann meine Mütze in einer grünen Hutschachtel gereicht. „Bitte, Darling", flehte Mrs. Gershwin Lyons an, der versucht war, auch für sich eine Mütze zu erstehen, „lassen Sie uns nicht noch einmal das Ganze durchmachen."

Skibrille war nirgends zu sehen, als wir das Warenhaus verließen. Indessen tauchte er bald genug wieder auf, am Rande einer Gruppe, die zuschaute, wie Lyons ein paar Straßenhändler fotografierte, die in einem verschneiten Hof Weihnachtsbäume verkauften. In diesem Hof war es, wo ich meine Hutschachtel stehenließ; ich muß sie abgestellt haben, um mir die erforenen Hände warmzuschlagen. Ich merkte den Verlust erst einige Querstraßen weiter. Lyons und Mrs. Gershwin waren drauf und dran, umzukehren und danach zu suchen. Aber das war nicht notwendig. Denn als wir uns umwandten, sahen wir Skibrille auf uns zukommen, und an seiner Hand baumelte die grüne Hutschachtel. Er gab sie mir mit einem Lächeln, das seine Hakennase zucken ließ. Ehe ich nur daran denken konnte, mich zu bedanken, hatte er den Finger kurz an seine Mütze gelegt und war weitergegangen.

„Also – ho ho – was für ein Zufall!" krähte Lyons, und in seinen schlauen Augen glänzte es vergnügt auf. „Oh, *den* hatte ich lange spitzgekriegt."

„Ich auch", gestand Mrs. Gershwin. „Aber ich finde es goldig. Bewunderungswürdig. Einfach bewunderungswürdig von denen, sich so gut um uns zu kümmern. Man fühlt sich so beschützt. Also, Darling", sagte sie, als wolle sie Lyons unbedingt zu ihrer Ansicht bekehren, „ist es nicht ein Trost zu wissen, daß man gar nichts verlieren *kann* in Rußland?"

Im Astoria fuhr ich nach dem Mittagessen zusammen mit Ira Wolfert, dem ehemaligen Kriegsberichterstatter, der angeblich beabsichtigte, einen Artikel über die Tournee der Everyman Opera für *Reader's Digest* zu schreiben, im Fahrstuhl nach oben. „Aber noch suche ich nach einer richtigen Story. Mir scheint bisher, es ist alles nur immer wieder dasselbe", erklärte mir Wolfert. „Und man kann mit niemandem hier herum reden. Russen, meine ich. Man kriegt die Platzangst jedesmal, wenn man mit jemandem ein politisches Gespräch anfängt und dieselbe alte Leier hört. Ich habe mich mit Sawtschenko unterhalten, das soll doch ein intelligenter Bursche sein, und ich habe ihm gesagt, weil dies doch ein Privatgespräch sei, ob er denn *ehrlich* all den Unsinn glaube, den er über Amerika redet. Er behauptete nämlich, daß das Land doch von Wallstreet regiert würde. Aber man kann sich mit ihnen einfach nicht unterhalten. Es ist keinerlei Realismus in ihrem sozialen Realismus. Gestern unterhielt ich mich mit einem Russen – ich werde ihn nicht näher bezeichnen, einer von den Burschen, mit denen wir hier zusammengekommen sind –, und er steckt mir einen Zettel zu. Auf diesem Zettel werde ich gebeten, seine Schwester in New York zu besuchen. Er hat also eine Schwester, die dort lebt. Später begegne ich diesem Burschen auf der Straße. Ich ziehe ihn in eine Seitenstraße und frage: ‚Was zum Teufel geht hier eigentlich vor?' Und er sagt: ‚Alles ist ganz tadellos. Es ist nur besser, wenn man vorsichtig ist.' Alles ist ganz tadellos, aber der Bursche steckt mir Zettel zu!" Wolfert biß heftig auf seine Pfeife und schüttelte den Kopf. „Wo ist da der Realismus? Ich kriege die Platzangst."

Oben konnte ich dann das Telefon in meinem Zimmer läuten hören, als ich die Tür aufschloß. Es war der Mann, dem ich in der Ballettpause begegnet war, Miss Ryans Anbeter, Stepan Orlow. Er sagte, er habe Miss Ryan angerufen, aber keine Antwort erhalten. Ich riet ihm, es einmal beim Breenschen Appartement zu versuchen, da Miss Ryan einen der Räume als Büro benutze. „Nein", wehrte er nervös entschuldigend ab. „Ich darf nicht gleich wieder anrufen. So bald hintereinander. Aber wann könnte ich Nancy sehen? *Und* Sie?“ setzte er taktvoll hinzu. Ich fragte, ob er auf einen Drink ins Hotel kommen wolle. Es folgte eine Pause, die so lang war, daß ich schon glaubte, wir seien getrennt worden. Schließlich sagte er: „Das wäre nicht passend. Aber könnten wir uns in, sagen wir, einer Stunde treffen?“ Ich bejahte und fragte, wo? Er sagte mir: „Spazieren Sie um die Kirche herum. Isaaks-Kathedrale. Immer ruhig weitergehen. Ich werde Sie schon sehen.“ Er hängte ein, ohne sich zu verabschieden.

Ich ging zu den Breens hinunter, um Miss Ryan von der Einladung zu erzählen. Sie war hoch erfreut: „Ich wußte doch, daß er anrufen würde“, aber niedergeschlagen: „Ich hänge hier fest mit sechs Durchschlägen einer Eilsache“, sagte sie, indem sie lagenweise Papier und Kohlebogen in ihre Reiseschreibmaschine spannte. Die Eilsache war ein zwei Seiten langer Brief von Robert Breen, gerichtet an Charles E. Bohlen, den amerikanischen Botschafter in Rußland. Er begann mit Äußerungen des Dankes bezüglich der Tatsache, daß der Botschafter nebst Gattin zur *Porgy-and-Bess*-Premiere nach Leningrad kommen wollte; aber der größte Teil des Briefes war im Tone kummervoller Klagen gehalten. Zwar hatte das State Department diesem Rußlandgastspiel seinen Segen gegeben, doch es stand, entgegen der allgemeinen Annahme, unter keinerlei offizieller Betreuung. Tatsächlich war ja die Reise von Rußlands eigenem Kulturministerium finanziell ermöglicht worden. Nichtsdestoweniger fand Breen, es sei „ein schreiendes Unrecht“, daß der Theatergesellschaft kein Mitglied des Botschaftspersonals ständig zugeteilt worden sei, um an Ort und Stelle „die täglichen und stündlichen Ereignisse, die individuellen Kontakte und die spontanen und herzlichen Zwischenfälle“ mitanzusehen, die Breen wichtig fand, wenn die Botschaft „wirklich sorgfältig jenen ausführlichen und wohlfundierten Bericht vorzubereiten wünsche, der mit Recht über dies noch nie dagewesene Projekt zu erwarten sei". Breen schrieb: „Die Notwendigkeit einer solchen Dokumentation betrifft ja nicht allein dieses Freundschaftsgastspiel, so wichtig es auch sein mag, sondern ebensosehr einen möglichen zukünftigen Kulturaustausch. Niemand kann sich eine Vorstellung machen vom Ausmaß unserer Bemühungen, einen reibungslosen Ablauf zu sichern – oder von der Unzahl von Kleinigkeiten, die bedacht und in Ordnung gebracht werden müssen, wenn diese Art von Austausch jene Früchte tragen soll, die man sich von ihm verspricht. Die Dokumentation sollte nicht allein unsere Erfolge festhalten, sondern ebenso auch jene Punkte der Kontaktaufnahme, die noch verbessert werden könnten, wie auch mögliche Mißerfolge."

„Grüßen Sie Stepan schön", instruierte mich Miss Ryan, als ich ging, um die Verabredung pünktlich einzuhalten. „Und falls es sich als ein spontaner und herzlicher Zwischenfall herausstellen sollte, vergessen Sie nur ja nicht, es mir zu berichten, damit ich es in das *Porgy-and-Bess*-Logbuch eintragen kann", sagte sie, damit Bezug auf das offizielle Tagebuch nehmend, das ihr Chef unter diesem Titel führte.

Das Massiv der Isaaks-Kathedrale, im Stil der Mittelgotik, liegt einen Steinwurf weit vom Astoria. Ich verließ das Hotel punkt halb vier Uhr, die Zeit, die Orlow mir für unser Treffen angegeben hatte. Doch als ich aus der Tür trat, sah ich mich einer Skibrille gegenüber. Am Bordstein parkte eine Intourist-Limousine, und der Mann saß auf dem Vordersitz und unterhielt sich mit dem Chauffeur. Im ersten Augenblick dachte ich daran, umzukehren; es schien das Vernünftigste, wenn Orlow daran lag, daß dies Zusammentreffen nicht publik werden sollte. Doch beschloß ich dann, an dem Wagen vorüberzuschlendern und abzuwarten, was geschah; als ich vorbeikam, veranlaßten

mich Nervosität und ein unkontrollierbar eingeimpfter Sinn für gutes Benehmen, den Mann mit einem Kopfnikken zu grüßen. Er gähnte und wandte sein Gesicht ab. Ich drehte mich nicht um, bis ich den Platz überquert hatte und im Schatten der Kathedrale stand. Da war der Wagen dann verschwunden. Ich spazierte um die Kathedrale, indem ich tat, als bewundere ich die Architektur, obgleich gar kein Grund war, irgendwie zu tun, weil die Bürgersteige verlassen dalagen. Dennoch hatte ich das Gefühl, aufzufallen und eben nicht ganz im Rahmen des Gesetzes zu handeln. Nachtdunkel glitt über den Himmel wie die schwarzen Krähen, die über den Köpfen der Menschen Kreise zogen und krächzten. Beim dritten Umwandern der Kirche keimte in mir der Verdacht auf, daß Orlow sich anders entschlossen haben könne. Ich suchte die Kälte zu vergessen, indem ich anfing, meine Schritte zu zählen, und ich hatte zweihundertundsechzehn angemerkt, als ich beim Einbiegen um eine Ecke unvermittelt vor einer Szene stand, die den Fluß der Zahlen stocken ließ wie die Zeiger einer heruntergefallenen Uhr.
Das war so: vier Männer in Schwarz hatten einen fünften gegen die Mauer der Kathedrale gedrängt. Sie schlugen mit Fäusten auf ihn ein, stießen ihn vorwärts und warfen sich gegen ihn mit voller Körpergewalt, wie Fußballspieler, die an einem Sandsack üben. Eine bürgerlich gekleidete Frau mit einer Handtasche unterm Arm stand abseits, als warte sie nur so lässig, bis einige ihrer männlichen Bekannten eine geschäftliche Unterredung beendet haben würden. Abgesehen vom Gekrächz der Krähen wirkte es wie eine Szene aus einem Stummfilm; niemand gab einen Laut von sich, und als die vier Angreifer von dem Mann abließen, der, alle viere von sich gestreckt, auf dem Schnee liegenblieb, warfen sie mir einen gleichgültigen Blick zu, gesellten sich wieder zu der Frau und gingen gemeinsam davon, ohne ein Wort miteinander zu wechseln. Ich trat auf den

Mann zu. Er war fett, zum Heben für mich viel zu schwer, und die Alkoholfahne seines Atems hätte Skorpione töten können. Er blutete nicht und war nicht bewußtlos, sondern wollte sprechen, konnte aber nicht; er schaute zu mir auf wie ein Taubstummer, der sich mit Blicken verständlich zu machen sucht.

Ein Wagen mit eingeschalteten Scheinwerfern schob sich um die Ecke. Der schwarzweißkarierte Streifen um das Chassis ließ ihn als ein Taxi erkennen. Die rückwärtige Tür wurde geöffnet, und Stepan Orlow rief meinen Namen. Gegen die Tür gelehnt, suchte ich zu erklären, was geschehen war, und ihn um Hilfe zu bitten, aber er war ungeduldig, wollte nicht darauf hören und sagte nur immer wieder: „Steigen Sie ein“, und „Wollen Sie nicht *bitte* einsteigen“; und endlich mit einer Wut, die mir einen Schock versetzte: „Sie sind ein Idiot!“ sagte er, mich auf den Sitz zerrend. Als das Taxi in einem kurzen Bogen wendete, machten seine Lichter den Mann sichtbar, der auf dem Bürgersteig lag, seine erhobenen Hände fuhren durch die Luft wie die Krallen eines Insekts, das grausam auf seinen Rücken gefallen ist.

„Es tut mir leid“, sagte Orlow, und hatte wieder seine höfliche Stimme zurückgewonnen, der er zudem einen ehrlich zerknirschten Ton zu verleihen vermochte. „Aber das sind anderer Leute Zwistigkeiten. Die sind nicht weiter interessant, verstehen Sie? Jetzt sollen Sie sich lieber amüsieren. Wir gehen ins Wostock.“ Er machte eine Bemerkung über Miss Ryans Abwesenheit und bedauerte „tief“, daß es ihr nicht möglich gewesen sei, seiner Einladung Folge zu leisten. „Das Wostock ist ein Lokal, wohin man so jemand wie Nancy gern mitnimmt. Sehr gutes Essen. Musik. Etwas orientalisch angehaucht.“ Nach der geheimen Art unseres Treffens erschien es mir seltsam, daß wir jetzt irgendwohin gehen sollten, heiter und in aller Öffentlichkeit, wie er nun erklärte; und ich verschwieg ihm das nicht. Er war gekränkt. „Ich habe doch keine Angst, aber ich bin andererseits kein Idiot. Das Astoria ist ein so prekärer Ort. Verstehen Sie? Es ist unangenehm, dorthin zu gehen. Warum sollte ich mich nicht mit Ihnen treffen, wenn ich möchte?“ sagte er, als stelle er sich selbst diese Frage. „Sie sind ein Sänger, ich interessiere mich für Musik.“ Er stand unter dem Eindruck, daß sowohl Miss Ryan wie ich zu den Sängern des Ensembles von *Porgy and Bess* gehörten. Als ich dies richtigstellte und ihm mitteilte, daß ich Schriftsteller sei, schien er bestürzt. Er hatte sich eine Zigarette angebrannt, und seine gespitzten Lippen, die das Streichholz ausblasen wollten, strafften sich. „Sie sind ein Korrespondent?“ erkundigte er sich, die Flamme brennen lassend. Ich sagte nein, nicht das, was er unter einem Korrespondenten verstehe. Er blies das Streichholz aus. „Weil ich Korrespondenten nicht ausstehen kann“, sagte er, wie warnend, daß ich ihn lieber nicht anschwindeln solle. „Sie sind widerlich. Und die Amerikaner, bedauerlich zu sagen, die schlimmsten von allen. Die widerlichsten.“ Nun er wußte, daß ich ein Schriftsteller war, dachte ich, daß er die Lage vielleicht in einem anderen, weniger harmlosen Lichte sah, und schlug daher vor, wenn mich das Taxi in die Nähe des dann leicht zu Fuß erreichbaren Astoria bringen würde, könnten wir uns dort in aller Freundschaft voneinander trennen. Er hielt dies für einen Protest gegen seine Meinung über amerikanische Korrespondenten. „Bitte, Sie mißverstehen mich. Ich bewundere das amerikanische *Volk* doch so sehr“, sagte er und versicherte, daß die Jahre, die er in Washington verbracht habe, „voller Glück waren, das ich nie vergessen werde. Die Russen, die in New York lebten, taten immer so snobistisch gegenüber den Russen, die in Washington leben mußten; sie erklärten: ‚Oh, mein Lieber, Washington ist derart *langweilig* und provinziell.‘“ Er lachte über seine Imitation einer gelangweilten Dame von Welt. „Aber was mich betrifft, so gefiel’s mir dort.

Die Hitze in den Straßen im Sommer. Bourbon Whisky. Ich mochte meine kleine Wohnung so sehr. Ich öffne mein Fenster und schenke mir einen Bourbon ein", sagte er, als erlebe er es im Geiste nach. „Ich sitze in meiner Unterwäsche und trinke Bourbon und spiele mein Radio so laut, wie ich Lust habe. Da ist ein Mädchen, das ich kenne. Zwei Mädchen. Eins von beiden kommt immer vorbei."

Das sogenannte Wostock ist ein Restaurant, das dem Hotel Europa angeschlossen ist, dicht am Newskij-Prospekt gelegen. Wofern nicht ein paar vertrocknete Palmenkübel den Orient andeuten sollen, fühle ich mich außerstande Orlows Behauptung, dieser Ort habe eine mandeläugige Atmosphäre, zu erklären. Die Atmosphäre ist, wenn überhaupt, eine niederdrückende aus gelbgetünchter Mittelmäßigkeit und spärlich besetzten Tischen. Orlow war eingeschüchtert, er zupfte sich an der Krawatte und fuhr glättend über sein Haar. Während wir die leere Tanzfläche überquerten, kratzte ein Ensemble von vier Musikern, spindeldürr wie die Palmen, zwischen denen sie postiert waren, einen Walzer herunter. Wir erklommen eine kleine Treppe, die zu einer Estrade führte, wo es diskrete Eßnischen gab. „Sie finden natürlich, das Astoria sei eleganter", sagte er, als wir uns gesetzt hatten. „Aber das ist für Fremde und sehr große Snobs. Das hier ist für kleinere Snobs. Ich bin ein *sehr* kleiner Snob."

Ich machte mir Sorgen, daß er sich möglicherweise das Wostock überhaupt nicht leisten konnte. Sein Überzieher prunkte mit einem luxuriösen Zobelkragen, und er trug eine Kappe aus glänzendschwarzem Seal. Sein Anzug jedoch war von armselig dünnem Stoff, und die Frischgewaschenheit seines weißen Oberhemdes machte die ausgefransten Stellen an Kragen und Manschetten irgendwie nur noch deutlicher. Aber er gab eine üppige Bestellung beim Kellner auf, der uns eine 400-Gramm-Karaffe voll Wodka und eine riesige Portion Kaviar brachte, auf geeisten Silbertellern mit Toast und Zitronenscheiben daneben. Mit einem flüchtigen Gedanken an Mrs. Gershwin verdrückte ich jedes einzige zarte ungesalzene Perlkorn vor mir, und Orlow, über die Geschwindigkeit solcher Durchführung staunend, fragte, ob ich wohl noch eine Portion haben wolle. Ich sagte: nein, ich könne unmöglich noch, aber er sah, daß ich konnte, und ließ den Kellner mehr holen.

Inzwischen brachte er einen Toast nach dem andern auf Miss Ryan aus. „Auf Nancy", sagte er und leerte sein Glas, dann mit dem neugefüllten: „Auf Nancy. Sie ist ein bildschönes Mädchen", und wieder einschenkend: „Diese bildschöne Nancy. Bildschönes Mädchen. Bildschön."

Die kurze Aufeinanderfolge rasch hinuntergekippter Wodkas rötete sein blasses, beinah hübsches Gesicht. Er versicherte mir, daß er „wie ein Narr trinken" könne und nicht betrunken würde, doch ein gradweises Abnehmen der Intelligenz im Ausdruck seiner schönen blauen Augen strafte diese Prahlerei Lügen. Er verlangte zu wissen, ob ich glaube, daß Miss Ryan etwas für ihn übrig habe. „Weil", sagte er und beugte sich übertrieben vertraulich vor, „sie ein bildschönes Mädchen ist und ich sie gern mag."

Ich sagte: ja, ich hätte allem bereits entnommen, daß er sie sehr hochschätze. „Aber Sie denken, ich sei ein Idiot? Weil ich fast vierzig und seit fünf Jahren verheiratet bin?"

Er spreizte seine Hand auf den Tisch vor mich hin, um mir den schlichten goldnen Ehering zu zeigen. „Ich werde niemals meiner Ehe Leid zufügen", bemerkte er fromm. „Wir haben zwei Kinder, kleine Mädchen." Er beschrieb mir seine Frau als „nicht schön, aber meine beste Kameradin", und erklärte weiter, daß, abgesehen von den Kindern, die gemeinsamen Interessen, die sie miteinander teilten, diese Ehe zu „einer ernsthaften Verbindung" machten.

In Rußland kann man beobachten, daß kaum einer unter den Berufstätigen einen Bund mit jemand außerhalb des eigenen Arbeitskreises eingeht. Ärzte heiraten Ärztinnen,

Rechtsanwälte Anwältinnen. Die Orlows waren, so schien es, beide Mathematiker, die an der gleichen Leningrader Schule unterrichteten. Musik und Theater waren ihre Hauptinteressen; sie hatten sich abgewechselt, sagte er, beim Schlangestehen nach den Karten für die Premiere von *Porgy and Bess,* aber zum Schluß gestattete man jeweils nur eine einzige Eintrittskarte. „Nun gibt meine Frau vor, sie habe keine Lust, zu gehen. Das tut sie, damit ich gehen kann." Im letzten Jahr hatten sie sich als gegenseitiges Neujahrsgeschenk einen Fernsehapparat gekauft, jetzt aber bedauerten sie, ihr Geld für „etwas derart Langweiliges und Kindisches" ausgegeben zu haben. Mit gleicher Schärfe äußerte er sich über den sowjetischen Film. Seine Frau gehe allerdings sehr gern ins Kino, doch er selbst werde sich nur dafür begeistern können, wenn man je wieder amerikanische Streifen zeigen würde. („Ich wüßte da gern einiges. Was ist aus diesem bildschönen Mädchen, Joan Bennett, geworden? Und der anderen, Ingrid Bergman? Und George Raft? Was für ein großartiger Schauspieler! Lebt er noch?") Abgesehen von dieser Verschiedenheit der Meinungen über Wert und Unwert des Kinobesuchs, stimmte der Geschmack seiner Frau in allem mit dem seinen überein; sie liebten sogar, wie er sagte, den gleichen Sport, „auf dem Wasser zu liegen", und hatten schon einige Jahre lang gespart, um sich ein kleines Segelboot zu kaufen, das sie in einem Fischerdörfchen nahe Leningrad liegen haben wollten, wo sie jeden Sommer ihre zwei Monate Urlaub verbrachten. „Das ist es, wofür wir leben – mit dem Boot durch die Poesie unserer Weißen Nächte zu fahren. Sie müssen zurückkommen in der Zeit der Weißen Nächte. Sie sind wahrlich der Lohn für neun Monate Dunkelheit."

Die Wodkakaraffe war leer geworden, und Orlow, der um eine Neufüllung gerufen hatte, murrte, daß ich nicht mit ihm Schritt hielte. Er erklärte, „höchst ärgerlich" zu sein, weil er mich „nur nippen“ sähe, und verlangte, ich solle „trinken wie ein anständiger Kerl oder den Tisch verlassen“. Ich war erstaunt, wie leicht sich so ein Glas in einem Zug hinunterkippen ließ, wie angenehm, und es schien auch gar keine Wirkung weiter zu haben als eine prikkelnde Wärme und ein Gefühl, daß meine kritischen Fähigkeiten nachließen. Ich begann zu denken, daß Orlow wohl schließlich recht hätte: das Restaurant hatte etwas Orientalisches an sich, eine maurische Gemütlichkeit, und die Musik des Orchesters, die wie Grillengezirpe zwischen den Palmen tönte, schien einen verführerischen, sehnsuchtsschweren Klang anzunehmen.

Orlow, jetzt im Stadium des Sichwiederholens angelangt, versicherte dreimal: „Ich bin ein guter Ehemann und ich habe eine gute Frau“, ehe er zum nächsten Satz fand, der lautete: „Aber ich habe starke Muskeln.“ Er beugte seinen Arm. „Ich bin leidenschaftlich. Ein temperamentvoller Tänzer. In heißen Nächten, bei offenem Fenster und das Grammophon laut, wie wir das mögen ... und das Grammophon laut, wie wir das mögen. Irgend jemand kommt immer vorbei. Und wir tanzen dann so. Bei offenem Fenster in heißen Nächten. Das ist alles, was ich will. Mit Nancy tanzen. So schön. Ein schönes Mädchen. Verstehen Sie? Nur eben tanzen. Nur eben ... Wo ist sie?“ Seine Hand fegte über den Tisch. Silbergeschirr klapperte auf den Boden. „Warum ist Nancy nicht hier? Warum singt sie uns nichts vor?“ Mit zurückgeworfenem Kopf sang er „Missouri woman on the Mississippi with her apron strings Missouri woman drags her diamond rings by her apron strings down the bad Missouri on the Mississippi blues ...“ Sein Gesang wurde lauter, er verfiel ins Russische, ein Gegröle, das immer noch dunkel an die Melodie des „St. Louis Blues“ erinnerte. Ich blickte auf meine Uhr. Zu meinem Erstaunen war es neun Uhr. Wir hatten demnach fast fünf Stunden im Wostock gesessen, was bedeutete, daß ich nicht mehr so nüchtern sein konnte, wie ich annahm. Diese Feststellung und ihre Beweiskraft überfielen mich gleichzeitig wie ein Mörderpaar, das im Hinterhalt gelegen. Die Tische schienen zu kippen, die Lampen zu schwingen, als sei das Restaurant ein Schiff auf rauher See. Auf mein Verlangen, mein Drängen hin forderte Orlow die Rechnung, sang jedoch weiter, während er seine Rubel hinzählte, sang sich die Stufen hinunter und walzte ganz allein über das Tanzparkett, das Orchester ignorierend, nach seiner eigenen Begleitmusik „Missouri woman you're a bad Missouri woman on the Mississippi blues ..."

Draußen vor dem Wostock verkaufte ein Händler Gummitiere. Orlow kaufte ein Kaninchen und reichte es mir. „Gruß Nancy von Stepan." Dann zog er mich eine Straße hinunter, die vom Newskij-Prospekt abging. Als Gassenschlamm anstelle des Pflasters kam, wurde mir klar, daß unser Ziel nicht das Astoria sein konnte. Denn dies hier war keine Nachbarschaft für Paläste. Statt dessen war mir, als wandere ich wieder durch die Slums von New Orleans, eine Gegend mit Dreckgassen und zerbrochenen Zäunen, windschiefen Holzhäusern. Wir kamen an einer verlassenen Kirche vorüber, wo der Wind um die Kuppeln heulte wie eine Witwe am Grabe. Nicht weit von der Kirche begannen wieder Bürgersteige und, mit ihnen, die zaristische Fassade der Stadt. Orlow steuerte auf die erleuchteten Fenster eines Cafés zu. Der kalte Spaziergang hatte ihn beruhigt, einigermaßen ernüchtert. An der Tür sagte er: „Hier ist es besser. Ein Arbeiterlokal."

Es war, als sei man in eine Bärengrube gefallen. Die Körperwärme und der Bieratem und feuchte Pelzgeruch von an die hundert brummelnden, streitenden, scharrenden Stammgästen erfüllten das hellerleuchtete Café. Zehn und zwölf Mann hockten jeweils um das halbe Dutzend Tische im Raum.

Die einzigen anwesenden Frauen waren drei Kellnerinnen,

eine wie die andere stämmige Mädchen, so breit wie hoch, und mit Gesichtern, flach und rund wie Teller. Neben dem Bedienen betätigten sie sich pflichtgemäß als Rausschmeißer. Ruhig, sachkundig, mit erstaunlichem Nichtvorhandensein jeglicher Empörung und mit weniger Anstrengung, als man zum Gähnen braucht, konnten sie einen Hieb versetzen, der einen Mann von doppeltem Format wie sie selbst sogleich alle Luft abblasen ließ. Wehe demjenigen, der zurückschlug. Dann stürzten sich alle drei Mädchen auf ihn, zwangen ihn mit Prügeln auf die Knie, wischten buchstäblich den Boden mit ihm, während sie seinen Körper zur Tür schleiften und hinauswarfen in die nächtliche Dunkelheit. Einige Männer, stammgasterpicht, doch ganz entschieden *persona non grata*, kamen niemals ins Café hinein, denn sobald sich einer dieser Unerwünschten an der Tür sehen ließ, formierten die Damen des Etablissements einen herbeistürzenden, dreschenden Keil, um ihn wieder hinauszutreiben. Dennoch konnten sie höflich sein. Jedenfalls lächelten sie Orlow an, beeindruckt, wie ich glaube, von seinem Zobelkragen und der teuren Pelzkappe. Eine von ihnen brachte uns an einen Tisch, wo sie zwei jungen Männern, Boxertypen in Lederjacken mit vorspringendem Kinn, sagte, sie sollten aufstehen und uns ihre Stühle geben. Der eine war willig, der andere murrte. Sie erledigte seine Einwände, indem sie ihn am Haar packte und sein Ohr empfindlich zwirbelte.

Zumeist ist nur den Restaurants der Oberschicht erlaubt, Wodka zu verkaufen, und da dies Café nicht zu dieser Kategorie gehörte, bestellte Orlow russischen Kognak, eine trübe Flüssigkeit, die in hohen Teegläsern, bis zum Rande überfließend, serviert wurde. Mit der Seligkeit eines Mannes, der vom Bier die Blume genießt, leerte er ein Drittel des Glases und fragte, ob mir das Café „gefiele“ oder ob ich es „ungehobelt“ fände. Ich erwiderte ja und ja. „Ungehobelt, aber nicht rowdyhaft“, unterschied er. „Am Hafen, ja, da ist es rowdyhaft. Das hier aber ist nur gewöhnlicher Alltag. Ein Arbeiterlokal. Keine Snobs." Wir hatten acht Tischgefährten, und sie nahmen Interesse an mir, pickten an mir wie Elstern, zupften mir das Feuerzeug aus der Hand, einen Schal vom Hals, Gegenstände, die sie von einem zum andern reichten, draufstarrten, darüber grinsten und dabei, selbst die Jüngsten, reihenweise verdorbene Zähne zeigten und Runzeln, die nicht vom Alter stammen konnten. Der mir am nächsten saß war eifersüchtig und verlangte all meine Aufmerksamkeit für sich. Unmöglich zu erraten, wie alt er war, irgendwo zwischen vierzig und siebzig. Ihm fehlte ein Auge, und dieser Umstand ermöglichte ihm ein Kunststück, das mitanzusehen er mich immer wieder zwang. Es war wohl als Parodie auf Christus am Kreuz gemeint. Einen Schluck Bier nehmend, streckte er seine Arme zur Seite und ließ den Kopf sinken. Im Augenblick kam ein Biergetröpfel aus der weitoffenen Röte seiner Augenhöhle vorgetränt. Seine Freunde am Tisch fanden diese Leistung zum Brüllen.

Ein anderer Liebling des Lokals war ein junger Mensch, der mit einer Gitarre herumwanderte. Wenn man ihm etwas zu trinken bestellte, sang er dafür ein Lied. Er spielte eines für Orlow, der es mir übersetzte mit der Bemerkung, es sei dies die Art Lieder, die „wir" lieben. Es war die Klage eines Seemanns, der sich nach dem Dorf seiner Jugend und einer verlorenen Liebe namens Nina sehnte. „Das Grün der See ist das Grün ihrer Augen." Der Bursche sang gut, mit klagendem Flamencotremolieren der Stimme. Ich spürte jedoch, daß er sich nicht auf den Text konzentrierte. Seine Gedanken wie auch sein Blick waren auf mich gerichtet. Sein weißes Gesicht trug eine Traurigkeit, die aufgeschminkt schien wie bei einem Clown. Aber seine Augen waren es, die mich beunruhigten. Dann wußte ich, warum. Sie erinnerten mich nämlich an den Ausdruck, das taubstumme Flehen, in den Augen des Mannes, den ich auf dem Bürgersteig neben der Kathedrale liegend verlassen hatte. Als er zu spielen aufgehört hatte, sagte Orlow, er solle noch ein Lied singen. Statt dessen versuchte der Junge, mit mir zu reden.

„Ich ... Sie ... Mutter ... Mann." Er kannte an die zehn Worte Englisch und kämpfte um ihre Aussprache. Ich bat Orlow, zu dolmetschen, und als sie miteinander Russisch sprachen, war es, als sänge der junge Mensch wieder. Während seine Stimme irgendeine kummervolle Prosamelodie wob, zupften seine Finger an den Saiten der Gitarre. Tränen sprangen ihm in seine Augen, und er wischte sie mit der flachen Hand weg, Schmutzstreifen hinterlassend wie ein Kind. Ich fragte Orlow, was er sagte. „Es ist nicht weiter interessant. Ich interessiere mich nicht für Politik." Es schien unbegreiflich, daß der Junge über Politik sprechen sollte, und als ich beharrlich blieb, war Orlow verärgert. „Es ist nichts. Eine lästige Geschichte. Er will, daß Sie ihm helfen."

Helfen war ein Wort, das der Junge verstand. „Helfen", sagte er, heftig mit dem Kopf nickend. „Helfen."

„Ist er nicht lästig?" sagte Orlow. „Er sagt, sein Vater sei Engländer und seine Mutter Polin, und deswegen behauptet er, in unserem Lande sehr schlecht behandelt zu werden. Er möchte, daß Sie an den britischen Botschafter schreiben sollen. Irgend etwas Ähnliches. Er will nach England gehen."

„Englischmann", sagte der junge Mann und zeigte stolz auf sich selbst. „Helfen." Ich sah nicht recht, wie ich das könnte, und als er mich anschaute, begann Verzweiflung den hoffnungsvollen Schimmer seiner feuchten Augen zu überschatten. „Helfen", wiederholte er vorwurfsvoll. „Helfen. Helfen."

Orlow gab ihm ein Geldstück und nannte ihm den Titel eines Liedes, das er hören wollte. Es war ein komisches Lied mit endlosen Versen, und wenngleich der Junge sich lustlos damit abplagte, lachten sogar die Kellnerinnen und sangen lauthals jeweils den Refrain mit, den jedermann zu kennen schien. Der Einäugige, böse darüber, daß es so viel Gelächter um etwas anderes als sein Kunststück gab, kletterte auf einen Stuhl und stand da wie ein Vogelscheuchen-Jesus, während ihm das Bier aus der leeren Augenhöhle quoll und über die Backe tröpfelte. Fünf Minuten vor Mitternacht, Polizeistunde, begannen die Kellnerinnen, mahnend das Licht aus und an zu knipsen. Aber die Gäste sangen das Lied noch immer weiter, klammerten sich an diese letzten Minuten, als empfänden sie Widerwillen bei dem Gedanken, die trauliche Gemeinschaft des Cafés gegen kalte Straßen einzutauschen, den grausamen, einsamen Heimweg. Orlow sagte, er werde mich zum Isaaks-Platz begleiten. Erst aber noch einen letzten Toast. Er rief: „Auf ein langes, fröhliches Leben. Sagt man nicht so?" Ja, bestätigte ich ihm, so sagte man.

Der junge Mensch mit der Gitarre blockierte unsern Weg zur Tür. Aufbrechende Gäste schmetterten noch immer sein Lied; man konnte das Echo ihrer Stimmen in den Straßen verhallen hören. Und im Café scheuchten die Kellnerinnen die letzten Hartnäckigen hinaus, die Lichter nun im Ernst verlöschend. „Helfen", sagte der Junge, mich sanft am Ärmel zupfend. „Helfen", sagte er, die Augen voll auf mich gerichtet, als ihn eine der Kellnerinnen auf Orlows Ersuchen hin beiseite stieß, um uns vorbeizulassen. „Helfen, helfen", rief er mir nach, die Tür nun zwischen uns und die Worte nur gedämpfter Klang, der in nichts verging wie der nächtlich fallende Schnee.

„Ich glaube, er ist ein Verrückter", sagte Orlow.

„New York könnte bombardiert worden sein, so wenig wissen wir von der Welt", sagte Leonard Lyons zu dem Bankier Herman Sartorius, der neben ihm im Bus saß auf der gemeinschaftlichen Fahrt am Vormittag zum Eremitage-Museum. „Ich bin noch nie irgendwo gewesen, wo ich keine Zeitung lesen konnte, erfahren, was in der Welt vor sich geht. Ein Gefangener, so komme ich mir vor." Sartorius, ein hochgewachsener, ergrauender, höflichernster Mensch, gab zu, daß auch er die westlichen Zeitungen vermisse, und dachte laut vor sich hin, ob es wohl als „nicht so ganz das Richtige" empfunden werden könnte, wenn er sich bei einer Leningrader Bank nach den derzeitigen New Yorker Börsenkursen erkundigen würde.

Zufällig saß hinter ihm ein Passagier, der ihm jede von ihm gewünschte Information hätte geben können. Es gehörte zu seinem Beruf, zu wissen, was jenseits des Eisernen Vorhangs vorging, insbesondere in Amerika. Ein Russe, sein Name war Josef („Nennen Sie mich Joe") Adamow, und er war in Leningrad, um Bandaufnahmen von Interviews mit dem *Porgy-and-Bess*-Ensemble für Radio Moskau zu machen, der Station, die Sendungen in Länder außerhalb des sowjetischen Bereichs ausstrahlt. Adamows Talente sind den Programmen gewidmet, die für den amerikanischen oder englischsprechenden Gebrauch bestimmt sind. Die Programme umfassen Nachrichtenmeldungen, Musik und volkstümliche Kurzhörspielserien, die nur so überschäumen von Propaganda. Das Anhören einer solchen kleinen Szene ist ein schockierendes Erlebnis, nicht um des Inhalts willen, der primitiv ist, sondern wegen der Darbietung, die es nicht ist. Die Stimmen der angeblichen „Durchschnittsamerikaner" scheinen genau das zu sein: man glaubt dem Mann ohne weiteres, der da behauptet, ein Farmer aus dem Mittelwesten zu sein, ein Viehknecht aus Texas, ein Detroiter Fabrikarbeiter. Selbst die Stimmen der „Kinder" klingen genauso vertraut wie das Zerknuspern von Weizenflocken, der harte Aufschlag eines Baseballs. Adamow prahlte damit, daß keiner dieser Schauspieler jemals Rußland verlassen habe, ihr jeweiliger Akzent war hier in Moskau fabriziert. Selbst häufiger Mitspieler in diesen Hörfolgen, hatte Adamow einen bestimmten amerikanischen Dialekt bei sich derart vervollkommnet, daß er einen Eingeborenen jener Gegend, Lyons, damit täuschte, der meinte: „Mein je, ich bin sprachlos, ich überleg' mir immerzu, was der hier macht, so weit weg von Lindy's." Adamow schien auch tatsächlich an diese Ecke des Broadways und der Einundfünfzigsten Straße zu gehören, ein Heft der Theaterzeitschrift *Variety* unter den Arm geklemmt. Obgleich sein Slang etwas abgestaubt werden müßte, bringt er ihn doch mit einer Mundwinkeltechnik von bizarrer Geläufigkeit heraus. „Als wie ich, ich bin ja kein Museumsmensch", sagte er, als wir uns der Eremitage näherten. „Aber wenn einer sich was aus dem gruseligen Zeug macht, soll der Laden hier ja in Ordnung sein, voll bis obenhin, hat man mir gesagt." Schwärzlicher Typ, mondgesichtig, ein Mann Mitte der Dreißig mit einem hektischen, kichernden Kaffee-Nerven-Aufgeputschtsein, werden seine verkniffenen Augen noch verkniffener, wenn er, gezwungenermaßen, zugibt, daß er sein Englisch in New York gelernt hat, wo er im Alter von acht bis zwölf Jahren bei seinem emigrierten Großvater lebte. Er zieht es vor, über diese amerikanische Episode hinwegzuschliddern. „Ich war ja noch ein Kind", sagte er, als wolle er damit sagen: „Ich wußte es nicht besser." Ein in Moskau lebender Ausländer, der Adamow gut kennt, beschrieb ihn mir mit „kein Dummkopf. Ein Opportunist, der überall seine Finger drinhat." Und ein italienischer Korrespondent, ebenfalls lange in Moskau, sagte:„Ah, si. Signor Adamow. Der Lächler mit dem Messer." Kurz, Adamow ist ein Mann mit Erfolg, was wie anderswo, in Rußland aber noch weit mehr, bedeutet, daß er sich gewisser Vorrechte erfreut, die einem gewöhnlichen Bürger der Stadt unbekannt sind. Dasjenige, das er am meisten schätzte, war eine zweizimmerige Junggesellenwohnung in Moskaus Gorkistraße, wo er, seinen Erzählungen nach, lebt wie ein Türke in seinem Harem. „Brauchen mich nur anzuklingeln, falls Sie nach Moskau kommen, wenn Sie 'n paar fesche Dinger kennenlernen wollen." Unterdessen fand er, daß einige Mitglieder des *Porgy-and-Bess*-Ensembles „recht fesche Dinger" waren, vor allem die Chorsängerin mit den tellergroßen Augen, Dolores, genannt Delirious Swann. Als man im Museum die Schaulustigen in Bataillone zu zwölf abteilte, legte es Adamow darauf an, zusammen mit Miss Swann in eine Gruppe zu gelangen, zu der unter anderem die Wolferts, Mrs. Gershwin, Nancy Ryan, Warner Watson und ich gehörten.

Die Eremitage ist ein Teil des Winterpalastes, der neuerlich wieder in der Kaiserlichen Farbe gestrichen wurde, einem frostigen Chartreuse-Grün. Seine Meilen von silbrigen Fenstern gehen auf einen Park und ein ausgedehntes Stück des Newa-Flusses hinaus. „Der Bau des Winterpalasts wurde 1764 begonnen und brauchte bis zur Vollendung achtundsiebzig Jahre", sagte die Führerin, ein männisches Wesen mit einer flotten Peitschen-wir-sie-durch-Haltung. „Er besteht aus vier Gebäuden und enthält, wie Sie sehen, das größte Museum der Welt. Dies hier, wo wir stehen, ist die Gesandtentreppe, die von den zur Audienz beim Zaren heraufsteigenden Gesandten benutzt wurde."

Im Sog der medialen Ausdünstung dieser Gesandten folgte unsere Gruppe ihr die Marmortreppe hinauf, die sich im Bogen unter einer Filigrandecke aus Weiß und Gold emporschwang. Wir durchschritten einen herrlichen Malachitsaal, wie ein Wandelgang unterm Meer, und hier waren tiefgezogene Flügelfenster, wo einige von uns stehenblieben, um über die Newa hinweg den nebeldunstigen Ausblick auf jene berüchtigte Folterkammer, die Peter-und-Paul-Festung, zu betrachten. „Los, los", drängte die Führerin. „Es gibt viel zu sehen, und wir werden unser Vorhaben nicht ausführen können, wenn wir uns bei unnützen Schaustücken aufhalten."

Ein Besuch der Schatzkammer war das unmittelbare Ziel unseres Vorhabens. „Das ist, wo sie die Diamanten horten, das echte Zeugs – Kronjuwelen und all solch Kram", informierte Adamow Miss Swann. Dragonerhaft verkümmerte Amazonen, einige davon in Uniform und mit umgeschnallten Pistolen, bewachten die verriegelten Gewölbetüren. Adamow meinte zu Warner Watson, mit dem Daumen auf die Wachen deutend: „Möchte wetten, daß ihr keine weiblichen Polypen in Amerika habt, was?"

„Klar", sagte Watson schüchtern. „Wir haben weibliche Polizisten, klar."

„Aber", sagte Adamow, wobei sein feuchtes Mondgesicht puterrot vor Lachen wurde, „nicht so fett wie die, was?

Während die komplizierten Stahltüren des Gewölbes aufgeschlossen wurden, verkündete die Führerin: Die Damen wollen bitte ihre Handtaschen draußen beim Wärter lassen." Dann, als wolle sie die offensichtliche Unterstellung abbiegen: „Es ist, weil die Damen Schaden anrichten, wenn sie ihre Handtaschen fallen lassen. Wir haben diese Erfahrung gemacht."

Das Gewölbe ist in drei enge, kerzenbeleuchtete Räume aufgeteilt; die beiden vorderen werden zur Gänze von der einzigartigsten Schaustellung des Museums eingenommen, einem intellektualistischen Panorama von skythischen Goldschätzen, Knöpfen und Armbändern, grausamen Waffen, papierdünnen Blättern und Kranzgewinden. „Zeug aus dem ersten Jahrhundert", sagte Adamow. „Anno Domini vor Christi Geburt, der ganze Kram." Der dritte Raum ist nicht derart intellektuell und sehr viel blendender für das Auge. Ein Dutzend gläserne Vitrinen (deren Metallrahmen den eingravierten Herstellernamen tragen: Holland Sons, 23, Mount Street, Grosvenor Square, London) funkeln von Erinnerungsstücken an die Aristokratie: Spazierstöcke aus Onyx und Elfenbein, künstliche Vögel, die mit Smaragdzungen singen, ein Li-

lienbukett aus Perlen, ein anderes aus Rubinrosen, Ringe und Dosen, die einen zitternden Glanz verströmen gleich Hitzewellen.

Miss Swann sang: „Diiiamenten sind der Frauen liebster Schatz", und einem, der ausrief: „Wo ist denn dieser Earl Jackson?" wurde mitgeteilt: „Ach Earl, Sie könnten doch wissen, daß dieser Gauner um diese Stunde des Tages niemals auf sein würde. Aber dem wird's sicherlich leid tun, daß er das ausgelassen hat. Bei dem seiner Vorliebe für Geglitzer."

Adamow pflanzte sich vor einer Vitrine auf, die eines der wenigen Fabergé-Exemplare der Sammlung enthielt, eine Miniaturnachbildung der zaristischen Machtsymbole: Krone, Zepter und Reichsapfel. „Prachtvoll ist das", seufzte Miss Swann. „Finden Sie das nicht auch prachtvoll, Mr. Adamow?" Adamow lächelte nachsichtig. „Wenn Sie meinen, Kind. Ich persönlich finde das alten Krempel. Was nützt das irgend jemanden?"

Ira Wolfert, auf seiner kalten Pfeife kauend, war ungefähr derselben Meinung. Jedenfalls sagte er: „Ich kann Juwelen nicht ausstehen", und starrte finster auf ein Tablett mit glänzenden Kinkerlitzchen. „Ich weiß keinen Unterschied zwischen einem Zirkon und einem Diamanten. Bloß daß mir Zirkone besser gefallen. Die schimmern mehr." Er legte den Arm um seine Frau Helen. „Ich bin froh, daß ich eine Frau geheiratet habe, die keinen Schmuck mag."

„Oh, ich *mag* Schmuck, Ira", sagte Mrs. Wolfert, eine gemütlich dreinschauende Frau, die dazu neigte, bestimmte Meinungen in einem unsicher tastenden Ton vorzubringen. „Ich mag Künstlerisches. Aber das hier, das ist alles nur Spielerei und Angabe. Es macht mich ganz krank."

„Mich macht es auch krank", sagte Miss Ryan. „Aber in ganz anderer Weise. Ich gäbe sonst was für diesen Ring da – das Tigerauge."

„Es macht mich krank“, wiederholte Mrs. Wolfert. „Ich nenne diese Sachen nicht künstlerisch. Das hier“, sagte sie, auf ihre eigene Brosche zeigend, ein redliches Stück mexikanischer Silberarbeit, „ist, was *ich* künstlerisch nenne.“
Mrs. Gershwin zog ebenfalls Vergleiche. „Ich wünschte, ich wäre nie hierhergekommen“, sagte sie, verloren an ihren Brillanten herumfingernd. „Ich fühle mich so unzufrieden, daß ich heimgehen möchte und meinem Mann eins über den Kopf geben.“
Miss Ryan fragte sie: Wenn Sie hier irgendwas haben dürften, was Sie wollten – was würden Sie nehmen?“
„Alles, Darling“, erwiderte Mrs. Gershwin.
Miss Ryan war mit ihr einig. „Und wenn ich nach Hause käme, würde ich alles auf dem Fußboden ausbreiten und mir die Kleider vom Leibe reißen und mich drin wälzen.“
Wolfert wünschte sich gar nichts, er wollte nur „zum Teufel ’raus hier und was Interessantes ansehen“, ein Wunsch, den er der Führerin übermittelte, die ihm nachgab, indem sie jedermann dem Ausgang zutrieb und abzählte, wer hinausging. An die sechs Kilometer später stolperte die Gruppe, deren Reihen sich durch Ermüdungsausfälle gelichtet hatten, in den letzten Ausstellungssaal, schwach auf den Beinen nach zwei Stunden, in denen man ägyptische Mumien und italienische Madonnen inspiziert hatte, sich die Hälse verrenkt nach ausgezeichneten alten Meistern, die martervoll gehängt waren, beim Sarkophag Alexander Newskijs herumgeschnüffelt und gestaunt hatte über ein Paar Goliathstiefel Peters des Großen. „Dieselben sind“, sagte die Führerin, „von diesem fortschrittlichen Mann eigenhändig angefertigt.“ Nun, in diesem letzten Saal, beorderte uns die Führerin „an die Fenster zu gehen und den Hängenden Garten zu betrachten“.
„Aber wo“, bläkte Miss Swann, „wo *ist* denn der Hängende Garten?“
„Unter dem Schnee“, sagte die Führerin. „Und hier drü-

ben, sagte sie, die Aufmerksamkeit auf das letzte Objekt des Programms lenkend, „ist unser berühmter *Pfau.*“

Der *Pfau,* ein exotischer mechanischer Unsinn, vom Uhrmacher des achtzehnten Jahrhunderts, James Cox, konstruiert, wurde als Geschenk für Katharina die Große nach Rußland gebracht. Er ist in einem Glaskäfig von der Größe einer Gartenlaube zu Hause, Blickfang des ganzen Stückes ist ein Pfau, der zwischen vergoldeten Blättern auf einem Bronzebaum hockt. Auf anderen Zweigen balancieren eine Eule, ein Hahn, ein Eichhörnchen, das an einer Nuß knabbert. Am Fuße des Baumes verstreut stehen Pilze, deren einer als Zifferblatt einer Uhr gebildet ist. „Beim vollen Stundenschlag haben wir hier ein wirkungsvolles Vorkommnis“, sagte die Führerin. „Der Pfau schlägt ein Rad, und der Hahn kräht. Die Eule blinkt mit den Augen, und das Eichhörnchen knabbert drauflos.“

Adamow knurrte vor sich hin. „Mir egal, was die tun. So ein Quatsch.“ Miss Ryan rief ihn zur Ordnung. Sie wollte wissen, warum er so empfinden konnte vor einem Gegenstand von solch „erfindungsreicher Kunstfertigkeit“. Er zuckte die Achseln. „Was ist daran erfindungsreich? Eine Menge armer Schweine, die blind geworden sind, damit die hohe Dame sehen kann, wie ein Pfau sein Rad schlägt. Sehen Sie sich die Blätter da an. Denken Sie an die Arbeit, die da ’reingesteckt wurde. Alles für nichts. Ein absolut zweckloses Nichts. Was ist denn los, Mädchen?“ sagte er, weil Miss Ryan angefangen hatte, in ein Notizbuch zu kritzeln. „Was machen Sie’n da? Schreiben Sie all das blöde Zeug auf, was ich rede?“ Tatsächlich schrieb sie, wie Miss Ryan überraschenderweise erklärte, eine Beschreibung des Uhrwerks nieder. „Ehem“, sagte er mit einer Stimme, die nicht so gut gelaunt wie sein Lächeln war, „Sie denken wohl, ich sei ziemlich blöde, was? Na dann schreiben Sie’s nur nieder: ich werde Ihnen einen guten Grund angeben, warum ich das nicht mag. Weil der Pfau noch seinen

Schweif auffächern wird, wenn ich schon Staub bin. Ein Mensch kann sein ganzes Leben lang arbeiten, zum Schluß ist er Staub. Das eben sind Museen: Mahner an den Tod. Tod", wiederholte er mit einem nervösen Auflachen, das in ein freudloses Gelächter ausartete.
Eine Gruppe Soldaten, Teil einer anderen Tour, näherte sich dem *Pfau* eben, als die Stunde schlug, und die Soldaten, Burschen vom Lande mit kahlgeschorenen Köpfen, deren trübselige Uniformen wie Kinderwindeln im Sitz herumschlapperten, hatten das zwiefache beseligende Vergnügen, Fremde anstarren zu können und das goldäugige Blinkern einer Eule, sowie einen Pfau sein Bronzegefieder im dämmrigen Licht des Winterpalastes aufblitzen lassen zu sehen. Die Amerikaner und die Soldaten drängten sich näher heran, um den Hahn krähen zu hören. Mensch und Kunst, einen Augenblick lang lebendig beieinander, unempfänglich für die uraltewige Drohung der Sterblichkeit.

Es war Weihnachtsabend. Die Dolmetscher des Kulturministeriums hatten persönlich, überwacht von ihrem Chef Sawtschenko, einen spillerigen Tannenbaum in die Mitte eines Speisesaales des Astoria aufgestellt und mit handkolorierten Karten und Strähnen aus Rauschgold dekoriert. Die Ensemblemitglieder, sentimental wegen des vierten gemeinsamen Weihnachtsfestes, waren auf hemmungslose Einkaufsbummel gegangen: ein konfuses Durcheinander aus Zellophan und Band erstreckte sich in einem knietiefen Sechsmeterkreis rings um den Baum. Die Geschenke sollten um Mitternacht aufgepackt werden. Weit über diese Stunde hinaus war Miss Ryan noch immer in ihrem Zimmer beim Päckchenpacken und Durchkramen der Koffer, um aus ihrem Besitz nette Kleinigkeiten herauszusuchen, als Ersatz für die Geschenke, die sie zu kaufen versäumt hatte. „Vielleicht könnte ich einem der Kinder das Kaninchen geben", sagte sie und meinte damit das Gummihäschen, das ihr Stepan Orlow geschickt hatte. Das Tierchen hockte zwischen den Kissen auf ihrem Bett. Sie hatte ihm Schnurrbarthaare mit Tinte aufgemalt und mit Druckbuchstaben auf seine Seite geschrieben STEPAN DAS KANINCHEN. „Ich glaube nein", entschied sie. „Wenn ich ihn fortgäbe, würde mir kein Mensch auf der Welt glauben, daß ich mir einen russischen Anbeter geschnappt habe. Beinah jedenfalls." Orlow hatte nicht wieder telefoniert.

Ich half Miss Ryan beim Heruntertragen der Päckchen in den Speisesaal, wo sie gerade noch zum Schluß der Geschenkeverteilung zurechtkam. Man hatte den Kindern erlaubt, zum Fest aufzubleiben, und nun tollten sie umeinander durch die kunterbunten Einwickelpapierreste, neue Puppen im Arm oder mit den himbeerbrausegefüllten Wasserrevolvern herumspritzend. Die Erwachsenen tanzten zu den Klängen einer russischen Jazzband, die man aus dem anstoßenden Hauptrestaurant herüber spielen hörte. Mrs. Breen wirbelte vorüber, ein Stückchen Festtagsband flatterte von ihrem Halse. „Ist es nicht himmlisch?" sagte sie. „Sind Sie nicht auch glücklich? Schließlich verleben wir ja nicht *jedes* Weihnachten in Leningrad!" Die Kellnerinnen, junge Studentinnen der englischen Sprache, die sich freiwillig erboten hatten, der amerikanischen Truppe bei Tisch aufzuwarten, schlugen Aufforderungen zum Tanz spröde ab. „Ach los doch, Schätzchen", wurde eine von ihnen bedrängt, „laß uns gemeinsam diesen Vorhang zum Schmelzen bringen." Wodka, die festliche Laune hebend, hatte die Reserve der Angehörigen des Kulturministeriums bereits geschmolzen. Jeder von ihnen hatte Geschenke von der Truppe bekommen, und Miss Lydia, der man eine Puderdose für die Handtasche geschenkt hatte, wollte jeden abküssen, den sie zu Gesicht bekam. „Es ist zu freundlich, nein, so freundlich", sagte sie, unermüdlich ihr pummeliges Gesicht im Spiegel studierend.

Sogar der reservierte Sawtschenko, ein starrer, vereister

Nikolaus oder Väterchen Frost, wie man den Kerl in Rußland nennt, schien nach einer Weile willig, seine Würde zu vergessen, jedenfalls protestierte er nicht, als sich ein Mädchen der Truppe auf seinen Schoß plumpsen ließ, ihn heftig umschlang und unter Küssen versicherte: Warum willst du eigentlich aussehen wie ein mürrischer alter Bär, wenn du doch so eine Puppe bist? Eine richtige lebendige Puppe, das bist du, Mr. Sawtschenko.“ Breen fand ebenfalls herzliche Worte für den Kulturministeriumsbeamten. „Trinken wir alle auf den Mann, dem wir diese wunderbare Party zu danken haben“, rief er, einen Wodkabecher schwenkend, „einen der besten Freunde, die wir auf der ganzen Welt haben: Nikolai Sawtschenko.“ Sawtschenko erwiderte, sich den Lippenstift abwischend, mit dem Ausbringen eines anderen Toastes. „Auf den freien Kulturaustausch zwischen den Künstlern unserer Länder. Wenn die Kanonen sprechen, schweigen die Musen“, fuhr er fort, seinen Lieblingsspruch zitierend. „Wenn die Kanonen schweigen, sprechen die Musen.“

Der Radiomensch aus Moskau, „Joe“ Adamow, machte geschäftig Bandaufnahmen diverser Sonderaspekte der Party mit seinem tragbaren Gerät. Der achtjährige Davy Bey, um einen Kommentar ersucht, sagte in Adamows Mikrofon: „Hallo allesamt, fröhliche Weihnachten. Pappi will, daß ich ins Bett soll, aber wir amüsieren uns so großartig, daß ich nicht dran denke. Also ich habe einen Revolver und ein Schiff bekommen, nur hatte ich mir eigentlich ein Flugzeug gewünscht und nicht so viel Anziehkram. Es würde bestimmt allen Kindern Spaß machen, warum kommen sie also nicht ’rüber und spielen mit uns. Wir haben Kaugummi, und ich weiß großartige Stellen zum Verstecken.“ Adamow nahm auch „Stille Nacht, heilige Nacht“ auf, das vom Ensemble, um den Baum versammelt, mit einer Stimmgewalt gesungen wurde, daß darin das Gebumse der Tanzkapelle von nebenan ertrank. Ira Wolfert und seine Frau stimmten in den Chor mit ein. Die Wolferts, Eltern erwachsener Kinder, hatten ein Ferngespräch nach Amerika angemeldet. „All unsre Kinder werden heute abend beisammen sein; morgen schon gehen sie wieder auseinander", sagte Mrs. Wolfert, als das Weihnachtslied zu Ende war. „Ach, Ira" – sie drückte die Hand ihres Mannes, „das ist das einzige Geschenk, das ich mir wünsche. Daß unser Gespräch durchkommt." Das tat es nicht. Sie warteten bis zwei Uhr früh, dann gingen sie zu Bett.

Nach zwei Uhr sickerte die Weihnachtsparty in den Nebenraum ein, den „Night-Club" des Astoria, dem gestattet ist, sonnabends länger als Mitternacht geöffnet zu halten, dem einzigen Tag in der Woche, da die Gäste zahlreicher als das Personal sind. Die sowjetische Sitte, Wildfremde nebeneinanderzusetzen, ermutigt nicht zu ungehemmter Konversation, und in dieser Gaststättenhöhle, nahezu bis zur äußersten Möglichkeit gefüllt mit Leningrads Elite, ging es auf unvernünftige Weise gedämpft zu; die allerwenigsten, meist junge Offiziere von Heer und Marine mit ihren Bräuten, machten sich den ganz leidlichen Rhythmus des Orchesters zunutze. Der Rest, Künstler und Menschen vom Theater, Gruppen chinesischer Militärs, spürnasige Kommissare in Begleitung ihrer Ehefrauen ohne Korsett und mit Goldzähnen, saßen gelangweilt und uninteressiert herum wie Schiffbrüchige auf einem Korallenriff im Pazifik.

Earl Bruce Jackson sah sich nur einmal um und sagte: „Was meint ihr, alte Gauner, wollen mal das Gewürm bißchen zum Krabbeln bringen. Ordentlich was 'rein in die Kiste. Ziehen wir denen mal die Haut ab und geben ihnen Pfeffer, wie sich's gehört." Woraufhin fünf Mitglieder der Truppe das Kommando auf dem Podium übernahmen. Die Hotelmusiker hatten nicht das geringste gegen die Austreibung. Sie waren allesamt Jazzfans, und einer von ihnen, ein fanatischer Anhänger von Dizzy Gillespie, hatte sich eine umfangreiche Plattensammlung angelegt, indem er fremde Sender abhörte und die Musik auf Platten aufnahm, die er sich aus alten Röntgenplatten selbst hergestellt hatte. Junior Mignatt spuckte in eine Trompete, Lorenzo Fullers Bananenfinger hieben in die Klaviertasten. Moses Lamar, ein Kraftwerk mit Sandpapierlungen, stampfte den Rhythmus und riß weit sein Maul auf wie ein Alligator. „Grab yo' hat 'n grab yo' coat, leave yo' worry on de do' step ..." Es war, als hätten die Schiffbrüchigen Rettung am Horizont gesichtet. Lächeln brach aus wie Fahnen, die sich entrollen, Tische entleerten sich aufs Tanzparkett. „... just direct yo' feet ..." Ein chinesischer Kadett tappte mit dem Fuß, Russen packten sich eng um das Podium, festgenagelt von Lamars kratziger Stimme, dem Schlagzeugklang dahinter, von dem sie getragen wurde. „... to de sunny *sunny* SUNNY ..." Paare zuckten, schwenkten sich eng umschlungen. „... side ah de streeeet!"

„Sieh einer an, wie die Scheintoten drauflosgehen!" sagte Jackson und brüllte Lamar zu: „Hin sind die, Mann, völlig hin! Nu gib noch ordentlich Feuer und brat sie lebendig. Olala."

Mrs. Breen, ganz lächelnde Schäferin beim Betrachten ihrer Herde, wandte sich an Leonard Lyons. „Da sehen Sie es. Wir haben das Eis gebrochen. Robert hat getan, was die Diplomaten nicht fertiggebracht haben." Ein skeptischer Lyons erwiderte: „Da kann ich nur sagen: Lautenspiel, während Rom brennt."

An einem der Tische bemerkte ich Priscilla Johnson, Miß Ryans Freundin von der Universität, die russisches Recht studierte und Artikel über sowjetisches Liebesleben schrieb, wie sie sagte. Sie saß zusammen mit drei Russen, von denen einer, ein wetterharter unrasierter Gnom mit schwarzem Haarschaum, Champagner in ein Glas planschte und es mir entgegenstreckte. „Er will, daß Sie sich hinsetzen, und jui, tun Sie das auch lieber", riet mir Miss Johnson. „Das ist ein Wilder, sozusagen. Aber faszinierend." Er war ein georgischer Bildhauer, verantwortlich für die heldischen Statuen in der neuen Leningrader Untergrundbahn, und seine „Wildheit" brach in plötzlichen kühnen Behauptungen aus ihm heraus. „Sehen Sie den da drüben mit dem grünen Schlips?" fragte er auf englisch, zu einem Mann auf der gegenüberliegenden Seite des Raumes hindeutend. „Ein widerlicher Feigling. Funktionär. Will mir Schwierigkeiten machen." Oder: „Ich bin für den Westen. Ich war in Berlin und habe Marlene Dietrich kennengelernt. Die war in mich verliebt."

Das andere Paar am Tisch, Mann und Frau, war stumm, bis Miss Johnson und der Bildhauer zum Tanzen fortgingen. Dann sagte die Frau, eine totenblasse Brünette mit mongolischen Backenknochen und grünen Mandelaugen, zu mir: „Was für ein gräßlicher kleiner Mensch. So drekkig. Natürlich ein Georgier! Diese Leute aus dem Süden!" Sie sprach Englisch mit der falschen Vornehmheit, der bemühten Akkuratesse einer Eliza Doolittle. „Ich bin Madame Nerwizkij. Sie werden selbstverständlich meinen Mann kennen, den Schlagersänger", sagte sie, den Herrn vorstellend, der doppelt so alt war wie sie, so in den Sechzigern, ein eitler, ehemals gutaussehender Mensch mit einem aufgeblähten Bauch und einer absackenden Kinnlinie. Er war geschminkt, Puder, Augenbrauenstift, ein Hauch Rouge. Er sprach kein englisch, teilte mir jedoch auf französisch mit: *„Je suis Nerwizkij. Le Bing Crosby de Russie."* Seine Frau war höchst erstaunt, daß ich nie von ihm gehört hatte. „Nein? *Nerwizkij*? Der berühmte *crooner?"* Ihre Überraschung war berechtigt. In der Sowjetunion ist Nerwizkij ein bedeutender Star, das Idol junger Mädchen, die den Verstand verlieren bei seiner Wiedergabe volkstümlicher Balladen. In den zwanziger und dreißiger Jahren lebte er in Paris, erfreute sich einer minderen Beliebtheit als Kabarettsänger. Als diese ins Wanken geriet, ging er auf eine billige Tournee in den Fernen Osten. Wenngleich russischer Abstammung, war seine Frau doch in Schanghai geboren, und dort eben begegnete und heiratete sie Nerwizkij. Im Jahre 1943 begaben sie sich nach Moskau, wo sie eine nicht allzu erfolgreiche Karriere als Filmschauspielerin startete. „Ich bin in Wirklichkeit Malerin. Aber ich kann mich nicht damit 'rumplagen, den richtigen Leuten zu schmeicheln. Das ist aber notwendig, wenn man seine Bilder ausstellen lassen will. Und Malen ist auch so schwierig auf Reisen." Nerwizkij verbringt den größten Teil des Jahres damit, sich seinem Publikum in ganz Rußland einmal persönlich vorzustellen. Augenblicklich war er für eine Reihe von Konzerten in Leningrad engagiert. „Nerwizkij ist ausverkaufter als die Neger", informierte mich seine Frau. „Wir gehen zu der Neger-Premiere", sagte sie und setzte hinzu, daß sie überzeugt sei, es würde dies ein „köstlicher" Abend, weil „die Neger so amüsant sind, und es gibt hier so wenig Amüsantes. Nichts als Arbeit, Arbeit. Wir sind alle viel zu erschöpft, um amüsant zu sein. Finden Sie Leningrad nicht absolut tot? Eine schöne Leiche? Und Moskau. Moskau ist nicht ganz so tot, aber derart häßlich." Sie rümpfte die Nase und schüttelte sich. „Ich vermute, da Sie aus New York kommen, daß Sie uns sehr schäbig finden, ja? Sagen Sie ehrlich: finden Sie *mich* nicht schäbig?" Ich fand das nicht, nein. Sie trug ein schlichtes schwarzes Kleid, wenig und guten Schmuck, eine Nerzstola war um ihre Schultern geschlungen. Wahrhaftig, sie war die am besten angezogene, am besten aussehende Frau, die ich in Rußland gesehen hatte. „Ach, es ist Ihnen nur peinlich, es zu sagen. Aber ich weiß es doch. Wenn ich nur Ihre Freundinnen ansehe, diese amerikanischen Mädchen, dann *fühle* ich mich schäbig. Ich habe so gar keine hübschen Sachen direkt auf der Haut. Nicht etwa, daß ich arm wäre. Ich habe Geld ..." Sie stockte. Miss Johnson und der

Bildhauer kehrten zum Tisch zurück. „Bitte", sagte sie, „ich möchte Ihnen gern privat etwas sagen. Tanzen Sie?" Die Band war eben dabei, sich durch „Somebody Loves Me", zu schnulzen, und die Menge lauscht Lamars kratzig vorgebrachtem Liedertext mit verzückten, verklärten Mienen. „... who can it be oh *may*-be *ba*-by *may*-be it's you!" Madame Nerwizkij tanzte gut, aber ihr Körper war verkrampft, ihre Hände eisig. *„J'adore la musique des nègres.* Die ist so unverschämt. So gemein", sagte sie, und dann, im gleichen Atemzug, begann sie mir hastig ins Ohr zu flüstern: „Sie und Ihre Freundinnen müssen Rußland sehr teuer finden. Nehmen Sie meinen Rat an, wechseln Sie nicht Ihre Dollars. Verkaufen Sie Ihre Sachen. Auf die Art beschaffen Sie sich Rubel. Verkaufen Sie. Jeder wird Ihnen was abkaufen. Wenn man es diskret machen kann. Ich wohne hier im Hotel, Zimmer 520. Sagen Sie Ihren Freundinnen, sie sollen mir Schuhe bringen, Strümpfe, alles, was man dicht auf der Haut trägt. Alles", sagt sie, ihre Nägel in meinen Ärmel krallend, „sagen Sie ihnen, daß ich *alles* kaufe. Wirklich", seufzte sie, wieder ihre normale Stimme aufnehmend und über das Gekreisch von Mignatts Trompete abhebend, „die Neger sind wirklich köstlich."

Ein wenig zurückgesetzt vom Newskij-Prospekt ist ein Gebäude mit Kolonnaden, das eine deutliche Ähnlichkeit mit dem Petersdom aufweist. Das ist die Kasan-Kathedrale, Leningrads größtes atheistisches Museum. Drinnen, in einer Atmosphäre der Buntglas-Düsterkeit, hat die Leitung eine Gruselkabinettanklage gegen die Lehren der Kirche zusammengebracht. Standbilder und finstere Porträts der Päpste folgen einander die Galerie hinunter wie eine Prozession von Hexen. Überall Geistliche, die boshaft schielen und Fratzen schneiden. Zeichenblätter mit Textunterschriften, wo sie nonnenhaften Frauen unzüchtige

Anträge machen, sich in Orgien austoben, die Armen verächtlich zurückweisen, um sich neben den dekadenten Reichen großzutun. Ad infinitum demonstriert das Museum als Lieblingsthese: daß die Kirche, insbesondere die römisch-katholische, einzig zum Schutze des Kapitalismus existiert. Eine Karikatur, ein riesiges Ölbild, stellt Rockefeller, Krupp, Hetty Green, Morgan und Ford dar, wie sie mit grausamen Händen in einem übereinandergetürmten Durcheinander aus Geldstücken und bluttriefenden Stahlhelmen wühlen.
Die Kasan-Kathedrale ist bei der Jugend beliebt. Verständlicherweise, weil die Ausstellung in reichlichem Maße durchsetzt ist mit Serien von Greuelzeichnungen, Szenen voll Brutalität und Martern. Die Schullehrer, die täglich Schülerschwärme durch diesen Ort treiben, haben Schwierigkeiten, sie von solchen Attraktionen wie der Folterkammer der Inquisition fortzuziehen. Diese Kammer ist ein wirklicher Raum, mit den lebensgroßen Wachsfiguren von vier Inquisitoren bevölkert, die sich an den Todesqualen eines Ketzers weiden. Das nackte Opfer, an einen Tisch geschmiedet, wird von einem Paar maskierter Peiniger mit glühenden Kohlen gebrandmarkt. Die Kohlen sind elektrisch erleuchtet. Auch wenn man sie wegzerrt, stehlen sich die Kinder immer noch einmal zu diesem Anblick zurück.
Vor der Kathedrale, an den vielen Säulen, die die Bogengänge tragen, gibt es eine Schaustellung anderer Art. Anstößige Kreidezeichnungen, die üblichen Kritzeleien auf Männertoiletten, kaum der Erwähnung wert, wenn es nicht auf den ersten Blick ein merkwürdiger Ort dafür wäre; auf den zweiten wiederum nicht. In gewisser Weise paßt es dahin.
Atheistische Museen gehörten nicht zu dem Besichtigungsprogramm, das ihre Gastgeber dem *Porgy-and-Bess*-Ensemble zusammengestellt hatten. Ganz im Gegenteil: für

Sonntag, den Weihnachtstag, stellten die Sowjets zur Wahl, einer katholischen Messe oder einem Baptisten-Gottesdienst beizuwohnen. Elf Mitglieder der Gesellschaft, darunter Rhoda Boggs, eine Sopranistin, die die Rolle der Erdbeerfrau spielte, gingen in die evangelische Baptistenkirche, deren Leningrader Gemeinde zweitausend Mitglieder zählt. Hinterher sah ich Miss Boggs ganz allein im Astoria-Speisesaal sitzen. Sie ist eine rundliche, honigfarbene Person mit heiterer Miene, stets wie aus dem Ei gepellt, jetzt aber war ihr kleiner Sonntagshut verrutscht, das Taschentuch, mit dem sie sich ständigdie Augen wischte, naß wie ein Waschlappen.

„Mich hat's in Stücke gerissen", berichtete sie mir mit wogendem Busen. „Ich bin zur Kirche gegangen, seit ich laufen kann, aber nie habe ich Jesus gefühlt, wie ich Jesus heute gefühlt habe. Ach Kind, er war *da*. Er war offen zu sehen. Er stand deutlich geschrieben auf jedem Gesicht. Er hat mit uns gesungen, und nie haben Sie so wunderbaren Gesang gehört. Es waren zumeist alte Leute, und alte Leute können so nicht singen, wenn ihnen Jesus nicht dabei hilft. Der Pastor, war das ein goldiger alter Mann, der bat uns Farbige, ob wir ein Spiritual vortragen würden, und sie lauschten so still, all diese Reihen und Reihen und Reihen von alten Gesichtern schauten uns nur an, als erzählten wir ihnen, wie doch niemand allein sei auf dieser Erde, weil Jesus überall ist, was ja eine Tatsache ist, die sie wohl wissen, aber mir schien, als seien sie glücklich, es von uns zu vernehmen. Wer da etwa die Gegenwart unseres Heilands anzweifelt, der sollte dabeigewesen sein. Also dann kam die Zeit zum Weggehen. Zum Abschiednehmen. Und wissen Sie, was da geschah? Sie sind aufgestanden, die ganze versammelte Gemeinde. Sie zogen weiße Taschentücher heraus und schwenkten sie in der Luft. Und sie sangen ‚God Be With You Till We Meet Again'. Die Tränen strömten uns nur so über die Gesichter, denen und uns.

Ach Kind, das hat mich durchgedreht. Ich kann jetzt keinen Bissen bei mir behalten.“

An diesem Abend, da die Premiere keine vierundzwanzig Stunden mehr fern lag, blieben die Fenster des Astoria bis spät erleuchtet. Die ganze Nacht über eilten Schritte durch die Korridore, Türen klappten und Telefone klingelten, als sei ein Unglück geschehen.

Im Appartement 415 hatten Botschafter Bohlen und seine Frau eine kleine Gruppe von Adjutanten und Freunden zu Gast, die soeben mit ihnen im Zuge von Moskau angekommen waren. Die kleine Gesellschaft, zu der auch Roye L. Lowry gehörte, zweiter Botschaftssekretär und einer der beiden Diplomaten, die in Berlin die Theatertruppe „instruiert“ hatten, war außergewöhnlich ruhig, da die Bohlens ihre Anwesenheit im Hotel erst im allerletzten Moment publik werden lassen wollten. Sie hielten sich so erfolgreich verborgen, daß sich am nächsten Morgen Warner Watson, im Glauben, das diplomatische Kontingent komme per Flugzeug, mit einem Blumenstrauß für Mrs. Bohlen zum Leningrader Flughafen aufmachte. Genau unter dem Botschafterappartement, in der Nummer 315, wippte Mrs. Breen auf ihrem Entspannungsbrett, während ihr Mann an der Rede herumpolierte, die er vorm Vorhang zu halten gedachte. Man hatte ihn darauf hingewiesen, daß er die kommunistische Propaganda hinsichtlich *Porgy and Bess* überlisten könne, indem er darauf hinwies, daß dies Bild der amerikanischen Neger eine lange zurückliegende Zeit beträfe, nicht das Heute, und so fügte er noch diese Zeilen ein: „*Porgy and Bess* spielt in der Vergangenheit. Es gibt ebensowenig die Gegenwart wieder, wie wenn es etwa das Leben unter dem Zaren in Rußland behandelte.“ Im Zimmer 223 war Leonard Lyons dabei, an seiner Schreibmaschine den Premierenartikel zu entwerfen, den er seiner Zeitung, der *New York Post*, zu kabeln gedachte.

„Auf der Bühne sah man die Flaggen beider Nationen, der UdSSR und der USA", schrieb er, das Ereignis voraussehend. „Als man hier zum letzten Male eine amerikanische Flagge zeigte, war dies zu einer Zeit, da es nur fünfundvierzig Staaten in der Union gab. Ein Vertreter des Kulturministeriums erkundigte sich telefonisch, wieviel Staaten inzwischen vereinigt seien. Gestern nähte eine Garderobiere noch rasch drei weitere Sterne auf die alte Flagge." Mit dieser Nachricht war die Seite am Ende. Lyons spannte einen neuen Bogen mit frischem Kohlepapier ein. Statt das alte Kohlepapier in den Papierkorb zu werfen, trug er es ins Badezimmer und spülte es in Vergessenheit. Er hatte das Gefühl, es sei sicherer, gebrauchte Kohlebogen zu vernichten, sonst könnten die Sowjets oder vielleicht auch rivalisierende Reporter dieselben aufstöbern und entziffern, was er da schrieb.

Und tatsächlich schäumte das Hotel über von journalistischen Konkurrenten. Die *Saturday Evening Post* war da in der Person von Charles R. Thayer, Botschafter Bohlens Schwager. Thayer und C. L. Sulzberger von der *New York Times* waren mit Bohlens Gesellschaft gekommen. *The Saturday Review* hatte Horace Sutton entsandt, *Time* und *Life* hatten bereits ein Fotograf-Reporter-Team zur Hand, und Mrs. Richard O'Malley vom Moskauer Büro der *Associated Press* eilte Leningrad entgegen an Bord des Luxusexpreß Roter Pfeil, des gleichen Zuges, der am Abend zuvor Dan Schorr gebracht hatte, den Reporter des *Columbia Broadcasting System.*

Und auf der zweiten Etage, in Zimmer 111, versuchte nun Schorr, ein schwergebauter Junggeselle von Mitte Dreißig, gleichzeitig ein Manuskript zu korrigieren, seine Pfeife am Brennen zu halten und etwas per Telefon nach Moskau ins Stenogramm zu diktieren. „Okay. Hier ist die Story. Machen Sie sich fertig zum Feuern. Los geht's", bellte er und begann von Schreibmaschinenbogen zu lesen: „Die *Porgy-and-Bess*-Truppe Komma angeblich die erste jemals in Rußland auftretende amerikanische Gastspieltruppe Komma wird ihre Sowjetverpflichtung morgen abend eröffnen vor einem auserwählten Publikum von zweitausendzweihundert ich wiederhole zwei zwei null null in Leningrads Kulturpalast Komma doch haben die Negerschauspieler und -sänger bereits außerhalb der Bühne direkt ins Schwarze getroffen Punkt Die sechzig Mitglieder des Ensembles haben Komma einzig dank ihrer Persönlichkeit Komma einen ungeheuren Eindruck auf diese Komma die zweitgrößte Stadt der Sowjetunion ... das ist doch richtig, nicht wahr? Es ist doch die zweitgrößte?“ Weitere zwanzig Minuten lang leierte Schorr Anekdoten und Fakten herunter. Lange Schlangen der Leningrader hätten die ganze Nacht im Schnee angestanden, um Karten zum Preise von bis zu sechzig Rubeln gleich fünfzehn Dollar zu erstehen, ein Betrag, der auf dem Schwarzen Markt verdoppelt und verdreifacht wurde. „He, was gibt es für einen anderen Ausdruck für Schwarzmarkt, den wir durch die Zensur kriegen? Na schön, nennen wir's freien Handel.“ Gegen Ende zu diktierte er: „Sie haben Leningrad ein Weihnachten geschenkt Komma wie es wohl noch niemals in der Geschichte dagewesen ist Punkt Bis heute früh um vier Uhr waren sie um einen Weihnachtsbaum versammelt Gedankenstrich von einer freundlich um sie bemühten Sowjetregierung besorgt Gedankenstrich und sangen Weihnachtslieder und Spirituals Punkt. Jaja, ich weiß, ich gebe zuviel durch über die Geschichte. Aber mich regt das auf. Regt mich wirklich auf. Man kann das richtig mitansehen. Das Aufeinanderstoßen von einer Kultur mit einer anderen Kultur. Und übrigens, wissen Sie, ist es ein dolles Erlebnis für mich. Eine großartige Bande, diese *Porgy-and-Bess*-Leute. Als ob man mit einem Zirkus lebt.“

Am Montagmorgen, dem Premierentag, traf sich das Ensemble im Leningrader Kulturpalast zu einer letzten Generalprobe mit vollem Orchester. Ursprünglich hatten die Sowjets beabsichtigt, das Gastspiel in dem reizvollen Marientheater stattfinden zu lassen, aber die Nachfrage nach Karten überzeugte sie davon, daß sie ihren Profit verdoppeln könnten, wenn sie die Oper in den riesenhaften Kulturpalast überwechseln ließen. Dieser Palast, ein schmutzig-orangefarbener Betonklotz, wurde in den dreißiger Jahren zusammengehauen. Von außen sieht er etwas jenen überlebten Beispielen der Supermarketarchitektur um Hollywood und Vine ähnlich. Im Innern erinnert manches an einen Eispalast. So zum Beispiel die Temperatur. Aber Davy Bey und die anderen Kinder in der Truppe fanden es „einen prima Platz“, insbesondere die weiträumige hintere Bühne mit ihren dunklen Nischen zum Verstecken, ihren herumhängenden Seilen zum Dranturnen, wo die rauhe Mannschaft der Bühnenarbeiter, kräftige Männer und kräftigere Frauen, sie streichelten, ihnen Lutscher schenkten und sie zärtlich „Aljoschka“ riefen.
Ich fuhr mit einem Wagen zur Probe, in dem auch zwei der ministeriellen Dolmetscher saßen, Miss Lydia und der große, ansehnliche junge Mensch, der Sascha hieß. Miss Lydia, eine Frau, der ihr Essen Freude macht, war in einem Zustand so prächtiger Aufregung, als sei sie im Begriff, sich zu einem köstlichen Mahl niederzusetzen. „Wir werden es nun sehen, nicht wahr? Jetzt werden wir es wirklich *sehen*, dieses *Porgy and Bess*“, sagte sie und rutschte auf ihrem Sitz herum. Und da wurde mir klar, daß – ja, natürlich – endlich Miss Lydia und ihre Ministeriumskollegen in der Lage sein würden, persönlich zu urteilen über dies „*Porgy and Bess*“, diesen Mythos, der ihre Zeit und Energie nun schon seit langem verzehrt hatte. Selbst für Sawtschenko würde es der erste Anblick sein. Unterwegs deutete Miss Lydia hie und da glücklich auf Plakate, die

das Stück ankündigten. Breens Name, wieder und wieder genannt, war in größerer, auffallenderer Schrift gedruckt als der von Gershwin, und der Name seines abwesenden Ko-Produzenten Blevins Davis war überhaupt weggelassen. Tags zuvor hatte Mrs. Gershwin Warner Watson gegenüber bemerkt, daß der Name Gershwin in Rußland „auf dem Lakaiensitz mitzufahren“ scheint; worauf Watson erwidert hatte: „Schauen Sie, Lee, diesmal muß das Roberts Show sein. Er wünschte sich das so sehr. Er muß das ganz einfach haben.“

„Wie können Sie nur so still dasitzen?“ wandte sich Miss Lydia an Sascha. „Jetzt können wir es *sehen*! Vor allen anderen Leuten!“ Sascha war allerdings still. Er bot einen seekranken, geschlagenen Anblick, und das nicht ohne Grund. An diesem Morgen hatte Sawtschenko Breen in einen Koller versetzt, als er ihm mitteilte, daß die Theaterprogramme noch beim Drucker seien und erst in einigen Tagen erhältlich sein würden. Das war eine regelrechte Katastrophe, weil die Programme eine Inhaltsangabe der Opernhandlung enthielten und Breen fürchtete, das Publikum werde, ohne einen solchen Führer, den Vorgängen nur schwer folgen können. Sawtschenko hatte eine Lösung zur Hand. Warum sollte nicht einer der Dolmetscher vom Ministerium vor den Vorhang treten und vor jedem Akt die Handlung kurz angeben? Sascha war für diese Aufgabe ausersehen. „Was soll ich mit meinen Füßen machen?“ sagte er, und seine Augen starrten verglast vor Lampenfieber. „Wie soll ich reden, wenn mir die Kehle trocken ist?“ Miss Lydia suchte ihn zu beruhigen. „Denken Sie doch nur an die Ehre! Es werden viele wichtige Leute dasein. Man wird auf Sie aufmerksam werden. Wenn Sie *mein* Sohn wären, Sascha, würde ich so stolz sein.“
Drinnen im verdunkelten Zuschauerraum des Kulturpalastes fanden Sascha und Miss Lydia Sitze in der vierten

Reihe. Ich saß hinter ihnen, zwischen Sawtschenko und „Joe“ Adamow, die alle beide ihre Zähne mit Zahnstochern erforschten. An die dreißig weitere Russen, die sich Einladungen ergaunert hatten, um bei diesem letzten Herunterspielen zuzuschauen, waren ringsum in den vorderen Reihen verstreut. Darunter befanden sich Moskauer Journalisten und Fotografen, die zur Premierenberichterstattung gekommen waren. Das Orchester in seiner Versenkung, vom Moskauer Stanislawskij-Theater eigens importiert, spielte beschwingt und mit sicherer Leichtigkeit die Ouvertüre herunter. Der Dirigent, Alexander Smallens, ein in Rußland geborener Amerikaner, der sich *Porgy and Bess* sozusagen zur Lebensaufgabe gemacht hat, da er jede Wiedergabe davon dirigierte, einschließlich der Uraufführungsproduktion von 1935, sagte, das Stanislawskij sei das einundsechzigste Orchester unter seiner Stabführung und von allen das beste. „Hervorragende Musiker, eine wahre Freude, mit ihnen zu arbeiten. Sie lieben die Partitur, und sie haben das Tempo, den Rhythmus. Sie brauchen jetzt einzig und allein nur noch ein bißchen mehr die richtige Stimmung.“ Auf der Bühne dirigierte Breen, mit Baskenmütze, Windjacke und knappsitzenden Uniformhosen, das Ensemble zur ersten Szene auf die Plätze. Matte Probenbeleuchtung von oben verschattete die Gesichter der Darsteller, entzog der Dekoration die Farbe und unterstrich ihre runzlige Verbrauchtheit. Das Szenenbild, eine einfache, zweckentsprechende Sache, stellt eine Häuserecke der Catfish Row mit ihren Gitterbalkonen und geschlossenen Fensterläden dar. Gleich darauf beugte sich, auf ein Zeichen von Breen hin, eine Sopranistin über eines der Geländer und begann mit dem Eröffnungslied „Summertime“. Miss Lydia erkannte die Melodie. Sie wiegte den Kopf und summte mit, bis Sawtschenko sie an die Schulter tippte und einen Verweis knurrte, der sie in ihrem Sitz zusammenschrumpfen ließ. Mitten in der Vorführung knuffte mich Adamow mit seinem Ellbogen und sagte: „Ich spreche doch ganz gut Englisch, was? Aber *ich* kann nicht ein Wort davon 'rauskriegen, was zum Teufel die da oben zusammenbrüllen. Dieser ganze Dialektkram! Ich finde ...", aber ich erfuhr niemals, was er fand, denn Sawtschenko wandte sich mit einem Blick um, der Adamow die Kehle zuschnürte. Die meisten Russen verhielten sich so ruhig, wie Sawtschenko es nur wünschen konnte. Die Profilreihen, silhouettenhaft gegen den Lichtschimmer der Bühne gesehen, blieben bar jeglichen Ausdrucks, wie Münzenreliefs. Am Ende, als die letzte Arie gesungen war, trieb es sie schweigend hinaus in die Garderoben. Sawtschenko und Miss Lydia, Sascha und die andern beiden jungen Männer vom Ministerium, Igor und Henry, warteten gemeinsam, bis ihnen ein Diener die Mäntel brachte. Ich trat auf sie zu und fragte Miss Lydia um ihre Meinung zu dem, was sie gesehen hatte. Sie biß sich auf die Unterlippe, ihre Blicke schossen zu Sawtschenko hinüber, der sehr bestimmt: „Interessant, äußerst interessant", sagte. Miss Lydia nickte, aber weder sie noch Sascha, Igor oder Henry wagten ein anderes Adjektiv. „Ja", sagten sie alle, „interessant. Äußerst interessant."

Die durchschnittliche Spieldauer von *Porgy and Bess* beträgt ungefähr zweieinhalb Stunden, aber diese letzte Durchnahme mit ihren vielen Korrekturunterbrechungen dauerte von zehn Uhr früh bis zwei Uhr am Nachmittag. Das Ensemble, reizbar vor Hunger und nur darauf bedacht, ins Hotel zurückzukommen, war verärgert, als Breen es, nachdem sich das Theater von den russischen Zuschauern entleert hatte, darüber belehrte, daß die Probe noch nicht vorüber sei. Er wollte noch die Hervorrufe einüben.

Wie die Dinge lagen – und wenn auch nur die beiden Darsteller der Titelrollen sich einzeln verneigten –, erforderte das bisherige festgelegte Schema der Hervorrufe volle sechs

Minuten zu seiner Abwicklung. Nicht viele Darbietungen können von den Zuschauern erwarten, daß sie sechs Minuten Applaus durchhalten. Breen schlug nun vor, diese sechs Minuten bis ins Unendliche durch die Veranstaltung von etwas auszudehnen, das schon auf „eine kleine Extraschau" hinauslief. „Nur so was wie eine Improvisation", sagte er. „Eine Art Dakapo." Ein Schlagzeuger sollte einen Bongorhythmus spielen, während jedes einzelne Mitglied des Ensembles winkend und wedelnd über die Bühne hüpfen würde, persönlichen Applaus herausfordernd. Selbst der Bühnenmeister, die Garderobieren, die Beleuchter und natürlich auch der Direktor selber waren in diese Huldigungen von seiten des Publikums einbezogen. Man konnte hier zwischen zwei Folgerungen wählen: entweder rechnete Breen auf eine Ovation von eruptiver Heftigkeit, oder er fürchtete das Gegenteil und wollte sich verlängerten Applaus sichern durch Einüben dieser „improvisierten" Extraverbeugungen. Offensichtlich würde unter den delikaten diplomatischen Umständen kein Zuschauer hinausgehen, während die Darsteller noch immer, in gewissem Sinne, darstellten.

Den Hauptakteuren waren Privatlimousinen zur Verfügung gestellt worden. Martha Flowers, die alternierend mit Ethel Ayler die Bess singt und ausersehen war, an diesem Abend die Rolle zu spielen, bot mir einen Platz zur Rückfahrt ins Astoria an. Ich erkundigte mich, ob sie nervös sei wegen der Premiere. „Ich? P–h. Ich mache das doch schon seit zwei Jahren mit bei der Show. Das einzige, was mich daran nervös macht, ist nur, daß ich mir vielleicht die Stimme für ernsthafte Arbeit ruiniere." Miss Flowers, junge Absolventin der Juillard-Musikhochschule, hat den Ehrgeiz, sich als Konzertsängerin einen Namen zu machen. Sie ist klein und lebhaft. Mag sie lächeln oder nicht, immer sind ihre Mundwinkel herabgezogen, als habe sie gerade auf eine unreife Dattelpflaume gebissen. „Aber müde bin ich. Weiß der Himmel. Diese Sorte von Klima ist nichts für jemanden, der singt. Man muß sich mit seiner Kehle richtig in acht nehmen“, sagte sie und massierte sich die ihre. „Die andere Bess, Sie wissen schon – die Ethel, die liegt zu Bett mit einer üblen Erkältung. So mit Fieber und allem, was dazu gehört. Daraufhin werde ich morgen die Nachmittagsvorstellung und wahrscheinlich auch am Abend singen müssen. Also, da kann sich einer die Stimme für immer ruinieren, wenn man derart draufloswirtschaftet.“ Sie beschrieb ihren Zeitplan von jetzt bis zum Aufgehen des Vorhangs. „Ich müßte irgendwas essen. Zuerst aber werde ich baden. Können Sie in Ihrer Wanne schwimmen? Meine ist so groß, daß ich schwimmen kann. Außerdem werde ich mich kurz hinlegen. Wir fahren um sechs ins Theater. So gegen halb sieben werde ich wohl in mein Kostüm hineinschlüpfen und die ewige rote Blume in mein Haar klemmen. Danach werde ich lange herumsitzen müssen, vermute ich.“

Um halb sieben, zu eben der Stunde, da Miss Flowers aller Wahrscheinlichkeit nach in ihrer Theatergarderobe eine Papierrose in ihr Haar klemmte, befanden sich Mrs. Breen und Mrs. Gershwin in Bohlens Appartement, wohin sie auf einen Drink gebeten worden waren, ehe man in den Kulturpalast fahren wollte. Breen selber, der zu beschäftigt war, um die Gastfreundschaft des Botschafters anzunehmen, hatte sich bereits ins Theater begeben.

Die Drinks – Whisky mit Leitungswasser – wurden von Bohlens Adjutanten, Roye L. Lowry, und seiner Frau gemixt und angeboten, einem in seiner konservativen, lehrerhaften Art gut harmonisierenden Paar. Mrs. Bohlens gute Freundin, Marina Sulzberger, witzig-intelligente Frau des *Times*-Korrespondenten, war ebenfalls anwesend, um die Gastgeberin bei der Unterhaltung der Gäste zu unterstützen. Nicht etwa daß Mrs. Bohlen, eine heitertüchtige Frau mit einem Milchmädchenteint und gescheiten blauen Augen, den Eindruck machte, als sei sie nicht selber imstande, eine Unterhaltung in Gang zu halten, mochte sie auch noch so heikel sein. Doch war da eben, wenn man sich des erheblich vorwurfsvollen Briefes erinnerte, den Breen einige Tage zuvor an Bohlen geschickt hatte, ein leicht peinlicher Unterton bei diesem Zusammentreffen zwischen den Vertretern der Everyman Opera und des State Departments. Was den Botschafter selbst betraf, so würde – nach der Liebenswürdigkeit seines Auftretens – niemand je vermuten, daß er überhaupt einen solchen Brief erhalten hatte. Seit fünfundzwanzig Jahren Berufsdiplomat, die er zum größten Teil in der Moskauer Botschaft zugebracht hat, wo er zuerst Lowrys derzeitige Stellung als zweiter Botschaftssekretär innehatte und schließlich im Jahre 1952 zum Botschafter ernannt wurde, ähnelt Bohlen noch heute einer Fotografie, die 1927 bei seinem Abgang aus Harvard aufgenommen wurde. Erfahrung hat sein gutgeschnittenes Sportler-Gesicht gehärtet, sein Haar gesprenkelt und eine verträumte Naivität um die Augen herum gemindert, fast ganz gelöscht. Aber der unmittelbare Eindruck der Jugend, des scharfen Durchhaltenkönnens ist ihm geblieben. Er lehnte behaglich in seinem Stuhl, nippte an seinem Whisky und unterhielt sich mit Mrs. Breen, als befänden sie sich im Zimmer eines Landhauses mit einem wärmenden Kamin und faulenzenden Hunden davor auf dem Boden.

Mrs. Breen jedoch konnte sich nicht entspannen. Sie saß auf der Ecke ihres Stuhles wie jemand, der um eine Stellung bittet. „Es ist so lieb von Ihnen, daß Sie gekommen sind. Einfach reizend von ihnen“, erklärte sie Bohlen mit einer Jungmädchenstimme, die irgendwie nicht so ganz die ihre war. „Es bedeutet so viel für die Truppe.“

„Ja denken Sie denn, wir hätten uns das entgehen lassen?“ sagte Bohlen, und seine Frau setzte hinzu: „Nicht um alles in der Welt! Es ist der Höhepunkt des Winters. Wir haben an nichts anderes gedacht, nicht wahr, Chip?“ schloß sie mit dem Spitznamen ihres Mannes.

Mrs. Breen schlug bescheiden die Augen nieder, ihre Wangen überflog ein Hauch von Farbe. „Es bedeutet so viel für die Truppe.“

„Es bedeutet so viel für *uns*“, sagte Mrs. Bohlen. „Unser Leben ist nicht so amüsant, daß wir uns leisten könnten, etwas Derartiges zu versäumen. Nein, wir wären gekommen, und wenn wir den ganzen Weg hätten laufen müssen. Auf allen vieren wären wir gekommen.“

Mrs. Breen hob eine Sekunde ihre Lider und sah die Botschaftergattin durchdringend an, als habe sie sie im Verdacht der Ironie; beruhigt von Mrs. Bohlens ehrlicher, unbefangener Miene, senkte sie dann ihren Blick wieder. „Es ist ganz reizend von Ihnen“, flüsterte sie. „Und natürlich sind wir schon alle ganz aufgeregt wegen der Party in Moskau.“

„Ach ja ... die Party“, sagte Mrs. Bohlen mit erkennbarer Resignation. Die Bohlens hatten zugesagt, zu Ehren der Moskauer Gastspielpremiere in zwei Wochen einen Empfang in ihrer Residenz, dem Spasso-Haus, zu geben.

„Robert und ich hoffen sehr, daß Mr. Bulganin dasein wird. Wir möchten ihm gern persönlich für alle Liebenswürdigkeit danken, die uns entgegengebracht wurde. Das Kulturministerium hat Robert eine reizende Aufmerksamkeit erwiesen. Sieben Elefanten aus Elfenbein.“ Mrs. Breen spielte damit auf die Nippfiguren paradierender Elefanten an, die Sawtschenko Breen als Geschenk überreicht hatte.

„Sehr nett, wirklich“, sagte Mrs. Bohlen unklar, als habe sie den Faden der Unterhaltung verloren. „Ja, wir können natürlich nicht mit Sicherheit sagen, *wer* nun zu der Party kommen wird. Wir schicken zweihundert Einladungen aus, ungefähr, aber da die Russen niemals auf ein U.A.w.g. antworten, wissen wir nie zuvor, wen oder wie viele wir erwarten können."

„Das stimmt", sagte der Botschafter. „Man kann mit diesen Burschen erst rechnen, wenn sie zur Tür hereinkommen. Einer wie der andere. Und wenn sie selber eine Gesellschaft geben, laden sie einen nahezu immer erst in der letzten Minute ein. Beim diplomatischen Corps hält sich jeder den Abend frei, wenn man weiß, daß es eine große Sache im Kreml geben soll. Wir sitzen nur so herum in der Erwartung, daß das Telefon klingeln könnte. Manchmal sind wir schon mitten beim Essen, ehe sie uns einladen. Dann ist es eine Hetze. Glücklicherweise braucht man sich niemals umzuziehen für diese Geschichten", sagte er, damit auf ein früheres Gesprächsthema zurückkommend, und zwar ein schmerzliches für Mrs. Breen, die am gleichen Tage einige Zeit zuvor zu ihrem tiefen Kummer erfahren hatte, daß Bohlen nicht beabsichtigte, bei der Erstaufführung in schwarzer Schleife zu erscheinen. Getrieben von ihrem festen Vorsatz, daß „alles in Gala sein" solle, war sie sogar noch einen Schritt weiter gegangen und hatte sich den Botschafter in Frack und weißer Binde vorgestellt, was sich auch ihr Mann vorgenommen hatte. Aber „Mir ist nicht einmal der Gedanke gekommen, einen Smoking mitzubringen", sagte Bohlen und fingerte an einem Knopf seines grauen Anzugs, den er als passend für die Gelegenheit ansah. „Niemand trägt hier so was. Nicht einmal für eine Premiere."

In einer Ecke gegenüber verbreiteten sich Mrs. Gershwin und Mrs. Sulzberger eingehend über das gleiche Kleiderthema. „*Selbstverständlich* sollten wir nicht in Abendtoilette kommen. Das habe ich Wilva schon die ganze Zeit gesagt. Wir waren neulich bei einem Ballettabend und sind uns einfach lächerlich vorgekommen. Ach, die Aufregung hier ist allzu groß. Ich weiß gar nicht, was diese ganze Aufregung soll. Schließlich ist es doch nichts weiter als unser gutes altes *Porgy-Bess.*"

„Im Grunde genommen“, sagte Mrs. Sulzberger, eine geborene Griechin, deren intelligente Augen von mediterraner Mutwilligkeit funkeln, „mag es gar nicht so schlecht sein, wenn die Russen einmal gutangezogene Menschen sehen. Es gibt einfach keine Entschuldigung für die Art und Weise, in der sie ’rumlaufen. Als ich zuerst herkam, taten sie mir leid“, sagte sie und fügte hinzu, daß sie und ihr Mann seit zwei Wochen in der Sowjetunion lebten, als Hausgäste der Bohlens. „Ich dachte, diese Art, wie sie sich anzogen, dies traurig Langweilige an allem, nun ja, ich bildete mir ein, das käme davon, weil sie entsetzlich arm seien. Aber das ist nämlich gar nicht wahr: Sie sehen so aus, weil sie das selber so wollen. Sie machen das bewußt.“

Ja“, sagte Mrs. Gershwin, „das glaube ich auch.“

„Ich weiß nicht recht“, überlegte Mrs. Sulzberger. „Ich weiß nicht recht. Meinen Sie, daß die Russen so gräßlich sind, weil sie immer geschlagen wurden? Oder sind sie immer geschlagen worden, weil sie so gräßlich sind?“

„Ja“, sagte Mrs. Gershwin, „das überlege ich mir auch.“

Lowry fing den Blick des Botschafters ein und schaute bedeutungsvoll auf seine Uhr. Draußen vorm Hotel purrte der Motor einer Limousine, bereit, die Bohlens ins Theater zu bringen. Andere Wagen des gleichen Typs, eine glänzende Kette die Straße hinunter, warteten auf Mrs. Breen und Mrs. Gershwin, auf Sawtschenko und Adamow und die Korrespondenten der *Associated Press*, von *Time* und *Life*, des *Columbia Broadcasting System*. Bald würden die Wagen sich schliddernd über den Platz in Bewegung setzen, wie ein Trauerzug.

Bohlen schluckte seinen Whisky hinunter und geleitete seine Gäste zur Tür des Appartements. „Ich glaube nicht, daß Sie sich irgendwelche Sorgen zu machen brauchen“, versicherte er Mrs. Breen. „Die Russen sind ein sehr musikalisches Volk. Die Rubel werden Ihnen aus den Ohren quellen.“

„Hinreißender Mann. Und sie ist auch entzückend", bemerkte Mrs. Gershwin zu Mrs. Breen, als die beiden Damen die Treppe hinunterstiegen.
„Hinreißend. Nur", sagte Mrs. Breen, und ihre schüchterne Jungmädchenstimme wurde plötzlich ganz erwachsen, „Robert und ich *wollten* doch gern alles in großer Gala."
„Tja, Darling, wir können aber nicht in Gala, wenn wir dann so auffallen würden", erklärte Mrs. Gershwin, deren Brillantengeschmücktheit den Eindruck erweckte, als bewege sie sich im Scheinwerferlicht. „Offen gesagt finde ich persönlich, daß es den Russen ganz unsagbar gut täte, einmal gutangezogene Menschen zu sehen. Es gibt einfach keine Entschuldigung für die Art und Weise, in der sie 'rumlaufen. Als ich zuerst herkam, taten sie mir leid, aber jetzt . . ."
In der Stadt drüben, beim Kulturpalast, sammelten sich schneeübersprühte Menschenmassen auf den Bürgersteigen, um die Ankunft der Leute mit Eintrittskarten zu beobachten, und im Theater drin hatte schon eine beachtliche Menge Platz genommen, in der Glut der Radio- und Fernsehscheinwerfer bratend. Blumenkörbe in Gelb und Weiß flankierten die Bühne, und gekreuzte Flaggen, ein Ineinander von Sternen und Streifen mit Hammer und Sichel, schwebte über dem Proszenium. Hinter der Bühne, wo das Flötengezirp und das Klagen der Klarinetten des einstimmenden Orchesters wie Waldgeräusche widerhallte, mußte Martha Flowers, im Kostüm und vollständig ruhig ungeachtet des fernen, zunehmenden Zuschauer-Lärmes, wie sie vorausgesagt hatte, „lange herumsitzen".

Und es wurde sehr lange. Der Vorhang, für acht Uhr angesagt, hob sich fünf Minuten nach neun und fiel elf Uhr vierzig. Mitternacht war ich zurück im Astoria und erwartete einen Anruf von Henry Shapiro, dem *United-*

*Press*-Korrespondenten aus Moskau, der mir gesagt hatte, er werde nach der Premiere telefonieren, um zu erfahren, „wie alles gegangen ist und was sich tatsächlich dabei ereignet hat“. Es gibt keine absolute Wahrheit in diesen Dingen, nur Meinungen, und während ich bemüht war, mir die meine zu bilden, zu entscheiden suchte, was ich Shapiro erzählen würde, streckte ich mich auf dem Bett aus und löschte das Licht. Meine Augen brannten von dem kürzlich erduldeten Blenden der Blitzlichter, ich schien noch immer das leise Klicken der Wochenschaukameras zu hören. Und tatsächlich, beim Liegen so in der Dunkelheit war es, als spule sich in rascher Folge ein Film in meinem Kopf ab, eine unzusammenhängend rasende Bilderfolge: Martha Flowers zur Rampe trippelnd, um dem Publikum einen Kuß zuzuwerfen; Sawtschenko durch das Foyer schreitend und auf Kommentare lauschend; die entsetzliche Angst in Saschas Augen; Miss Ryan, die das Gesicht mit ihren Händen verdeckt. Ich machte eine bewußte Anstrengung, den Film zu verlangsamen, ihn mit dem Anfang beginnen zu lassen.

Er begann mit dem Publikum, einer Armee, die feierlich strammstand, während das Orchester die Nationalhymnen der beiden Länder spielte: Sawtschenko hatte höflich darauf bestanden, daß das „Star Spangled Banner“ zuerst gehört werden solle. Dann begannen sich einzelne Gesichter ins Blickfeld zu schieben: Botschafter Bohlen nebst Gattin, die Sulzbergers, die Lowrys, Miss Ryan und Leonard Lyons, alle zusammen in einer vorderen Reihe. In ihrer Nähe, auf einer an der Seite der Bühne vorspringenden Plattform, warteten Fotografen ungeduldig darauf, daß die Hymnen endeten – dann glich die Plattform einer belagerten Festung, wo die Fotografen drauflosfeuerten, während die Assistenten ihre Kameras neu luden. Einige – wie Dan Schorr von der *Columbia Broadcasting*, wechselten verzweifelt zwischen Kamera und Tonband, als man sich dranmachte, die Zeremonien vor dem Aufgehen des Vorhangs dokumentarisch festzuhalten. Es bestand keine Notwendigkeit für solche Überstürzung. Die Reden und ihre Übersetzungen dauerten eine Stunde.

Die Russen machten es kurz genug. Konstantin Sergejew, der behende junge Ballettmeister des Leningrader Theaters, schüttelte Breen die Hand und sagte, ins Mikrofon sprechend: „Liebe Brüder in der Kunst, willkommen. Wir in der Sowjetunion haben der Kunst in den Vereinigten Staaten stets unsere Aufmerksamkeit und Bewunderung gezollt. Wir kennen und lieben die Werke so hervorragender Künstler wie Mark Twain, Walt Whitman, Harriet Beecher Stowe, Jack London und Paul Robeson. Wir schätzen das Talent von George Gershwin, und das ist es, was unsere heutige Begegnung so erfreulich macht." Später sagte Mrs. Gershwin im Zusammenhang mit dieser Rede: „Ich dachte, ich falle in Ohnmacht, wie ich den Namen Gershwin in einen Topf geworfen höre mit all diesen Kommunisten."

Breen verbeugte sich vor Sergejew und trat vor das Mikrofon, eine paradierende untadelige Figur in seinem gutsitzenden Smoking und gestärktem Hemd. „Er hat einfach die Nerven verloren", sagte Miss Ryan als Erklärung, warum ihr Chef in letzter Minute noch die Idee fallengelassen hatte, weiße Schleife und Frack zu tragen. Aber wenn man nun Breen beobachtete, wie er auf den Applaus reagierte, der ihn begrüßte, hätte man nie vermutet, daß er überhaupt einen einzigen Nerv in seinem ganzen Körper besaß. Sein glattes blondes Gesicht, von den starken Lampen und explodierenden Blitzlichtern gebleicht, zeigte eine nach innen blickende Entrücktheit, als habe er so lange schon von dieser Szene da vor ihm geträumt, daß sie ihm jetzt noch Traum schien; und als er sprach, verstärkte der gemessene Grabesklang seiner geschulten Stimme den Eindruck, daß er sich allein glaubte auf leerer Bühne, beim

Sprechen zu einem vorgestellten Publikum, gewissermaßen beim Proben für einen sein Selbst tief befriedigenden Augenblick, der eines Tages wahr werden sollte. Eingebildete Zuhörer sind bekanntermaßen unterwürfig; aber die Kulturpalastversammlung begann, selbst gesprächig zu werden, als Breen immer weiterschweifte, den russischen Übersetzer hinter sich her schleppend. Mit eleganten grandseigneuralen Handbewegungen stellte er den Botschafter und Mrs. Bohlen vor, die sich von ihren Sitzen erhoben, um den Applaus entgegenzunehmen. Man hatte erwartet, daß der Botschafter eine Rede halten würde, doch zu Bohlens großer Erleichterung und Breens Kummer hatten die in Dingen des Protokolls höchst empfindlichen Sowjets darum gebeten, diesen Teil des Programms zu streichen, da sie niemand von „vergleichbar hohem Rang" zur Verfügung hätten, der von russischer Seite eine Erwiderung machen könnte. Mrs. Gershwin wurde ebenfalls vorgestellt und der Dirigent, Alexander Smallens, der einen verschwenderischen Beifall erhielt, als Breen verkündete, daß Smallens „ganz genau hier in Leningrad geboren" sei. Die Vorstellungen setzten sich fort, indem Breen Ensemblemitglieder präsentierte, die an diesem Abend nicht spielen würden: Ethel Ayler, die alternierend die Bess sang, von ihrer Erkältung so weit genesen, daß sie aus dem Bett gekrabbelt und in ein knappes, schulterfreies Kleid hinein war. Und Lorenzo Fuller, den alternierenden Sportin' Life. Fuller hatte ein „paar" Worte zu sagen, darunter einen russischen Satz, den er auswendig gelernt hatte: *„Dobro poshalowatj, drusja"*, was „Willkommen, Freunde" heißt. Brausender Beifall des Publikums. Doch als die Zeiger auf neun krochen, machten sogar die rasenden Fotografen Pausen, um auf die Uhren zu schauen. „Mein Gott", sagte ein Reporter, „die sollten einen Gong hier haben. Wie Major Bowes." Es war, als habe Breen ihn gehört, denn unvermittelt verschwand die zeremonielle Gruppe von der Bühne.

Das Theater wurde stiller als ein Hühnerstall bei Sonnenuntergang, als sich das Publikum zurechtsetzte, überzeugt davon, daß nun der Vorhang aufgehen und sichtbar machen würde, was anzusehen sie ihre Rubel bezahlt hatten, *Porgy and Bess*. Anstatt dessen erschien Sascha. Er überquerte die Bühne steifbeinig und schwankend, als gehe er auf Schiffsplanken. Ein Bündel Schreibmaschinenbogen zitterte in seinen Händen, und sein Gesicht, blaß und blutleer, war schweißüberströmt. Im Augenblick, als die Zuhörer witterten, warum er dawar, um ihnen nämlich die Handlung vorzulesen, wurde aus dem Hühnerstall ein Hornissennest. Sie konnten keine Silbe mehr *über* die Show ertragen, sie wollten sie ganz einfach sehen; und eine Meuterei, die auf der Galerie ausbrach, wo heftige Stimmen laut zu rufen anfingen, breitete sich bis ins Parkett aus; die Kundschaft klatschte, pfiff, trampelte. „Armer Sascha, oh, der arme Junge", sagte Miss Ryan und bedeckte ihr Gesicht mit den Händen. „Es ist zu schrecklich. Ich kann das nicht mitansehen." Einige Reihen hinter Miss Ryan schrumpften Saschas beide Freunde, Igor und Henry, auf ihren Sitzen zusammen, aber Miss Lydia, weniger empfindlich, warf durchbohrende Blicke um sich auf ihre Nachbarn, als wolle sie sie am liebsten mit ihrer Handtasche erschlagen. Auf der Bühne fuhr Sascha mit seiner Vorlesung fort, murmelnd, als flüstere er ein Gebet gegen den ohrenbetäubenden Lärm; genau wie zuvor Breen, schien er in einem Traum befangen, wie gelähmt von einem Albdruck, nackt auf offener Straße zu stehen. Smallens zückte seinen Taktstock, und die Ouvertüre klang auf, als Sascha sich in die Kulissen zurückzog.

Es wurde bald offenbar, daß es dem Publikum leid tat, Saschas Resümee der Geschichte, die diese zweiaktige Oper erzählt, nicht mehr Aufmerksamkeit geschenkt zu haben. Kurz skizziert, ist dies die Handlung: ein verkrüppelter Bettler, Porgy, verliebt sich in eine Charlestoner Dirne,

Bess. Doch ach, diese neurotische junge Person steht unter dem bösen Einfluß zweier anderer Herren. Der eine, der teuflische Rauschgifthausierer Sportin' Life, hat sie zur Sucht verführt, während der andere, ein verführerisch muskulöser Verbrecher namens Crown, die vollüstigen Regungen der Heldin monopolisiert. Porgy entledigt sich dieses zweiten Rivalen, indem er ihn tötet, und als er für diese Tat ins Gefängnis gesteckt wird, lindert sie ihren Kummer durch eine Rauschgifttour, in deren Verlauf Sportin' Life sie überredete, Porgy zu vergessen und mit ihm durchzugehen nach New York: „That's were we belong, sister", singt er, als sie dem süßen Glanz von Harlem entgegenziehen. In der letzten Szene macht sich Porgy, vom Mord an Crown freigesprochen, in einem von einer Ziege gezogenen Karren nach dem Norden auf, weil er glaubt und den Zuschauer glauben läßt, daß er Bess finden und heimbringen wird. Obgleich der Handlungsablauf gerade wie ein Lineal zu sein scheint, müssen die gesanglich-tänzerischen Ausdrucksformen, in denen er entwickelt wird, jedes Publikum verwirren, bei dem ein sprachliches Hindernis vorhanden ist, insbesondere wenn die Musik, der Tanzstil, die Regiemethode im einzelnen und insgesamt eine Terra incognita bedeuten, wie sie das für die überwältigende Mehrheit jener waren, die sich im Kulturpalast zusammengefunden hatten.

„Summertime" war zu Ende, und es gab keinen Applaus. Porgys Auftritt ging ohne alles Aufsehen vorüber. Leslie Scott, der die Rolle spielte, beendete „A Woman Is a Sometimes Thing" und machte eine Pause für den Beifall, den die Nummer im allgemeinen hervorruft. Die Tatsache, daß er ausblieb, brachte die Aktion auf der Bühne vorübergehend zum Erliegen. Als sie sich wieder gefaßt hatten, stürzten sich die Darsteller in eine Würfelspiel-Jazz-Szene: Flüstern durchlief den Zuschauerraum, als frage man sich gegenseitig, was das bedeuten sollte, diese aufgeregt herumwürfelnden Männer. Das Getuschel wurde heftiger und wandelte sich zu einem erschreckten Nachluftschnappen, als Bess, zum erstenmal erscheinend, ihren Rock hob, um sich ihr Strumpfband zu richten. Miss Ryan bemerkte zu Mrs. Lowry: „Wenn sie *das* gewagt finden, können wir uns auf was gefaßt machen!“ Die Worte waren noch nicht ihrem Munde entflohen, als Sportin' Lifes witzige, laszive Verrenkungen neuerlich aufzischende Raketen hörbarer Verwunderung auslösten. Das Würfelspiel endet damit, daß Crown einen von Porgys Nachbarn tötet. Während die Witwe des Ermordeten ein Klagelied singt: „My Man's Gone Now“, umstehen die trauernden Bewohner der Catfish Row wie nach Stammesritus schwankend den Leichnam. An dieser Stelle wandte sich ein sowjetischer Würdenträger an einen Korrespondenten und sagte auf russisch: „Ach, jetzt verstehe ich! Sie werden ihn fressen.“ Der Dahingegangene wurde, unverzehrt, zu Grabe gekarrt, und die Oper nahm ihren Fortgang mit Porgys optimistischem „I've Got Plenty of Nothin'“. Scott, ein großer und kräftig gebauter Bariton, haute das mit einer Inbrunst über die Rampe, daß die Show darüber hätte stocken sollen. Sie tat es nicht.

Das beharrliche Schweigen des Publikums schien nicht ausschließlich der Empfindungslosigkeit zuzuschreiben; zum großen Teile erwies es sich wohl eher als das Resultat gequälter Konzentration, dem bemühten Verlangen um Verständnis; und in ihrer Angst, den wichtigsten Satz zu verfehlen, den bedeutungsvollen Fingerzeig, der das Geheimnis entschleiern würde, dem sie sich gegenübersahen, hörten und sahen sie zu mit der brütenden Aufmerksamkeit von Studenten in einem Vorlesungssaal. Doch war der erste Akt fast zu Ende, ehe die Wärme, die mit dem Verständnis kommt, durch das Theater wehte. Sie sprang auf bei „Bess, You Is My Woman Now“, einem Duett, das von den beiden Hauptdarstellern gesungen wird: mit einem Mal war es klar, daß Porgy und Bess sich liebten, daß ihr Lied ein zärtliches Aufjubeln war, und das Publikum, ebenfalls aufjubelnd, überschwemmte die Darsteller mit Applaus, der kurz, aber heftig war, wie tropischer Regen. Indessen setzte die Dürre wieder ein, als die Musik ausbrach in die lustvoll lärmende Fanfare von „I Can't Sit Down", Finale des ersten Aktes. Die Szene ist gepfeffert voll mit folkloristischem Humor; und gelegentlich zeigte vereinzeltes Aufkichern, isoliert klingendes Lachen, daß da Menschen waren, die Verständnis dafür hatten. Der Vorhang fiel. Stille. Die Lampen im Hause begannen aufzuleuchten; die Zuschauer blinzelten, als hätten sie bis zu diesem Augenblick noch nicht gewußt, daß der Akt aus war. Sie schnappten nach Luft wie die Passagiere am Ende einer Berg- und Talbahnfahrt und begannen zu applaudieren. Der Applaus dauerte zweiunddreißig Sekunden.

„Sie sind wie vor den Kopf geschlagen", sagte Lowry, die Worte von Breens Prophezeiung nachplappernd, wenn auch irgendwie ihren Sinn verdrehend. „Sie haben nie etwas Ähnliches gesehen."

Wenn die Russen vor den Kopf geschlagen waren, so nicht sie allein. Einige der amerikanischen Journalisten hatten sich zusammengedrängt und verglichen ihre Notizen. „Es kommt nicht an", klagte ein verwirrter Dan Schorr gegenüber einem bestürzten *Time-Life*-Fotografen. Und Mrs. Bohlen, die ihrem Gatten durch den Mittelgang folgte, war unverkennbar nachdenklich. Später erklärte sie mir den Gedanken hinter dieser Miene: „Ich dachte – schön, wir haben ein Ei gelegt. Was werden wir jetzt damit anfangen?"

Draußen im überfüllten Foyer brachte Mrs. Breen lächelnd Gefühle sonnigerer Natur zum Ausdruck; ihrer Meinung nach lief die Vorstellung „wunderbar". Ein Reporter warf die Frage ein, warum dann, in diesem Falle, die Russen „auf ihren Händen säßen". Mrs. Breen starrte den Fragesteller an, als müsse man ihn für geisteskrank erklären. „Aber es ist ja gar nicht *vorgesehen*, daß sie applaudieren", sagte sie. „Robert hat es doch so *geplant*. Daß gar kein Applaus kommen soll. Das unterbricht die Stimmung."

Die Wolferts waren der gleichen Meinung wie Mrs. Breen; sie hatten das Gefühl, daß die Premiere zu einem Triumph werden würde. „Zum ersten Mal, daß wir die Show gesehen haben", sagte Wolfert. „Ich mag keine Musicals. Habe keinen Sinn dafür. Aber dies hier ist recht gut."

Jemand anderes aus den USA, die russischsprechende Priscilla Johnson, verbrachte die Pause mit Herumhorchen bei den zahlenden Gästen. „Sie sind ziemlich schockiert", berichtete sie. „Sie finden es entsetzlich unmoralisch. Aber mein je, man kann ihnen keine Vorwürfe machen, wenn sie es nicht mögen. Es ist eine derart zweitklassige Aufführung. Das tut mir dabei so leid. Wenn es bloß *wirklich* gut wäre, dann könnte man ihnen noch Vorwürfe machen. Schade, wirklich schade", sagte sie, fuhr sich durch die Ponyfransen und schüttelte den Kopf. „Dieser ganze Aufwand hier: die Breens, die Reklame und alles das – mein je, da ist doch nichts geschaltet auf Mißerfolg."

Genau wie Miss Johnson liefen auch Sawtschenko und Adamow überall herum, um Meinungen zu sammeln. „Es ist ein sehr großer Erfolg", war alles, was Sawtschenko zugestehen wollte; Adamow jedoch, dessen Slang unter der Leitung der Truppe reichhaltiger wurde, sagte: „'ne Masse Idioten kriegen das also nicht mit. Die schalten nicht. Ist das nu 'ne große Sache? Ihr habt schließlich *auch* Idioten in New York, was Mann?"

Madame Nerwizkij und ihr Schlagersängergatte kamen vorüber. „Oh, wir sind ganz erstaunt", meinte sie zu mir, mit ihrer Zigarettenspitze, lang wie ein Schwert, herumfuchtelnd, „Nerwizkij meint, es sei *très dépravé*. Ich nicht. Ich finde diese Lasterhaftigkeit in allem anbetungswürdig.

Dieser Rhythmus, dieser Schweiß. Wirklich, die Neger sind doch zu amüsant. Und ihre Zähne – einfach wundervoll!" Dichter an mich herantretend, sagte sie: „Haben Sie Ihren Freundinnen Bescheid gesagt? Zimmer 520. Nicht telefonieren, unauffällig kommen. Ganz egal, was sie bringen. Ich werde gut zahlen."

Stepan Orlow stand an einer Theke für Erfrischungen, ein Glas Mineralwasser in der Hand. „Mein Freund", sagte er und schlug mir auf die Schulter. „Was hatten wir für einen Abend, nicht? Am nächsten Morgen mußte meine Frau mich aus dem Bett prügeln, mir die Schuhe zuschnüren und meinen Schlips binden. Nicht etwa böse, wissen Sie: Ausgelacht hat sie mich." Er brachte ein Opernglas zum Vorschein und schaute hindurch. „Ich habe Nancy gesehen. Ich habe überlegt, ob ich wohl versuchen sollte, mit ihr zu sprechen? Aber ich sagte mir: nein, Nancy sitzt bei all den feinen Leuten. Wollen Sie ihr sagen, daß ich sie gesehen habe?" Ich versprach es und fragte, ob ihm *Porgy and Bess* gefiele. „Ich wünschte, ich hätte für jeden Abend eine Karte. Es ist ein Erlebnis. Gewaltig! Wie Jack London. Wie Gogol. Ich werde es nie vergessen", sagte er, das Opernglas wieder einsteckend. Er runzelte leicht die Stirn, er setzte zum Sprechen an, überlegte es sich anders, trank anstatt dessen einen Schluck Wasser, änderte dann wieder seinen Entschluß und entschloß sich, zu sprechen: „Die Frage ist nicht, ob *ich* vergesse. Oder was wir Alten davon denken. Die jungen Menschen sind es, auf die es ankommt. Es kommt darauf an, daß eine neue Saat in ihre Herzen gesenkt wird. Heute nacht", sagte er und blickte sich im Foyer um, „werden alle diese jungen Leute nicht schlafen können. Morgen werden sie die Melodien pfeifen. Nicht aufhören werden sie können, sie vor sich hinsummen in den Klassenzimmern. Und im Sommer, da wird man es hören; junge Leute, die pfeifend den Fluß entlangfahren. Sie werden nichts davon vergessen."

Hinter der Bühne herrschte eine vorwiegend ruhige Atmosphäre, während die Darsteller sich für den zweiten Akt fertigmachten. Leslie Scott, nicht im geringsten nervös gemacht durch die Aufnahme der ersten Stanze, sagte grinsend: „Klar, die sind'n bißchen schwer von Begriff ... Aber meistens wird das Publikum erst richtig warm beim Duett (Bess, You Is Woman Now), und das ist doch ganz richtig angekommen. Von jetzt ab geht's mit vollen Segeln." Martha Flowers, die ihr Make-up vorm Spiegel erneuerte, sagte: „Dies Publikum, jenes Publikum, ich finde da keinen Unterschied. Würden Sie auch nicht, wenn Sie diese Show nun schon zwei Jahre lang machten." Aber Sascha, dem Miss Flowers professionales *savoir* abging, bot einen erschreckenden Anblick, wie er so in den Kulissen darauf wartete, seine Rolle als Handlungs-Erzähler wiederaufzunehmen: mit hängendem Kopf und an die Ballettübungsstange festgeklammert wie ein Boxer an den Seilen, hörte er benommen auf die Ermutigungen, die seine Sekundanten, Igor und Henry, ihm zuflüsterten.

Zu Saschas Überraschung war seine zweite Runde triumphal. Das Publikum war begierig, zu vernehmen, was im nächsten Akt passieren würde, und Sascha, der zwei Wochen später um ein Stipendium als Schauspielschüler am Moskauer Künstlertheater einkam, berichtete hingerissen vom Mord an Crown und Porgys Verhaftung. Im Abgehen erhielt er mit den heftigsten Applaus des ganzen Abends; Miss Lydia klatschte noch, als die Lichter des Hauses erloschen waren.

Das Element der Oper, das die Sowjets am meisten störte, das Sinnliche, erreicht seinen himalajahaften Gipfelpunkt in den ersten zwanzig Minuten des zweiten Aktes. Ein Song: „I Ain't Got No Shame" („doin' what I likes to do") und der unzüchtige Stil der dazugehörigen Choreographie erwiesen sich als zu titelgerecht, zu deutlich illustrierend für russische Gemüter. Aber es war die darauffolgende Szene, die, von einem prüden Standpunkt aus, erst den eigentlichen Affront barg. Diese Lieblingsszene des Regisseurs, die er in Proben ständig noch mehr herausgearbeitet hatte, beginnt damit, daß Crown versucht, Bess zu vergewaltigen – er preßt sie an sich, betastet ihren Hintern, ihre Brüste; und es endet damit, daß Bess ihn vergewaltigt – sie reißt ihm das Hemd herunter, schlingt die Arme um ihn und windet sich, wie Speck in der Pfanne zischend – Licht aus. Gebietsweise litt man auch im Publikum darunter, daß ihm das Licht ausging. „Mein Gott", sagte ein Korrespondent deutlich hörbar in der Stille, „das könnten sie am Broadway nicht riskieren!" Worauf eine weibliche Kollegin ihm erwiderte: „Sei nicht blöd. Das ist das Beste an der ganzen Show."

Leslie Scott hatte vorausgesagt, daß der zweite Akt „mit vollen Segeln" gehen würde; seine Prophezeiung bewahrheitete sich dann nahezu in den restlichen vierzig Minuten der Oper. Der Ausrufer-Song der Erdbeerfrau begann günstige Winde aufspringen zu lassen. Wieder, wie bei dem Liebesduett, waren Melodie und Situation ganz einfach – eine Hökersfrau, die Erdbeeren verkauft – etwas, was die Russen begreifen, von dem sie angetan sein konnten. Danach schien jede Szene anzukommen; und wenn auch die Aufführung nicht mit vollen Segeln lief, weil schon allzuviel Wasser abgeflossen war, so schwamm sie doch immerhin von einer weniger eisigen Strömung getragen dahin.

Als der Vorhang fiel und die Hervorrufe begannen, teilten die hin und hersausenden Kameramänner ihre Aufnahmen zwischen applaudierenden Russen und sich verneigenden Darstellern. „Sie sind wie vor den Kopf geschlagen", verkündete Lowry wieder einmal, und seine Frau hängte das unvermeidliche „Sie haben nie etwas Ähnliches gesehen", daran. Der Beifall, den ein erfahrener Ohrenzeuge als „nichts gegen eine Premiere im Bolschoi" bezeichnete, hielt sich für eine vernünftige Zahl von Vorhängen und ebbte dann rasch ab. Nun war es, als die Leute ihre Plätze verließen, daß Breen seine Aufforderung zu einer eindrucksvolleren Demonstration machte, indem er die eigens zugefügten „Stegreif“-Verbeugungen abrollen ließ, die er am Nachmittag geprobt hatte. Das Ensemble zog vorüber, einer nach dem andern, dahinhüpfend zum Schlag einer Bongotrommel. „O nein“, stöhnte Miss Ryan. „Das sollten sie nicht tun. Das ist doch einfach Bettelei.“ In der folgenden Ausdauerprüfung gab das Publikum gütlich nach durch rhythmisches Klatschen anstelle des echten Applaudierens. Drei Minuten vergingen; vier, fünf, sechs, sieben. Endlich, nachdem Miss Flowers ihre letzte Kußhand über die Rampe geworfen und die Beleuchter et cetera ihre Anerkennung geerntet hatten, gestattete Breen nach seiner Schlußverbeugung, daß der Vorhang herabgelassen wurde.

Botschafter Bohlen nebst Gattin und verschiedene Sowjetbeamte wurden hinter die Bühne geleitet, um den Schauspielern die Hände zu drücken. „Ich weiß gar nicht, was die ganze Aufregung soll“, rief Mrs. Gershwin vergnügt, als sie sich durch das Menschengewimmel dort drängte. „Das war doch nur unser gutes altes *Porgy-Bess.*“ Sawtschenko stieß zu Mrs. Breen vor; förmlich bot er ihr die Hand und sagte: „Ich möchte Ihnen zu einem sehr großen Erfolg gratulieren.“ Mrs. Breen tupfte sich die Augen, als müsse sie angeblich vorhandene Tränen trocknen. „Diese Ovationen. War es nicht grandios?“ sagte sie und wandte den Blick zu ihrem Mann, der sich zu einer Aufnahme mit Bohlen postierte. „Welche Ehrung für Robert.“

Draußen auf der Straße mußte ich dann ein ganzes Stück laufen, ehe ich ein Taxi fand. Vor mir wanderte ein Trio, zwei junge Männer und ein Mädchen. Ich erkannte, daß sie unter den Zuhörern von *Porgy and Bess* gewesen waren. Ihre Stimmen hallten in den schattendunklen, stillverschneiten Straßen wider. Sie sprachen alle auf einmal, ein angeregtes Geplapper, hin und wieder untermischt mit gesummten Melodien: dem Ruf der Erdbeerfrau, einer Passage aus „Summertime“. Dann sang das Mädchen, als verstehe sie nicht den Sinn der Worte, habe sich indes ihren bloßen Klang eingeprägt: „There's a boat that's leavin' soon for New York, come with me, that's where we belong, sister ...“ Ihre Freunde fielen pfeifend ein. Orlow hatte gesagt: „Und im Sommer, da wird man es hören: junge Menschen, die pfeifend den Fluß entlangfahren. Sie werden nichts davon vergessen.“

Diese hoffnungerweckenden jungen Menschen, die nichts davon vergessen würden, die zu neuen Phantasiebildern angeregt worden waren: sicherlich war das Berechtigung genug für mich, dachte ich, um Henry Shapiro zu erzählen, daß die Premiere ein Erfolg gewesen sei. Nicht die „Bomben“-eroberung, die sich die Inhaber der Everyman Opera erwartet hatten; aber ein Sieg von subtilerer Bedeutung, einer, der reifen und Gewicht gewinnen würde. Und dennoch, wie ich so darüber nachdenkend in meinem Hotelzimmer lag, wurde ich von Skrupeln gepackt, als schließlich das Telefon läutete. „Wie ist es gegangen? Was ist wirklich passiert?“ waren Fragen, die auf der gradlinigeren Ebene des Journalismus beantwortet werden mußten. Konnte ich, mit einigermaßen ehrlicher Überzeugung, Shapiro einen strahlenden Bericht von der allgemeinen Aufnahme der Oper geben? Ich wollte das gern, und ich vermutete, daß es auch genau das war, was er, höchst verständlicherweise, hören wollte. Doch ich ließ das Telefon klingeln, während eine Überfülle von *wenns* in meinem Kopf herumpurzelten: wenn die Russen in der Lage gewesen wären, ein gedrucktes Programm zu Rate zu ziehen, wenn die Fanfaren am Anfang und die Förmlichkeiten abgekürzt worden wären, wenn man dem Publikum weniger zugemutet hätte, wenn ... ich sperrte mich nicht länger und nahm den Hörer auf. Aber die Person in der

Leitung war Miss Lydia, die sagte, es tue ihr leid, jemand habe mich aus Moskau antelefoniert und sei getrennt worden. Es kam kein weiterer Anruf für mich an diesem Abend.

Kritiken über die Aufführung erschienen in den beiden führenden Zeitungen der Stadt, *Smena* und *Leningrader Abend.* Nach der Meinung von Botschafter Bohlen waren die Artikel: „im großen ganzen wirklich hervorragend. Sehr durchdacht. Das zeigt, wie ernst sie es genommen haben."

Der Kritiker des *Leningrader Abends* schrieb: „*Porgy and Bess* ist ein Werk, das den Stempel eines glänzenden Talents und ungewöhnlicher Meisterschaft trägt ... vom Publikum mit Wärme aufgenommen." Weitere fünfzehnhundert Worte verbreiteten sich über dieses Thema. Gepriesen wurden die Partitur („Gershwins Musik ist melodisch, echt, bewußt überströmend von volkstümlicher Negermusik. Sie enthält eine Fülle von ausdrucksvollen und kontrastreichen Melodien."), Breens Regie („Das Stück ist mit großer Meisterschaft inszeniert und fesselt unsere Aufmerksamkeit durch seinen dynamischen Schwung."), der Dirigent („Der musikalische Teil der Aufführung steht auf sehr hohem Niveau.") und das Ensemble („... im Zusammenspiel von einer selten erlebten Harmonie ..."). Das Libretto indessen rief einen sanften Verweis hervor, denn der Schreiber bemerkte darin „einige expressionistische und melodramatische Elemente, einen Überfluß an den üblichen Details einer polizeilichen Untersuchung." Ebensowenig vergaß der *Leningrader Abend* das politische Register zu ziehen. „Wir, das sowjetische Publikum, erkennen die zersetzende Wirkung des kapitalistischen Systems auf das Bewußtsein, die Mentalität und die Moral eines von Armut niedergedrückten Volkes. Das hebt Heywards Stück, so wie es von Gershwin vertont wurde, in den Bereich eines sozialen Dramas." Doch schienen solche Bemerkungen ein bloßes Pianissimo gegenüber den lauten Propaganda-Akkorden, die Gegner der *Porgy-and-Bess*-Tournee erwartet hatten.

Der zweite Kritiker, U. Kowaljow, der in der *Smena* schrieb, erwähnte einen Umstand, den der *Leningrader Abend* außer acht gelassen hatte. „Die erstaunliche erotische Färbung einiger Tanzszenen ist unangenehm. Und es fällt schwer, den Fehler hier bei einem bestimmtenNationaltanz zu suchen. Es ist mehr der Geschmack des Regisseurs und vielleicht seine Art von ‚Tradition', die von den Broadway-‚Possen' und -‚Revuen' herstammt. Im ganzen jedoch", fährt Kowaljow fort, „bietet *Porgy and Bess* eines der interessantesten Theatererlebnisse dieser Saison. Es ist eine ausgezeichnet inszenierte Darbietung, farbig, voller Bewegung und Musikalität. Sie zeugt von der außerordentlichen Begabung der Neger. Höchstwahrscheinlich wird nicht alles an der Musik und der Inszenierung vom sowjetischen Publikum gebilligt werden, und es wird ihm zwangsläufig nicht alles verständlich sein. Wir sind nicht gewöhnt an derart naturalistische Einzelheiten beim Tanz, an das Übermaß der Jazzklänge beim Symphonie-Orchester und dergleichen. Ungeachtet dessen erweitert die Aufführung unsere Vorstellung von der Kunst des zeitgenössischen Amerikas und macht uns vertraut mit bislang unbekannten Erscheinungsformen des Musik- und Theaterlebens in den Vereinigten Staaten."

Diese Besprechungen erschienen nicht vor Donnerstag, drei Tage nach der Premiere. Zu der Zeit war ihr Erscheinen eher ein Antiklimax und die Truppe dazu geneigt, sie nur mit einem Gähnen anzusehen. „Sicher ist es nett, wenn sie ordentliche Sachen schreiben, aber wen kümmert das?" sagte eines der Ensemblemitglieder, damit der vorherrschenden Meinung Ausdruck gebend. „Es kommt nicht darauf an, was die Russen denken. Nur auf das Zeug, was die zu Hause über uns zu hören kriegen. *Darauf* kommt's an."

Der Truppe war bereits bekannt, was Amerika gehört hatte, denn am Dienstag nachmittag, dem Tag nach der Premiere, erhielt Breen ein Telegramm darüber vom New Yorker Büro der Everyman Opera. Miss Ryan tippte Abschriften davon und war eben dabei, eine von ihnen am Schwarzen Brett für die Truppe anzuheften, als ich ihr in der Hotelhalle begegnete. „Hallo", sagte sie, „wissen Sie was? Stepan, das Kaninchen, hat angerufen. Er will mit mir tanzen gehen. Denken Sie, daß ich das tun kann? Ich meine, solange er nichts will als tanzen? Im übrigen ist mir das ganz egal. Ich würde mit Jack the Ripper tanzen gehen, was auch immer, nur weg von diesem *Porgy and Bess*", sagte sie und heftete ihre getippte Version des Kabels an das Schwarze Brett.

robert breen hotel astoria leningrad udssr

wunderbare berichte in allen zeitungen vom 27. dezember stop zehn minuten stehend ovationen
überall erwähnt stop

journal-schlagzeile: „leningrad hingerissen von porgy and bess" stop

ap-meldung spricht von grosser kartennachfrage und zuschauermassen stop

tribune betont enthusiastische publikumsaufnahme
stop

telegrammüberschrift vom ap-nachrichtendienst:
„russland voller lob für porgy" stop

mirror-leitartikel: „diplomatie von herz zu herz – truppe erobert leningrad durch gesang wir sind stolz auf sie“ stop

ap-meldung in einigen blättern berichtet radio moskau bezeichnet premiere als grossen erfolg stop

times-leitartikel heute von sulzberger „porgy bess öffnet neues fenster zum westen“

journal-leitartikel heute – „war gewaltiger treffer“

nbc und cbs – nachrichtendienste fabelhaft

glückwünsche an jeden einzelnen von euch!

„Natürlich“, bemerkte Miss Ryan, das Telegramm überfliegend, „ist es nicht *genau* der Text, der angekommen ist. Die Breens haben ein bißchen was dazugetan und redigiert. Da war eine Zeile: ‚*Times* sagt mäßiger Erfolg gewesen.‘ Da konnte man wetten, daß Wilva das herausschneiden würde! Nun ja“, sagte sie mit einem Lächeln, einem Aufseufzen, „warum soll man etwas Gutes nicht noch besser machen? Wilva möchte einfach, daß sich allesamt wunderbar wohlfühlen, und ich finde, daß das irgendwie lieb von ihr ist.“ Den ganzen Nachmittag über blieben Mitglieder des Ensembles, die durch die Halle kamen, davor stehen, um die Botschaft aus New York zu lesen. Das gab ein frohes Grinsen, sie schritten beschwingt weiter. „Mensch, was sagense dazu?“ bemerkte Earl Bruce Jackson zu Warner Watson, als sie lesend vor dem Telegramm standen. „Wir machen Geschichte!“ Und Watson erwiderte, sich die Hände reibend: „Jawoll, hmm. Mir scheint, wir haben die *Geschichte* hingekriegt.“

*Deutsch von Hansi Bochow-Blüthgen*